더 시너지(the SYNERGY), 자기다움에서 우리다움으로

더 시너지 (the SYNERGY), 자기다움에서 우리다움으로

최지훈 지음

| **나답게** 일하고, | **함께** 성장하며, | 마침내 진짜 **'우리'가** | **되는 법**에 대하여 |

pazit

프롤로그

 지금 우리는, 역사상 그 어느 때보다 '나'를 가장 소중히 여기면서도 동시에 그 누구보다 '우리'를 간절히 그리워하는 역설의 시대를 살고 있습니다.
 서점가에는 '나답게 살기' 위한 조언들이 넘쳐나고, 소셜 미디어에도 자기 자신에게 초점을 맞추어 마음을 단단히 붙들고 자신을 아끼라는 메시지를 던지는 콘텐츠들이 매일 새롭게 등장합니다. 자기관리를 넘어 자기결정, 자기돌봄, 자기수양이라는 키워드는 유튜브에서 이미 꽤 대표적인 콘텐츠 키워드가 되었습니다.
 이러한 사회적 흐름은, 우리가 삶의 가장 많은 시간을 보내는 조직이라는 공간에도 거대한 파도를 만들어내고 있습니다. '나답게 사는 것'을 중요한 삶의 가치로 여기며 성장한 세대는, 더 이상 조직의 문을 들어서는 순간 자신의 고유한 개성과 가치관을 문밖에 잠시 내려놓지 않습니다. 그들은 높은 연봉이나 안정적인 직장을 넘어, 자신의 가치관과 맞는 곳, 그리고 일터 안에서도 '나로서' 온전히 존재하고 성장할 수 있는 곳을 선택하기 시작했습니다. '

내가 이 조직에서 나답게 일하며 성장할 수 있는가?'라는 질문이, 좋은 회사를 선택하는 가장 중요한 기준 중 하나가 된 것이죠. 이것이 바로, 조직 안에서 개인의 자율성과 고유한 가치를 존중하는 문화가 더 이상 몇몇 혁신적인 기업의 특별한 자랑거리가 아니라, 뛰어난 인재를 유치하고 그들과 함께 미래를 만들어가기 위한 필수적인 생존 전략이 된 이유입니다

'90년대생이 온다'로 상징되던 MZ세대의 등장은 조직 안에서 개개인의 '자기다움'을 존중받고자 하는 목소리가 커졌음을 알렸습니다. 이는 자연스레 기존의 공동체적 가치와 조직 내 '우리다움'의 의미에 대한 질문으로 이어졌죠. 과거에는 조직의 '우리다움' 속에 개인이 맞춰가는 경향이 강했다면, 이제는 개인의 '자기다움'이 기존의 '우리다움'과 동등한 가치를 지니며 존중받아야 한다는 인식이 조직 안에서 확산되기 시작했습니다. 그리고 팬데믹을 거치며 재택, 원격, 유연 근무가 확산되면서, 물리적 공간이라는 전통적 틀을 넘어선 곳에서 '우리다움'을 어떻게 형성하고 유지할 것인가에 대한 새로운 숙제가 던져졌습니다. 동시에 유연해진 근무 방식은 개인이 일과 삶의 영역에서 자신의 '자기다움'을 더욱 적극적으로 추구하고 실현할 가능성을 열어주었지요. 이어진 '대퇴사 시대'는 조직과 구성원 간의 관계가 이전과는 근본적으로 달라졌다는 강력한 신호였습니다. 개인이 더 이상 조직의 '우리다움'에 자신의 '자기다움'을 일방적으로 맞추기보다, 자신의 가치와 목적에 맞는 곳을 찾아 떠나는 현상은 조직의 존재 이유와 구성원에 대한 인식을 재고하게 하였습니다. 이러한 관계 변화의 연장선상에서 현재의 '대잔류 시대'는 우리에게 조직 안에서 '어떻게 존재해야 하는가'라는 더욱 심오한 질문을 던집니

다. 단순히 자리에 머무는 것을 넘어, 개인은 조직이라는 공동체 안에서 자신의 '자기다움'을 어떻게 실현하고, 동시에 새로운 형태의 '우리다움'에 기여하며 의미를 찾을 것인가를 고민하게 되었지요.

이러한 변화는 비단 조직 내부에만 국한되지 않습니다. 고도로 개인화된 알고리즘은 나의 취향을 정확히 저격하지만 나를 편협한 생각의 울타리에 가두기도 합니다. 인공지능(AI) 기술은 우리의 생산성을 극대화하지만, 다른 한편으로는 인간적인 연결과 유대의 가치를 더욱 그리워하게 만듭니다. 또한 '계엄선포'와 '대통령 탄핵'이라는 거대한 사회적 이슈 앞에서 사람들은 이전과 다른 방식의 끈끈한 연대를 통해 새로운 '우리다움'의 힘을 보여주기도 했습니다. 이는 개인주의의 확산과 공동체 의식의 약화라는 이분법을 넘어, '자기다움'의 추구가 새로운 형태의 '우리다움'으로 발현될 수 있음을 시사합니다. 최근 논의되는 주 4일제 또는 4.5일제와 같은 근무 시간 개편 이슈 역시, 일이라는 활동 속에서 개인의 '자기다움'을 얼마나 보장받을 수 있는지, 그리고 이러한 개개인의 '자기다움'이 모여 어떤 새로운 형태의 '우리다움'을 만들어갈 수 있을지에 대한 시대적 성찰을 반영하고 있습니다.

결국, 우리는 현재 중요한 질문 앞에 서있습니다.

온전히 '나'로 존재하면서도
서로와 '함께'하기 위해서는 어떻게 해야 할까요?
흩어진 개인들은 어떻게 다시 연결되어,
각자의 '자기다움'을 지키면서도

함께 시너지를 내는 공동체를 만들어갈 수 있을까요?

이 책은 바로 이 중요한 질문에 대한 답을 찾아가는 여정입니다.

몇 해 전, 한 기업에서 조직문화 강연을 하며 이 질문에 대해 깊게 생각해볼 수 있는 기회가 있었습니다. 그 기업은 다소 위계적이고 보수적인 문화를 가지고 있었기에, 당시 상대적으로 수평적이고 개방적인 조직에서 근무하고 있었던 저는 내심 '내가 더 나은 환경에 있구나'하고 생각했었죠. 하지만 이런 제 생각은 강연에 참여한 분들의 질문과 태도로 인해 완전히 바뀔 수밖에 없었습니다.

"저는 입사한 지 이제 1년이 지난 주니어예요. 제가 우리 조직문화를 위해 지금 당장 할 수 있는 작은 실천은 무엇이 있을까요?"

"저는 팀장인데, 구성원들에게 권한을 위임하는 것이 솔직히 두렵습니다. 이 두려움을 넘어 그들을 진심으로 신뢰하려면 어떻게 해야 할까요?"

참여자들은 회사나 경영진을 탓하거나, 시스템의 한계를 핑계 대지 않았습니다. 그들은 자신이 마주한 문제 안에서 스스로 할 수 있는 역할을 묻고, 자기 변화의 방법을 진지하게 고민했습니다. 책임을 자각한 개인들이 더 나은 방향을 함께 모색하는 모습을 보며, 저의 섣부른 우월감은 부끄러움이 되었습니다.

그 경험을 통해 제가 일하고 있던 조직을 돌아보게 되었는데요. 저는 구성원의 주체성을 살리기 위해 여러 제도와 프로그램을 마련하는 데 힘썼지만, 정작 주도적인 개인들을 하나로 묶어내는 '응집력'에는 소홀했다는 것을 깨달았습니다. 뛰어난 개인들은 각자의 자리에서 고군분투했지만, 그 힘이 분산되어 더 큰 시너지를 내지는 못했던 겁니다. 반면 강연에서 만난 기업은 여러 어려움 속에서도, 변화의 책임을 공유하는 개인들이 모여 함께 돌파구를 찾고 있었죠.

이 경험을 통해 저는 『조직문화 재구성, 개인주의 공동체를 꿈꾸다』라는 책에 이렇게 기록했습니다.

> **조직에서 선도력을 만들어내기 위해서는**
> **모순처럼 들리지만**
> **독립적인 사람을 응집시킬 수 있는 힘이 필요합니다.**
> **'자기다움'을 지켜내고 그것으로 남다른 아이디어를**
> **생산해 낼 수 있는 사람을 집단으로 연결시키고**
> **그것으로 더 큰 시너지를 만들어 낼 수 있는 힘이 필요한 겁니다.**

결국 핵심은 '자기다움'과 '우리다움'이 공명하는 연결의 구조를 만드는 것입니다.

개인주의적 가치 위에 공동체의 형태를 구성하려는 사회적 고민과 시도는 이제 본격적으로 시작되고 있습니다. 아니 어쩌면, 다양한 사회적 이슈와 기술적 변화에 대응하면서 이러한 실험은 이미 진행되고 있는 과정일지도 모르겠군요. 우리는 지금 개인주의적 가치에 기반한 '자기다움'과 공동체적 지향점으로서의 '우리다움'이 새로운 균형점을 찾아가는 사회적 실험의 출발선에 서 있습니다.

'자기다움'이란 단지 개성의 문제가 아닙니다. 내가 왜 이 일을 하는지, 어떻게 움직일 때 에너지가 살아나는지, 내 존재와 일이 어떻게 연결되는지를 선명히 아는 것입니다. '우리다움'이란 단순히 협업이 잘되는 상태를 넘어, 서로의 다름이 존중받고 연결될 수 있다는 '신뢰의 감각'이자, 갈등과 실수를 마주하더라도 기꺼이 함께 다시 시작할 수 있는 '관계의 감각'을 의미합니다.

하지만 현실의 조직 안에서, 이 두 가지 가치는 종종 서로 충돌하는 것처럼 보입니다. 개인의 '자기다움'을 존중하는 것이 때로는 조직의 '우리다움'을 해치는 듯 여겨지고, '우리'라는 이름의 연대는 종종 개인의 고유성을 억누르는 방식으로 작동하기도 하죠.

앞으로 우리는, 이 책에서 '자기다움'과 '우리다움'의 의미와 작동 방식을 탐색해 볼 예정입니다. 여러분과 함께 '어떻게 하면 개인의 '자기다움'과 조직의 '우리다움'을 동시에 살려낼 수 있을까?'에 대한 나름의 답을 찾아가며 '좋은 조직'에 대한 막연한 이상을 이야기하는데 머무르지 않고 실제로 조직 안에서 적용해 볼 수 있는 현실적인 전략과 구체적인 실천 방법들까지 나누고자 합니다.

일터는 결국, 함께 살아가는 방식입니다. 그 방식을 조금 다른 관점에서 바라보고, 새롭게 재구성하여 '일하는 사람들의 지속 가능성'과 '조직의 지속 가능성'을 동시에 이야기해보고자 합니다.

이 책이 그 여정의 작은 이정표가 될 수 있기를 바랍니다.

2025년 여름, 최지훈

'리듬'이란 무엇인가 :
관계와 일터를 살아 움직이게 하는 흐름

 이 책에는 '리듬'이라는 말이 자주 등장합니다. 리듬은 함께 일하는 장면과 조직문화를 만들어가는 데 있어서 굉장히 중요한 메타포이자 핵심 키워드인데요. 이 리듬이라는 것을 어떻게 이해해야 할지를 조금 더 자세하게 설명드리겠습니다.

 '리듬'이라고 하면 우리는 흔히 음악을 떠올립니다. 규칙적인 박자, 고저의 변화, 반복되는 패턴 같은 것들 말이죠. 하지만 리듬은 음악뿐 아니라 우리가 살아가는 모든 순간에 깃들어 있습니다. 이를테면, 아침에 눈을 뜨고 하루를 시작하는 속도, 대화를 주고받는 말의 템포, 일을 진행할 때의 몰입과 멈춤의 흐름, 생각이 머물렀다가 튀어나오는 타이밍 같은 것들을 들 수 있겠지요. 이 모든 것이 바로 리듬입니다.

 조직 안에서도 리듬은 끊임없이 흐르고 있습니다. 회의가 어떤 속도로 진행되는지, 피드백이 즉각적인지 혹은 좀 더 숙성이 되어 나오는지, 프로젝트가 빠른 실행을 중심으로 흘러가는지 또는 충분한 탐색과 조정을 거치는지, 의사결정이 신속하게 내려지는지 아니면 충분히 숙고의 과정을 거치는지와 같이 말이지요. 이러한 흐름 하나하나가 조직의 리듬을 만듭니다. 그리고 중요한 것은 조직의 리듬은 단순히 효율만을 위한 속도가 아니라 구성원들의 감정, 사고, 행동이 만들어내는 '살아있는 흐름'이라는 점입니다.

우리는 조직 안에서 너무 빠른 리듬 속에 있을 때 지치거나 소외감을 느끼고, 너무 느린 리듬 속에 있을 때는 답답함이나 무기력을 느끼기도 합니다. 그리고 서로 다른 리듬을 가진 사람들끼리 맞춰야 할 때는 불편함과 충돌을 경험하기도 하고, 그러한 경험을 뛰어넘어 서로의 다름을 존중하고 조율할 때 새로운 창조성과 협력의 에너지가 생기는 것을 발견하기도 하지요. 이처럼 리듬은 에너지의 흐름이고, 관계의 온도이며, 조직이 숨 쉬는 방식이라고 할 수 있습니다. 그래서 건강한 조직은 빠른 사람과 신중한 사람이 함께 흐를 수 있도록 조율하고, 표현이 많은 사람과 말이 적은 사람의 감정을 함께 흐르게 만들고, 몰입하는 순간과 멈추는 순간을 리듬감 있게 설계합니다.

재즈 연주자들이 서로의 즉흥 연주를 들으며 맞춰가는 모습을 상상해보세요. 그들은 악보대로만 연주하는 것이 아니라, 각자 다른 리듬과 감정을 실어 서로의 연주와 소리에 반응합니다. 그러나 그 안에는 보이지 않는 호흡과 조율이 흐르죠. 누군가 멜로디를 이끌면 어떤 멤버는 적절하게 백업하며 더 풍성한 사운드를 만들어내고, 또 다른 멤버는 공간을 열어 이후 곡의 변주를 돕습니다. 이 안에서 리듬은 통제하거나 강요할 수 없습니다. 리듬은 서로를 존중하고 느끼고 조율할 때, 비로소 살아있는 에너지가 되어 집단 안에

흐르게 되는 것이죠. 그래서 리듬은 속도가 아니라 관계의 호흡이며, 완벽한 계획이 아니라 함께 살아내는 감각입니다. 나답게 일하고 우리답게 협업하는 과정에서 모두를 살아있게 만드는 핵심적 흐름입니다.

CONTENTS

프롤로그 004
'리듬'이란 무엇인가 012

Part 1

자기다움:
존재를 잃지 않고 일한다는 것의 의미

01 _	조직 안에서 개인주의를 이야기해야 하는 이유	022
02 _	개인주의는 이기적인 것이 아니다	031
03 _	개인의 고유성은 어떻게 조직 안에서 사라지는가	040
04 _	'자기다움'이란 무엇인가	049
05 _	'자기다움'의 단서 발견하기	060
06 _	감정의 인식에서부터 시작되는 '자기다움'	070
07 _	'자기다움'을 어떻게 표현해볼까	077
08 _	'자기다움'을 살아내는 사람의 성장	085
09 _	'자기다움'과 주도성의 연결 고리	093
10 _	왜곡된 주도성의 그늘	100
11 _	'자기다움'을 주도성으로 확장하는 방법	115
Bridge	'자기다움'에서 '우리다움'으로 : 고유성에서 공존으로 흐르기 시작할 때	124

Part 2

우리다움:
경쟁보다 신뢰, 속도보다 감각이 중심이 되는 구조

01 _	시대의 변화, 왜 '우리다움'인가	134
02 _	'우리'라는 말이 불편했던 이유	144
03 _	관계의 온도는 어떻게 만들어지는가	153
04 _	관계의 질이 성과의 지속 가능성을 만든다	164
05 _	협업은 역할 분담이 아니다	174
06 _	'함께 연결된 책임'은 어떻게 만들어지는가	184
07 _	진정한 시너지란 무엇인가	192
08 _	다양한 리듬이 함께 흐를 수 있을 때	201
09 _	'우리다움'이 자리 잡은 조직은 어떻게 다른가	213
10 _	조직에서 공동체로의 전환은 어떻게 일어나는가	230
11 _	'우리다움'의 문화가 사회로 확장될 수 있는 가능성	241
Bridge	이제, 우리들의 실험을 시작할 시간	250

CONTENTS

Part 3
'자기다움'과 '우리다움'이 살아있는 조직을 위한 실험

01 _ ['자기다움'과 '우리다움'이 살아있는 조직을 위한 실험 1] : 직무 기술서에서 역할 정의서로	258
02 _ ['자기다움'과 '우리다움'이 살아있는 조직을 위한 실험 2] : 권한 위임을 넘어 권한 분배로	262
03 _ ['자기다움'과 '우리다움'이 살아있는 조직을 위한 실험 3] : 목적에 따라 달라지는 회의	267
04 _ ['자기다움'과 '우리다움'이 살아있는 조직을 위한 실험 4] : 미션 중심 TF 활용하기	272
05 _ ['자기다움'과 '우리다움'이 살아있는 조직을 위한 실험 5] : 피드백을 '성장을 위한 데이터'로 만들기	277
06 _ ['자기다움'과 '우리다움'이 살아있는 조직을 위한 실험 6] : 플랫폼으로서의 조직, 내부 인재 시장	283

07 _ ['자기다움'과 '우리다움'이 살아있는 조직을 위한 실험 7] :
성과관리와 보상의 원칙   289

08 _ ['자기다움'과 '우리다움'이 살아있는 조직을 위한 실험 8] :
리더, 영웅에서 정원사로   295

09 _ 조직 패러다임의 전환 :
'자기다움'과 '우리다움', 시대를 건너는 조직의 새로운 힘   300

에필로그	306
부록	310
참고문헌	324
추천의 글	332

자기다움

: 존재를 잃지 않고 일한다는 것의 의미

Part 1.

*우리는 세상에 적응하거나 건전해지기 위해,
혹은 다른 사람들의 모범이 되기 위해 존재하는 것이 아니다.
우리는 유별나기 위해,
다른 사람과 다르게 살기 위해,
어쩌면 이상해지기 위해,
존재의 거대한 모자이크에
자기(self)의 투박한 작은 조각을 덧붙이기 위해 여기에 있는 것이다.*

— 제임스 홀리스*(James Hollis)*

조직 안에서
개인주의를 이야기해야 하는 이유

Story Box

좋은 의도로 꺼냈지만, '불편한 사람'이 되어버렸다

새로운 팀에 합류하게 된 정우는 '솔직함'과 '성장'을 중요한 가치로 여기는 사람이었다. 그는 팀원들이 서로에게 건강한 피드백을 주고받으며 함께 발전하기를 진심으로 바랐다. 이전 팀은 표면적으로는 늘 화기애애했지만, 누구도 서로의 부족한 점에 대해 이야기하지 않았고, 그 결과 실수는 반복되고 성장은 정체되어 있었다.

그는 첫 프로젝트 리뷰 회의에서 용기를 냈다. 한 선배의 보고서에서 발견된 논리적 허점을, 그는 최대한 정중하고 구체적인 데이터를 근거로 설명했다.

"이 부분을 보완하면 훨씬 더 설득력 있는 보고서가 될 것 같습니다."

그의 말에는 어떤 비난의 의도도 없었다. 오직 함께 더 나은 결과를 만들고 싶다는 선의뿐이었다.

 하지만 회의실의 공기는 순간 차갑게 얼어붙었다. 선배는 아무 말 없이 굳은 표정으로 고개를 숙였고, 다른 팀원들은 어색한 듯 시선을 피했다. 회의가 끝난 뒤, 한 동료가 조용히 다가와 말했다.

 "정우씨 마음은 알겠는데, 우리 팀은 원래 그렇게까지 직접적으로 이야기하는 분위기는 아니에요. 선배님, 기분 많이 상하셨을 거예요."

 그날 이후, 정우는 팀 안에서 '지나치게 날카롭고 불편한 사람'이 되어갔다. 그의 진심은 '무례함'으로, 성장을 위한 제안은 '지적질'로 오해받았다. 그는 점점 더 입을 닫게 되었다.

 한 사람의 좋은 의도가, 왜 '무례함'이라는 오해로 남았을까.
 함께 성장하자는 진심 어린 제안은,
 어째서 차가운 침묵으로 되돌아왔을까.
 진심이 길을 잃는 순간은,
 그 내용이 틀려서가 아니라
 그것을 안전하게 받아 안을 관계의 토양이
 아직 준비되지 않았을 때다.

 '자기다움'이란 고집이 아니다.

> 진짜 '자기다움'은 공동의 리듬 안에서도
> 자신의 고유성을 잃지 않고
> 다름을 존중하며 흐를 줄 아는 성숙함이다.
> 그리고 성숙한 조직은
> 그 리듬의 다양성을 품을 수 있는 유연한 그릇이다.

  '자기다움'은 이제는 꽤 익숙한 말이 되었습니다. 브랜드의 정체성을 이야기할 때 종종 등장하던 이 말이 지금은 '나답게 일하기, 나답게 살기, 나답게 여행하기, 나답게 소비하기'와 같은 방식으로 일상에서 쉽게 사용되고 있는 것을 봅니다. 그런데 문득, '자기다움'을 조금 진지하게 이야기해보려면, 그 앞에 반드시 짚고 넘어가야 할 것이 있다는 생각이 들었습니다. 바로 '개인주의'입니다. 우리는 왜 조직 안에서 지금, 개인주의를 다시 이야기해야 할까요?

 한동안 개인주의는 조직 안에서 꺼내기 어려운 말이었습니다. 함께 일하는 것이 무엇보다 중요한 조직에서 '개인주의적이다'라는 평은 협업을 방해하거나 이기적인 사람이라는 인상을 주기 쉽겠지요. 그래서 많은 조직 내 구성원들은 굳이 자신의 생각과 입장을 밝혀 불편함을 만들기보다는 자기 생각을 감추고, 조직의 관성에 스스로를 길들이며 일해왔습니다. 그렇게 역할에 적응하는 것이 조직생활의 기술처럼 여겨졌죠.

하지만 우리 사회는 최근 몇 년 사이에 급격한 변화가 있었습니다. 그리고 그 변화의 중심에는 우리가 '일'을 대하는 방식과 '조직'을 바라보는 관점의 근본적인 전환이 자리하고 있습니다. 몇 년 전까지만 해도 소수의 혁신적인 스타트업에서나 볼 수 있었던 자율 출퇴근, 직급을 파괴하는 수평적 호칭, 그리고 동료 간의 상호 피드백 같은 제도들은 이제 업종과 규모를 불문하고 많은 기업들로 빠르게 확산되고 있습니다. 이는 단순히 새로운 제도를 도입하는 유행을 넘어, 조직 운영의 중심축이 과거의 '관리와 통제'에서 '구성원에 대한 신뢰'로 이동하고 있음을 보여주는 중요한 신호입니다.

이러한 변화는 여러 복합적인 요인에서 비롯될 텐데요. 우선, 자신의 삶의 가치와 방식을 일터에서도 존중받기 원하는 새로운 세대의 등장이 중요한 동력이 되었습니다. 뿐만 아니라, 뛰어난 인재를 유치하고 유지하기 위한 기업 간의 경쟁이 심화되면서, 더 나은 조직 문화와 자율적인 업무 환경은 이제 선택이 아닌 생존을 위한 필수 조건이 되었죠. 여기에 디지털 기술의 발전은 시공간의 제약 없이 일할 수 있는 환경을 만들며, 전통적인 근무 형태의 개념 자체를 바꾸어 놓았습니다. 이러한 변화들은 더 이상 특정 세대나 IT 업종과 같은 일부 영역에 국한된 특별한 현상이 아닙니다. 이는 조직의 성공 공식이 '통제와 효율'에서 '자율과 신뢰'로, 그리고 '사람을 자원으로 보는 관점'에서 '사람의 성장을 돕는 플랫폼이 되겠다는 관점'으로 이동하고 있음을 보여주는, 거스를 수 없는 시대적 흐름이 된 겁니다.

일과 삶의 관계를 재정의하려는 움직임은 우리 사회 곳곳에서 감지됩니다. 코로나 팬데믹 이후 수많은 이들이 재택근무와 원격 협업을 경험하면서 '일은 꼭 회사에서, 정해진 시간에만 해야 하는가?' 라는 질문을 던지기 시작했지요. 그 질문은 자연스럽게 '나는 어떤 방식으로 일할 때 가장 몰입하며 살아 있는 감각을 느끼는가?' 라는 보다 내면적인 탐색으로 이어졌습니다. 그 흐름은 한 때 대퇴사 시대(Great Resignation)라는 사회적 현상으로도 이어졌죠. 수많은 이들이 더 이상 '참으며 버티는 일터'에 남지 않기로 결정했고, 조직은 비로소 구성원이 떠나기 전까지는 들리지 않았던 침묵의 신호들에 귀를 기울이기 시작했습니다.

그런데 최근에는 상황이 달라져 '대잔류(Big Stay)의 시대'가 왔다고 하더군요. 이제 사람들은 이직이나 퇴사를 반복하기보다 '내가 이 조직 안에 남는다면 어떤 방식으로 존재하고 싶은가?'라는 질문을 스스로 던지고 있습니다. 그리고 조직도 구성원에게 묻기 시작합니다. '당신이 이곳에 계속 머물며 함께 성장하기를 바란다면, 우리는 무엇을 어떻게 바꾸어야 하는가?' 라는 질문으로 말이지요.

최근 정치권에서도 '주 4일제 또는 주 4.5일제'와 같은 근무제 개편이 화두로 제시되며 일하는 방식에 대한 사회적 상상력의 지평을 넓히고 있습니다. 한때는 실현 불가능하다고 여겨졌던 주 4일 근무가 현실적인 실험 대상으로 부상하고 있다는 사실은 이제 조직과 노동을 바라보는 사회 전체의 인식이 중대한 전환기에 접어들었음을 상징적으로 보여주는 것이 아닐까요? 우리는 지금 일과 존재 사이의 새로운 균형을 모색하는 시대에 살고 있습니다.

몇 년 전부터 HR(인사)분야에서는 '직원경험(Employee Experience)'라는 말이 화두였습니다. 이전에 비즈니스 영역에서는 고객경험(Customer Experience)이라는 개념만 존재했을 뿐 직원경험은 비교적 최근에 등장한 개념이죠. 직원경험이란 말이 등장했다는 것은 이제 고객 못지않게 직원도 굉장히 중요한 대상이 됐다는 겁니다. 고객과 마찬가지로 직원에 대한 관계의 성격이나 질이 이전과 달라진 것이죠. 기업 조직 입장에서 직원, 그러니까 내부 구성원과의 관계를 더 깊이 고민하게 된 것이라고 볼 수 있습니다. 구성원을 '일을 수행하는 자원'이 아니라 '존재와 경험을 가진 개인'으로 바라보아야 하는 시대가 된 겁니다.

직원경험이란 단순히 복지나 제도의 문제가 아닙니다. 이 조직 안에서 구성원인 내가 어떤 존재로 대우받고 있는가, 내가 나로서 일할 수 있는 환경이 주어지는가, 나의 감정과 가치가 존중받고 있는가에 대한 총체적인 감각입니다. 그리고 이 감각은 구성원이 조직 안에서의 경험을 자기 삶의 소중한 일부로 받아들일 수 있는지를 결정하는 데 지대한 영향을 미칩니다. 조직에서의 하루가 반복되는 '일'로만 쌓이는 게 아니라 '나답게 존재하는 시간'으로 충만하게 쌓이기 위해서는 그 안에서의 감정, 관계, 그리고 표현이 나에게 어떤 긍정적인 경험으로 남는지가 중요합니다.

과거에는 조직이 구성원을 집단적으로 다뤄도 큰 문제가 없었습니다.

'회사 사람', '우리 직원'이라는 말만으로 관계가 정의되던 시절이 있었죠. 이제는 구성원을 하나의 '직무 수행자'가 아니라 저마다의 고유한 리듬과 감정, 일하는 방식을 가진 '개인'으로 마주해야 할 시대입니다. 우리가 고객에게 그랬던 것처럼, 구성원도 한 명 한 명 입체적으로 이해받고 그 특수성을 존중받아야 할 대상으로 여겨야 합니다.

만약 조직이 이러한 시대적 변화를 외면하고, 집단의 효율이나 생산성만을 추구하며 개인의 고유성을 무시하면 어떤 일이 벌어질까요? 그 위험성에 대한 경고를 넷플릭스 다큐멘터리 <소셜 딜레마(The Social Dilemma)>에서 엿볼 수 있습니다. 이 다큐멘터리에는 구글, 애플, 인스타그램, 페이스북 등에서 일했던 전직 엔지니어와 리더들이 등장하는데요. 흥미로운 점은, 그들이 바로 자기들 손으로 만든 서비스가 인류에게 얼마나 거대한 위험을 초래하고 있는지를 스스로 폭로한다는 점입니다. 마치 인류에게 도움을 주고자 만든 사이보그가 실은 사람들에게 심각한 위협이 될 수 있다는 것을 깨닫고, 자신들이 창조한 그 사이보그를 다시 없애려는 SF 영화 속 주인공들처럼 말이죠.

그들이 진짜 문제로 제기하는 것은, 끝없는 이윤 추구에 눈이 멀어 기존의 건강한 목적을 상실한 기업들의 왜곡된 비즈니스 방식입니다. 그리고 이로 인해 결국 상업적으로 이용당하고 있는 인간의 모든 사고와 행동, 그래서 점차 왜곡되고 조작되며 파괴되어가는 개인의 고유한 사고와 가치에 대해 깊이 경고합니다. 다큐멘터리 속 한 인물이 소셜 미디어의 발달을 두고 '유토피아이면서 동시에 디스토피아라서 헷갈리는 것이다'라고 말하며, '매트릭스 안에 있다는 사실을 자각하지 못하는데, 어떻게 매트릭스에서 깨어날 수 있죠?'라고 던지는 질문은, 마치 조직 안에서 자신도 모르게 '자기다움'을 상실한 채, 그저 조직의 논리에 순응하며 살아가는 우리들의 모습을 향해 경각심을 불러일으킵니다. 철학자 이진우 교수가 <개인주의를 권하다>라는 책에서 지적한 것처럼 우리는 종종 스스로 모든 것을 결정하는 자유로운 주체라고 믿지만, 실제로는 사회와 제도가 이미 결정해놓은 경로를 충실히 수행할 뿐이며, 모든 것이 가능하다고 믿게 만드는 '자유라는 허상' 속에서 오히려 자기 자신을 끊임없이 착취하며 살아가고 있는지도 모릅니다.

이러한 통찰은 조직의 현실에 그대로 적용될 수 있습니다. 조직이 제시하는 성공의 기준과 보상의 틀 안에서, 우리는 자신의 생존을 위해 때로는 과도한 경쟁을 하고, 자신의 책임을 회피하며 동료에게 그 짐을 떠미는 문화를 묵인하고, 협업 과정에서 새로운 시도가 기존 관행에 대한 무모한 도전으로 받아들여지는 분위기에 순응합니다. 이러한 환경 속에서 우리가 쏟는 '열심'은, 나다운 일의 방식에 대한 깊은 고민에서 비롯된 주도적인 열정이 아니라, 그저 일에 끌려다니며 결국 스스로의 시간과 에너지를 모두 소진시키는 '자기 착취'의 굴레에 갇히게 되기 쉽습니다. 이러한 환경에서 개인이 온전하게 스스로를 지켜낼 수 있는 힘은, 결국 끊임없이 스스로가 가진 주체성에 대한 자각, 즉 '내가 지금 매트릭스 안에 있을지도 모른다'는 것을 알아차리려는 노력에서 비롯됩니다.

조직 안에서 '자기다움'은 쉽게 시작되지 않습니다. 그 이전에, '나답게 있어도 괜찮다'는 깊은 안도감과 신뢰의 감각이 필요합니다. 내가 누구인지 알아차리고 그것을 표현할 수 있도록 따뜻하게 수용되는 분위기, 나를 굳이 감추거나 포장하지 않아도 괜찮다는 편안한 경험, 그리고 나의 솔직한 표현이 평가나 비난의 대상이 되지 않는 건강한 대화와 피드백의 리듬이 반드시 있어야 합니다.

바로 여기에 개인주의가 조직 안에서 먼저 회복되어야 하는 이유가 있습니다. 제가 이야기하는 개인주의는 타인과의 연결을 거부하는 차가운 고립이나 이기심을 의미하는 것이 결코 아닙니다. 비유하자면, 함께 튼튼한 다리를 놓기 위해 먼저 각자가 서 있는 땅을 단단하게 다지는 작업과 같다고 할까요? 한번 상상해보세요. 나의 땅이 어디까지인지, 그 땅의 특성은 무엇인지를 스스로 명확히 알지 못한다면, 우리는 상대방과 연결될 다리의 교각을 어디에 세워야 할지, 또 어느 정도의 무게까지 감당할 수 있을지 알 수 없습니다. 나의 경계가 불분명한 상태에서 맺는 관계는 쉽게 상대방에게 휘둘리거나, 혹은 나도 모르게 상대의 영역을 침범하며 서로에게 상처를 주는 위태로운 관계가 되기 쉽습니다. 내가 나를 온전히 이해하고 내 감정과 생각, 그리고 나만의 일하는 방식에 대해 스스로 존중하고 또 타인에게 존중받는 경험, 즉 건강한 개인주의의 토양 위에서만 우리는 그 누구와도 흔들리지 않는 지속가능한 관계를 맺을 수 있습니다. 건강한 관계의 시작은 늘 '나로서 온전히 서 있는 것'에서부터 출발하니까요.

개인주의는
이기적인 것이 아니다

Story Box

'정시 퇴근'이 '이기심'으로 보일 때

디자인팀의 지아는 근무 시간 동안 누구보다 높은 집중력으로 자기 몫을 완벽하게 해내는 동료였다. 그녀는 정해진 시간 안에 최고의 결과물을 내는 것이 프로의 가장 중요한 덕목이라고 믿었다. 그리고 퇴근 후에는 요가를 하거나 책을 읽으며 자신만의 시간을 온전히 누리는 것이, 내일의 에너지를 채우는 자신만의 방식(자기다움)이었다.

하지만 팀의 분위기는 조금 달랐다. 팀원들은 종종 퇴근 시간이 지나서도 남아서 함께 이야기를 나누거나, 급하지 않은 일을 붙잡고 있곤 했다. 팀장은 그런 모습을 '팀워크'와 '열정'의 증거로 여기는 듯했다. 어느 날, 야근하던 팀장이 정시에 퇴근 준비를 하는 지아에게 툭 한마디를 던졌다.

"지아씨는 팀에 대한 애정이 좀 부족한 거 같아. 다들 남아서 고생하는데, 너무 자기만 생각하는 거 아니야?"

그 순간, 지아는 할 말을 잃었다. 근무 시간에 누구보다 치열하게 일했던 자신의 노력은 인정받지 못하고, 단지 '정시 퇴근'이라는 행동 하나만으로 자신은 '팀보다 개인을 우선시하는 이기적인 사람'이 되어버렸기 때문이다. 그녀는 생각했다. '이곳에서 존중받으려면, 나의 저녁이 있는 삶을 포기해야만 하는 걸까?'

> 어쩌면 우리는 여전히 '개인주의'라는 말을
> 이기적이고 제멋대로인 태도로 오해하고 있을지 모른다.
> 하지만 진짜 개인주의란 자신을 분명히 알고,
> 자신의 삶을 책임감 있게 꾸려나가는 힘이다.
> 공동체 안에서 나를 무조건 지우는 것이 아니라,
> 나를 지키면서도 함께 연결될 수 있는
> 건강한 방식을 모색하는 것이다.

건강한 개인주의는 자기중심적인 태도와는 다릅니다. 그것은 '나만 옳다'가 아니라 '나는 이렇게 느끼고 생각한다' 라고 말할 수 있는 힘입니다. 이 힘은 타인과의 거리를 벌리기 위함이 아니라 나를 명확히 이해하고 그로부터 타인도 이해하려는 태도이지요. 독일의 철학자 페터 비에리(Peter Bieri)의 말을 빌리자면 자신의 사고와 감정과 소망을 주관하여 말 그대로 삶의 작가요, 주체가 되는 삶을 사는 겁니다.

> 자신을 안다는 것은 타인이 어떤 사람인지에 대한 나의 생각,
> 그리고 그 사람이 어떠했으면 좋겠는지에 대한 나의 생각,
> 그 두 가지 사이의 차이를 구별할 줄 안다는 것입니다.
> 다시 말하면 내가 그 사람에게 투사하는 것이
> 과연 무엇인지를 꿰뚫어 보는 것이지요.
>
> | 페터 비에리(Peter Bieri)

건강한 개인주의는 '경계를 위한 태도이자 연결을 위한 준비'입니다. 이 말이 다소 낯설게 들리실 수도 있을텐데요. 우리가 누군가와 진짜로 좋은 관계를 맺을 수 있었던 순간을 한번 떠올려보세요. 그때의 관계는 서로의 선을 넘지 않으면서도 동시에 마음을 나눌 수 있었던 관계였

을 가능성이 큽니다. 건강한 개인주의를 가진 사람은 자기 안의 기준이 분명합니다. 그렇기에 타인의 의견에 무례하게 반응하지 않습니다. 자신이 중요한 만큼, 타인도 중요한 존재라는 걸 알고 있기 때문이죠. 그래서 오히려 건강한 개인주의자는 더 깊이 있는 관계를 만들어냅니다. '나는 나고, 너는 너이며, 우리는 그 다름에도 불구하고 함께 있을 수 있다'는 전제를 품고 있기 때문입니다.

진짜 개인주의는 자기 결정에 책임을 지려는 태도에서 비롯됩니다. 자율적으로 결정한다는 건 단지 내가 원하는 대로 한다는 것이 아니라, 내가 왜 그것을 선택했는지를 설명할 수 있고, 그 선택의 결과를 마주할 용기를 가진 상태를 말합니다. 어떤 일이 주어졌을 때, 그 일을 나의 기준과 방식으로 해보려는 사람, 예상과 다른 결과가 나타났을 때 책임을 회피하기보다는 진심으로 그 결과와 반응을 마주하려는 사람, 그런 사람이야말로 개인주의자이자 주체성을 갖춘 사람이라고 할 수 있겠지요. 이런 주체성은 조직 안에서 자율성과 몰입의 기반이 됩니다. 진짜 몰입은 내가 무엇을 선택하고 있는지, 어떤 의미를 만들고 있는지에 대한 자각이 있을 때 비로소 생겨나기 때문이죠. 반면 누군가 정해준 방식만 따르고 정해진 루틴 안에서만 움직이는 사람은 작은 도전 과제에 쉽게 피로해지고 일에서 동기를 느끼지 못합니다.

리더 입장에서 가장 흔한 우려 중 하나는 '개인주의가 강하면 팀워크가 약해져 성과가 나오기 어렵지 않을까?' 하는 점이겠지요. 혼자만의 방식만 고집하고, 협업보다 자기 주장만 앞세우는 모습이 떠오르기 때문일 겁니다. 하지만 실제로 조직에서 마주치는 '이기적인 태도'나 '무책임한 개인주의'는 개인의 성향 때문이라기 보다 건강하지 못한 조직 분위기에서 비롯된 방어적 반응인 경우가 많습니다. 이러한 현상은 조직 심리학의 몇몇 이론들을 통해 더욱 명확하게 이해할 수 있습니다.

가장 대표적인 것이 '사회 교환 이론(Social Exchange Theory)'인데요. 이 이론의 핵심은 인간관계가 기본적으로 주고받는 '교환'의 과정으로 이루어진다는 겁니다. 내가 무언가를 주면, 상대방도 그에 상응하는 무언가를 줄 것이라는 기대가 깔려있죠. 이를 조직에 적용해보면, 구성원들은 각자 자신의 시간과 노력, 열정, 그리고 아이디어를 조직에 투자하죠. 그리고 그에 대한 보답으로 조직이 자신에게 공정한 보상, 성장의 기회, 인정, 그리고 인간적인 존중을 제공해주기를 기대합니다. 하지만 만약 조직이 구성원의 헌신을 당연하게 여기거나, 그들의 노력을 제대로 인정해주지 않는다면 어떻게 될까요? 구성원들은 자신이 일방적으로 소모되고 있다고 느끼며 '억울함'이라는 감정이 쌓입니다. 그 결과, 자신을 보호하기 위해 더 이상 추가적인 노력을 쏟지 않고, 딱 계약된 만큼의 일만 하거나, 새로운 제안을 주저하는 등 스스로 투입하는 자원을 줄이게 되지요. 겉으로 보기에 이러한 행동은 조직에 비협조적이거나 이기적인 태도로 비춰질 수 있지만, 사실은 깨어진 신뢰 관계 속에서 개인이 선택할 수 있는 가장 합리적인 자기 보호 전략인 셈입니다.

여기에 '조직 공정성 이론(Organizational Justice Theory)'은 더 구체적인 설명을 더해줍니다. 이 이론은 구성원들이 조직 내에서 얼마나 공정하게 대우받고 있다고 느끼는지가 그들의 태도와 행동에 결정적인 영향을 미친다고 봅니다. 특히 중요한 것은 세 가지 차원의 공정성입니다.

- **분배 공정성 :**
  성과급이나 승진과 같은 보상이 얼마나 공평하게 분배되었는가?

- **절차 공정성 :**
  보상이나 평가가 결정되는 과정과 절차는
  얼마나 투명하고 일관성이 있었는가?

- **상호작용 공정성 :**
  그 과정에서 리더나 동료들이
  나를 얼마나 존중하고 진솔하게 대했는가?

만약 구성원이 이 중 어느 하나라도 심각하게 불공정하다고 느낀다면, 조직에 대한 신뢰와 몰입은 급격히 떨어질 수밖에 없습니다. 예를 들어, 비슷한 성과를 냈음에도 불구하고 리더와 가깝다는 이유로 다른 동료가 더 좋은 평가를 받는 것을 목격한 직원은, 다음부터 '열심히 해봤자 소용없다'는 생각에 더 이상 주도적으로 일하려 하지 않을 겁니다. 이러한 모습은 누군가에게는 '무책임한 개인주의'로 보일 수 있지만, 실은 불공정한 시스템에 대한 깊은 실망감과 냉소주의의 표현인 것이죠. 이처럼, 조직 안에서 발견되는 개인들의 문제적인 행동들은 종종 그들 자신만의 문제가 아닐 때가 많습니다.

반면에 자신이 존중받았던 경험이 많은 사람, 생각을 표현했을 때 그것이 진지하게 받아들여졌던 사람은 다릅니다. 그들은 더 열린 방식으로 의견을 제시하고 타인의 방식에도 기꺼이 귀를 기울일 수 있지요. 자기중심적인 태도가 아니라 자신이 누구인지, 그리고 무엇을 원하는지를 아는 자기 인식이 분명한 태도에서 출발하기 때문에 협업의 리듬을 조율할 수 있는 기반을 갖추고 있는 것입니다. 자기 인식이 분명한 태도, 즉 건강한 개인주의가 개인의 성장과 몰입, 나아가 팀 전체의 성공에 미치는 긍정적인 영향은 여러 연구와 이론들을 통해서도 뒷받침됩니다.

가장 대표적으로, 세계적인 베스트셀러 <감성지능(Emotional Intelligence)>의 저자 대니얼 골먼(Daniel Goleman)은 자기 인식을 감성지능의 가장 첫 번째이자 핵심적인 구성 요소로 꼽았습니다. 그에 따르면, 자신의 감정과 강점, 약점, 그리고 가치관을 명확히 아는 사람은 자신의 감정에 휩쓸리지 않고 스스로를 조절할 수 있는 '자기 통제력'을 발휘할 수 있습니다. 또한, 자신의 마음을 잘 이해하기에 타인의 감정을 헤아리는 '공감 능력'도 자연스럽게 높아지죠. 한번 생각해보세요. 회의 중에 반대 의견을 마주했을 때, 자신의 불안한 감정을 알아차리고 한 호흡 고를 수 있는 사람과, 그 감정에 휩쓸려 방어적으로 상대를 공격하는 사람 중 누가 더 성숙한 협업을 이끌어낼 수 있을까요? 명확한 자기 인식은 개인의 충동적인 반응을 줄이고, 더 깊이 있는 소통과 신뢰 관계를 형성하며, 팀 전체의 협업 수준을 끌어올리는 가장 근본적인 동력이 됩니다.

이렇게 자기 인식이 분명한 태도는 조직심리학에서 말하는 '심리적 주인의식(Psychological Ownership)'을 싹틔우는 매우 중요한 토양이 됩니다. 심리적 주인의식이란, 구성원이 조직이나 자신의 업무에 대해 '이것은 진정으로 내 것이다'라고 느끼는 강력한 소유의 감정을 의미합니다. 즉, 내가 하는 일에 나의 고유한 생각과 가치를 연결하고 그 일을 '진정으로 내 것'이라고 느끼는 깊은 애착과 책임감을 의미하죠. 조직의 목표를 그저 수동적으로 따르는 것이 아니라, '어떻게 하면 이 일을 가장 나답게, 그리고 탁월하게 해낼 수 있을까?'를 스스로 고민하며 자신의 역량을 기꺼이 쏟아붓는 태도. 이것이 바로 자신의 일을 통해 스스로의 가치를 증명하고 성장하려는 건강한 개인주의자의 모습이며, 심리적 주인의식을 갖춘 사람의 자세입니다. 내가 단지 조직의 지시를 따르는 부품이 아니라, 나의 생각과 방식으로 일에 기여하고 있다는 느낌을 받을 때, 비로소 그 일은 '회사의 일'이 아닌 '나의 일'이 됩니다. 그리고 자신의 일을 '내 것'이라고 여기는 사람은, 더 이상 누군가 시키지 않아도 어떻게 하면 더 잘할 수 있을지 스스로 고민하고, 문제가 생기면 내 일처럼 나서서 해결하려 애쓰게 되죠.

건강한 개인주의는 결국 '내가 왜 이 일을 하는가'를 스스로에게 끊임없이 질문하게 만드는 힘입니다. 내가 무엇을 중요하게 여기고 어떤 방식으로 움직일 때 살아 있는 감각을 느끼는지를 인식할 수 있는 사람. 그런 사람이야말로 조직 안에서 가장 성숙한 방식으로 협업하고 성장할 수 있습니다. 그래서 우리는 때때로, 나 자신과 우리가 속한 조직에게 물어야 합니다. 이전처럼 단순히 조직이 나에게 무언가를 '허용하는지'를 묻는 수동적인 질문을 넘어; 내가 이 안에서 어떤 의미를 만들고 어떤 기여를 하며 나의 이야기를 써 내려가고 있는지를 묻는, 보다 능동적이고 주체적인 질문을 말이죠.

*"나는 지금 이 조직 안에서, 나의 일을 통해
내가 소중히 여기는 가치를 실현하고 있는가?"*

*"나는 지금 나의 강점과 재능, 추구하는 가치를 활용하여,
이 조직에 의미 있게 기여하고 있다고 느끼는가?"*

이 질문은 개인만을 향한 것이 아닙니다. 리더와 조직 전체가 함께 마주하고 그 답을 찾아가야 할 우리 모두의 질문이기도 합니다. 개인의 '자기다움'은 혼자서만 애써 지켜내는 것이 아니라, 그것이 존중받고 마음껏 발휘될 수 있도록 조직 전체가 함께 가꾸는 건강한 토양 위에서만 비로소 자라날 수 있기 때문입니다.

자기다움 : 존재를 잃지 않고 일한다는 것의 의미

개인의 고유성은
어떻게 조직 안에서 사라지는가

Story Box

'더 나은 방법'을 제안했지만, '유난 떠는 사람'이 되었다

기획팀의 혜진은 비효율을 참지 못하는 사람이었다. 그녀는 팀에서 몇 년째 이어져 온 수작업 데이터 취합 방식이 늘 마음에 걸렸다. 매주 서너 시간을 쏟아야 하는 그 일은, 간단한 함수나 자동화 툴을 사용하면 30분이면 끝날 일이었다. 그녀의 눈에는 명백한 시간 낭비였다.

몇 번의 고민 끝에, 그녀는 자신의 시간을 쪼개 간단한 자동화 양식을 만들었고, 팀 회의에서 "우리가 이 방식을 도입하면, 단순 업무 시간을 줄여서 더 중요한 기획에 집중할 수 있을 것 같아요."라고 용기 내어 제안했다.

하지만 동료들의 반응은 예상과 달랐다. "혜진씨, 좋은데... 그거 새로

배우려면 또 시간 걸리잖아요." "지금까지도 별 문제 없이 잘 해왔는데, 굳이 바꿀 필요가 있을까요?" 심지어 몇몇은 뒤에서 "왜 저렇게까지 유난을 떠는지 모르겠다"고 수군거렸다.

그녀의 제안은 '팀을 위한 기여'가 아닌, '기존의 방식을 무시하는 유난스러운 행동'으로 여겨졌다. 그 후로 혜진은 더 이상 '더 나은 방법'에 대해 이야기하지 않았다. 그녀는 침묵 속에서, 다른 팀원들과 똑같은 방식으로, 매주 서너 시간을 묵묵히 그 일에 쏟고 있었다.

> 개인의 고유성은 '내가 특별해서'가 아니라
> 조직이 획일성을 당연하게 여길 때 가장 쉽게 지워진다.
> 표준화, 합리화, 효율 중심의 문화는 편리함을 주지만,
> 그 안에서 '새로움'은 곧 '불편함'이 되고,
> 결국 잠재적 혁신은 침묵과 수용으로 포장된
> '익숙함' 속에 묻힌다.
> '이 조직에 맞게' 살아남는 대신
> '나답게' 존재할 수 있는 조직이 되려면 무엇이 달라져야 할까?

저는 '브랜드'를 단순히 잘 팔리는 상품이 아니라, '평균적인 사고의 틀에서 벗어난 상품'이라고 생각합니다. 수많은 상품들 속에서

어떤 것이 우리 기억에 남는 '브랜드'가 되기 위해서는, 다른 것들과 비교를 거부하는 고유한 '다름'이 있어야만 하죠. 기업은 자사의 상품을 바로 이 특별한 '브랜드'로 만들기 위해 지금 이 순간에도 막대한 예산과 노력을 쏟아붓고 있습니다. SNS를 통해 끊임없이 고객에게 말을 걸고, 숫자를 분석하며 새로운 전략을 구상합니다.

그런데 참 아이러니한 질문이 하나 떠오릅니다. 그토록 상품의 '다름'과 '특별함'을 추구하는 기업 안에서, 그 브랜드를 만드는 '사람'들은 과연 어떤 모습으로 존재하고 있을까요? 다름을 창조하고 새로운 가치를 만들어내야 하는 자신의 역할에 어울리게, 그들 스스로도 조직 안에서 고유하고 특별한 '브랜드'로서 존재하고 있을까요?

흥미롭게도 많은 기업 조직은 자신들의 상품은 세상에 단 하나뿐인 특별함으로 무장시키길 원하면서, 정작 그 상품을 만드는 조직 구성원들에게는 그러한 다름과 특별함을 쉽게 허용하지 않습니다. 오히려 그 다름을 불편하게 여기고, '화합'과 '조화', '팀워크'라는 이름으로 동질성을 강요하곤 하죠. 우리는 각기 다른 세계에서 살아온 사람들입니다. 자라온 환경도, 사용하는 말투도, 일에 접근하는 방식도 모두 다르죠. 하지만 조직이라는 공간에 들어서는 순간, 신기하게도 우리는 점점 비슷해집니다. 일하는 언어가 같아지고, 문제를 해결하는 방식도 닮아가며, 회의 시간의 표정과 말투까지 어느새 서로를 복제해갑니다. 누가 시키지 않아도, 우리는 '그렇게 해야만 한다'고 느끼게 됩니다. 그것이 곧 조직에서의 '생존'이자 '적응'이라고 배우기 때문입니다. 더욱 아쉬운

것은, 조직 구성원들 스스로도 자신에게 고유성을 드러내고 다름을 추구할 힘이 있다는 사실을 잊어버린 채, 그저 집단의 익숙한 관성에 순응하며 존재하고 있다는 사실입니다. 조직 구성원들은 왜 '상품'이 아닌 '브랜드'답게 존재하지 못하는 걸까요? 저는 그 가장 근본적인 이유가, 개인이 조직 안에서 느끼는 깊은 '고립감' 때문이라고 생각합니다.

어떤 사람이 새로운 조직에 들어와서 자신의 고유한 사고와 행동, 즉 '자기다움'을 드러내고 있다고 가정해봅시다. 기존의 방식과는 다른 새로운 아이디어를 제안하고, 그동안 차마 아무도 하지 못했던, 혹은 생각조차 해본 적 없었던 질문을 던지는 것이죠. 이런 사람이 나타났을 때, 조직 안의 사람들은 어떤 반응을 보일까요?

그 새로운 사고와 행동에 진심 어린 관심과 호기심을 보이면 좋겠지만, 아쉽게도 기존에 한 번도 보지 못한 낯선 태도를 기꺼이 인정하고 수용하는 조직은 그리 많지 않습니다. 설령 최근 많은 기업들이 너도나도 '다양성 존중'이라는 가치를 내세운다 하더라도, 누군가의 '다름'을 온전히 존중하기란 결코 쉽지 않습니다. 사람은 저마다 수십 년간 각기 다른 환경 속에서 살아오며 자신만의 경험을 통해 세상을 판단하는 틀을 만들어왔기 때문이겠지요.

결국, 그 누군가의 고유하고 새로운 사고와 행동에 대해 '다른 행동이 아니라 틀린 행동'이라는 평가가 뒤따르고, '괜히 긁어서 부스럼 만들지 말라'는 무언의 압력이 등장합니다. 거기에 특정인을 문제 삼는 듯한 '판단의 분위기'가 더해지면, 개인은 더욱더 움츠러들게 되죠. 이러한 상황 속에서 개인은 점점 더 깊은 '고립감'에 빠져듭니다. 그리고 그 고립감에서 벗어나기 위해, 즉 스스로를 보호하기 위해 가장 손쉬운 방법을 선택하게 됩니다. 바로 '침묵'입니다.

침묵은 위험한 인간관계 속에서 스스로를 지키고, 타인으로부터 받을지 모를 모욕감이나 무시를 사전에 차단할 수 있는 가장 본능적인 자기 보호 수단입니다. 처음에는 의욕적으로 참여했던 프로그램에 대한 참여도가 점차 떨어지고, 기존 시스템에 대한 개선 아이디어를 제안하는 횟수도 갈수록 줄어듭니다. 회의 시간에 적극적으로 자신의 의견을 이야기하기보다, 점차 다른 사람들의 의견에 동조하며 조용히 고개만 끄덕이게 되죠. 그리고 이 침묵은 시간이 지날수록 개인을 넘어 조직 전체로 전염병처럼 퍼져나갑니다. 새로운 사고와 행동으로 '튄다'는 눈총을 받았던 개인은, 고립감을 피하기 위해 침묵하며 집단의 압력에 동조하게 되고, 결국 시간이 지나면서 그 자신은 본래 가지고 있던 빛나는 고유성을 상실하게 됩니다. 그리고 구성원들이 특정한 범주 안에서 비슷비슷한 생각만을 하게 되어 조직은 평균적인 사고로 수렴하게 되죠.

어쩌면 조직은 이런 구성원들의 행동을 '조직 적응'이라 착각할 지 모릅니다. '이제 분위기를 좀 아는구나', '이제는 잘 맞춰가네'라고 생각합니다. 하지만 그것은 진짜 적응이 아니라 '내면적 단절'일 수 있습니다. 고유성을 포기한 상태에서의 적응은 겉으로는 조용하지만, 안에서는 자율성과 동기가 사라지는 과정입니다.

그렇다면 이 안타까운 악순환의 고리를 어디서부터 끊어내야 할까요? 이를 위해 개인이 먼저 시도해볼 수 있는 것은, 바로 '우상숭배'로부터의 탈피입니다. 조직 안에서의 우상숭배란, 스스로 사유하고 결정할 수 있는 힘이 자신에게도 있다는 사실을 망각한 채, 특정한 대상, 예를 들면 조직의 리더나 기존의 프로세스, 혹은 '원래 다들 그렇게 해왔다'는 불문율에 맹목적으로 순종하는 태도를 의미합니다. 우리는 먼저, '나의 생각과 행동을 결정할 수 있는 힘은 오롯이 나에게 있다'는 사실을 다시 한번 되새기고, 내면의 목소리에 진지하게 귀를 기울일 필요가 있습니다. 실제로 우리가 조직에서 활력을 잃고 스트레스를 받는 상황은, 대부분 내면의 소리와는 다른 책임과 역할을 억지로 맡게 될 때가 아닌가요?

자신의 고유성을 회복한다는 것은 결코 이기적이거나 고집스럽거나 함께 일하기 불편한 태도를 갖는 것을 뜻하지 않습니다. 오히려 그것은, 자신의 능력과 신념을 바탕으로 조직과 사회에 더 나은 질문을 제기하고, 집단이 강제하는 획일적인 이념을 의심하여 새로운 대안을 제시하는, 개인이 가진 진실한 내면의 힘을 더욱 단단하고 능동적으로 만드는 과정입니다.

그렇다면 조직은 어디서부터 시작해야 할까요? 답은 의외로 명확합니다. 바로, '서로 다른 존재임을 인정하는 것'이지요. 브랜딩이 다름에서 시작되는 것처럼, 내부에서의 브랜딩도 구성원들의 다름을 인정하는 것에서부터 시작되어야 하지 않을까 싶습니다. 그것은 단지 '우리는 다양성을 존중한다'라는 선언에서 끝나는 것이 아닙니다. 진짜 변화는 그 다음이 '실제 일의 흐름과 관계 속에서 작동할 수 있도록 조직 구조와 방식을 바꾸겠다는 약속'에서 시작됩니다.

이와 관련해 프레데릭 라루(Frederic Laloux)가 소개한 '자기경영 조직'의 이야기는 흥미로운 시사점을 줍니다. 그는 구성원이 충분히 자기 자신의 모습으로 존재할 수 있는 자기경영 조직의 모습을 역설하며, 이러한 조직에서 어떻게 일의 구조가 바뀌는지를 설명하였습니다. 그가 제시한 내용 중 몇 가지를 같이 살펴볼까요?

항목	일하는 방식/구조
정보공유	회사의 재무 상태를 포함한 모든 정보는 실시간으로 모든 구성원에게 투명하게 공개됩니다.
예산	예측과 통제에 기반하는 것이 아니라, 현장의 필요를 '감지하고 반응하는' 데 기반합니다. 변화 추이를 추적하며 통제하기보다, 빠르게 반복하며 필요한 것을 꾸준히 감지하고 지원합니다.
역할배정	정해진 승진 트랙이 없으며, 역할은 필요에 따라 동료들과의 합의를 통해 유연하게 재조정됩니다. 또한, 자신의 권한 영역 밖에 있는 이슈에 대해서도 의견을 말할 책임이 있습니다.
조정기능	정기적인 경영진 회의가 따로 없고, 조정과 미팅은 주로 필요할 때 실무자들 중심으로 임시 개최됩니다.
전략	하향식(Top-down)으로 결정되는 것이 아니라, 구성원들의 집단지성과 현장의 목소리로부터 자연스럽게 생겨나는 방향을 따릅니다.

채용	미래의 동료가 될 사람들이 직접 인터뷰를 진행하며, 정해진 직무기술서와의 적합성보다 조직의 목적과 문화에 적합한지를 더 중요하게 여깁니다.
성과관리 및 평가	개인 간의 비교나 등급 매기기보다 팀의 성과에 집중하며, 동료 간의 솔직한 피드백을 통해 개인의 성장을 유도합니다. 평가는 과거 성과에 대한 정지화면(스냅샷)을 겨냥하는 것이 아니라, 개인이 걸어온 학습 여정과 자신의 소명에 대한 탐구를 스스로 기술하게 합니다.
보상	개인별 보너스 제도를 없애고, 발생한 이익을 모든 구성원이 함께 나누며, 개별 급여는 동료들의 조언과 합의를 통해 조정되기도 합니다.
이익	이익은 사업 계획서상의 사전 목표(KPI)가 아니라, 우리가 하는 일이 올바르고 가치 있을 때 자연스럽게 따라오는 '후행지표'로 여겨집니다.

어떤가요? 어쩌면 이 내용들은 지금 우리가 몸담고 있는 조직의 모습과는 너무도 달라, 매우 낯설고 심지어는 비현실적으로 느껴질지도 모르겠습니다. 하지만 이 파격적으로 보이는 제안들을 관통하는 하나의 핵심 철학은 분명해 보입니다. 바로, 조직의 운영 원리를 '예측과 통제'에서 '신뢰와 자율'로 근본적으로 전환하는 것입니다. 정보를 투명하게 공개하고, 동료의 합의로 역할을 정하며, 집단지성으로 전략을 세우는 것은 구성원 개개인의 '자기다움'을 존중하고 그들의 주체성을 믿는다는 가장 강력한 증거입니다. 또한, 개인보다 팀의 성과에 집중하고 이익을 함께 나누는 것은, 경쟁이 아닌 협력을 통해 더 큰 시너지를 만들어

가겠다는 분명한 약속이기도 합니다.

  물론 당장 조직에 모든 내용을 적용하기에는 어렵겠지만, 우리 자신과 조직에게 다음과 같은 질문을 던져볼 수는 있습니다.

- 우리는 구성원들을 얼마나 깊이 신뢰하고 있는가?
- 우리의 정보는 왜 투명하게 공유되지 못하는가? 그 이면의 진짜 두려움은 무엇인가?
- 우리의 평가와 보상 시스템은 진정으로 '함께 성장하는 우리'를 만들고 있는가, 아니면 '서로를 이겨야 하는 경쟁자'를 만들고 있는가?
- 우리는 과연 '다름'을 혁신의 자산으로 여기는가, 아니면 통제해야 할 비효율로 여기는가?

  우리는 기억해야 합니다. 조직은 사람들의 고유성을 억제하고 통제하는 공간이 아니라 그것을 발견하고 마음껏 실현할 수 있도록 설계되어야 한다는 것을 말이죠. 그렇게 될 때 비로소 조직은 '일하는 곳'을 넘어, 구성원 각자가 자신의 의미를 찾고 성장하며 진화를 이루어 내는 '살아있는 곳'이 될 수 있다는 가능성을 발견하게 됩니다.

'자기다움'이란 무엇인가

Story Box

매뉴얼을 잠시 덮어두었을 때

고객 상담팀의 동진은 매뉴얼에 따라 고객을 응대하는 것이 늘 답답했다. 특히 화가 많이 난 고객 앞에서는, 정해진 사과 멘트와 기계적인 해결 절차가 오히려 고객의 감정을 더 상하게 만든다고 느꼈다.

그날도 그랬다. 한 고객이 제품의 심각한 오류에 대해 거칠게 항의하고 있었다. 동진은 수화기 너머로 느껴지는 고객의 깊은 실망감에, 순간적으로 매뉴얼을 옆으로 밀어두었다.

그리고 그는 그냥, 자신의 목소리로 말했다.

"고객님, 정말 죄송합니다. 제가 담당자라도 너무 화가 나고 속상했을 것 같습니다. 정해진 답변을 드리기 전에, 먼저 불편하셨을 고객님의 마음에 대해 진심으로 사과드리고 싶습니다."

진심을 담은 그의 한마디에, 수화기 너머의 거친 목소리가 잠시 멎었다. 그 후 동진은 고객의 이야기를 끝까지 들어주었고, 자신의 일처럼 함께 해결책을 찾아 나섰다. 상담이 끝난 후, 통화 내용을 모니터링하던 팀장이 그의 어깨를 툭 치며 말했다.

"동진씨, 오늘 응대 방식은 우리 매뉴얼엔 없는 거였지만, 진짜 동진씨 다웠어. 그게 훨씬 더 좋았네."

그날 동진은 깨달았다. 자신의 가장 강력한 무기는 잘 짜인 매뉴얼이 아니라, 사람의 마음에 가닿을 줄 아는 자기 자신만의 진심이라는 것을.

가장 완벽하게 설계된 시스템이,
왜 한 사람의 서툴지만
진심 어린 말 한마디를 이기지 못했을까.
'자기다움'이란,
주어진 정답을 그저 따르는 기계적인 능숙함이 아니다.
때로는 정해진 길 밖으로 한 걸음 나서는 용기,
그리고 규칙 너머에 있는 사람의 마음을
먼저 읽어내는 따뜻한 지혜다.

진정으로 강한 조직은,

> 모든 상황을 통제하려는 완벽한 매뉴얼을 만들기보다,
> 구성원 각자가 가진 진심과 '자기다움'을 믿고,
> 그것이 가장 빛나는 방식으로 발현될 수 있도록
> 기꺼이 빈 공간을 허락해주는 곳이다.

얼마 전에 가족들과 그림책 전시회를 갔다가, 아들과 동화책 한 권을 골라왔습니다. '슈퍼 거북'이라는 동화책인데요. 우리가 잘 아는 '토끼와 거북이'의 뒷 이야기를 상상한 작품으로 토끼를 이긴 거북이의 마음에 초점을 맞추고 있죠. 토끼와의 경주에서 이긴 거북이는 하루 아침에 온 세상의 영웅, 우주 대스타가 되었습니다. 동물들은 거북이를 보려고 구름 떼처럼 몰려들었고 그의 모든 것을 따라하고 흉내내기도 했지요. 그러던 어느 날, 길을 건너는 거북이의 느린 모습을 보고 다른 동물들이 '저렇게 느릴리가 없어. 슈퍼 거북은 우리보다 훨씬 빨라야지!'라며 수군대자, 거북이는 진짜 '슈퍼 거북'이 되기로 결심합니다. 빨라지는 방법이 나온 책을 모조리 찾아 읽고, 비가오나 눈이오나 매일 고된 훈련을 거듭하며 날마다 더 빨라지려고 안간힘을 쓰죠. 하지만 그럴수록 거북이는 점점 지쳐갑니다. 그의 마음 속에는 딱 하루만이라도 느긋하게 자고, 느긋하게 먹고, 따스한 볕도 쬐고, 무엇보다 이전처럼 누구의 시선도 의식하지 않은 채 천천히 걷고 싶었죠.

결국, 토끼와의 재대결 날이 밝아옵니다. 경주에 대한 걱정과 압박감에 며칠 밤낮을 제대로 잠 못 이룬 거북이는, 너무나 피곤한 나머지 경주 도중에 그만 깊은 잠에 빠져 토끼에게 패배하고 말지요. 그리고 터덜터덜 집으로 돌아간 거북이가 아주 오랜만에, 세상에서 가장 편안한 단잠에 빠져드는 것으로 '슈퍼 거북'의 이야기는 마무리됩니다.

이 이야기에서 거북이가 점점 지쳐간 이유는 무엇일까요? 그리고 모두의 기대를 저버리고 경주에서 진 거북이가, 오히려 집에 돌아와 세상모르고 깊은 단잠에 빠질 수 있었던 이유는 또 무엇일까요? 그것은 아마도 '자기다움'과 관련이 있을 겁니다.

저는 '자기다움'을 '내 감정과 생각, 가치와 태도가 일과 관계 속에서 일관성 있게 움직이는 상태'라고 설명하는데요. 슈퍼 거북의 이야기는 바로 이 '일관성'이 깨졌을 때 우리가 어떤 경험을 하게 되는지를 너무나도 잘 보여줍니다. 슈퍼 거북의 이야기로 '자기다움'의 네 가지 요소를 같이 살펴보며 거북이가 지쳐간 이유와 단잠에 빠질 수 있었던 이유를 알아보기로 하죠.

· · · · ·

1. 감정 : 나는 지금 무엇을 느끼고 있는가?

'자기다움'은 가장 먼저 나의 감정을 정직하게 인식하는 데서 시작됩니다. 우리는 매 순간 기쁨, 불편함, 기대, 두려움 등 다양한 감정을 느끼지만, 조직 안에서는 종종 그 감정을 숨기는 데 익숙해지죠. 슈퍼 거북 역시 마찬가지였습니다. 그의 진짜 감정은 '느긋하게 쉬고 싶다'는 소망이었지만, 그는 타인의 기대를 저버릴 수 없다는 불안감과 더 빨라져야 한다는 압박감 속에서 자신의 솔직한 감정을 억눌렀습니다. 이렇게 내면의 감정과 외부로 보이는 행동이 어긋날 때, 우리는 가장 먼저 지치기 시작합니다.

2. 생각 : 나는 이 일에 대해 어떻게 생각하는가?

다음은 자신의 고유한 생각과 관점을 갖는 것입니다. 집단 안에서 의견을 낸다는 것은 단순히 말을 하는 행위를 넘어, 나의 경험과 가치에 기반한 내적 기준을 드러내는 용기 있는 행동입니다. 슈퍼 거북은 '빠른 거북이가 훌륭한 거북이'라는 외부의 생각을 마치 자신의 생각인 것처럼 무비판적으로 받아들였습니다. 이는 그가 원래 가지고 있던 '성실하고 꾸준한 내가 자랑스럽다'는 자기 긍정의 생각과 충돌하며 내면의 혼란을 야기했죠.

3. 리듬 : 나는 어떤 흐름 속에서 가장 자연스러운가?

'리듬'은 단순히 일의 속도 문제가 아니라, 나의 집중력이 깨어나고 감각이 살아나는 고유한 흐름의 패턴을 의미합니다. 슈퍼 거북의 몸이 기억하는 고유한 리듬은 '느리고 꾸준한 걸음'이었습니다. 하지만 그는 자신의 몸에 맞지 않는 '빠른 속도'라는 인위적인 리듬을 억지로 강요하며 스스로를 소진시켰습니다. 모든 사람이 자신만의 최적의 리듬을 가지고 있음을 인정하고, 서로의 리듬을 조율할 수 있는 대화의 공간을 가질 때 건강한 협업이 가능해집니다.

4. 가치 : 나는 무엇을 가장 중요하게 여기는가?

'자기다움'의 마지막 축은 내 행동의 방향을 결정하는 보이지 않는 나침반, 바로 '가치'입니다. 슈퍼 거북은 경주에서의 승리와 타인의 인정이라는 외부적인 가치를 좇느라, 어쩌면 자신에게 더 소중했을지 모를 내면의 평화와 여유라는 가치를 잃어버렸습니다. 이 나침반이 또렷할수록, 우리는 내가 왜 이 일을 하는지, 왜 이 관계를 이어가고 싶은지에 대해 스스로 납득하며 나아갈 수 있게 됩니다.

● ● ● ●

이처럼 거북이가 지쳐갔던 이유는, 단순히 훈련이 고되어서가 아니라, 그의 내면을 이루는 감정, 생각, 리듬, 가치라는 네 가지 목소리가 서로 다른 방향을 향해 달려가며 극심한 불협화음을 냈기 때문입니다. 즉, '자기다움'의 일관성이 완전히 무너져 내린 것이죠.

그렇다면 경주에서 진 거북이는 왜 단잠에 빠질 수 있었을까요? 패배는 역설적이게도, 그를 옥죄던 '슈퍼 거북'이라는 사회적 역할과 기대감으로부터 그를 자유롭게 해주었습니다. 그는 더 이상 빠를 필요가 없었고, '느린 거북이'라는 자신의 본래 모습으로 돌아갈 수 있게 되었습니다. 비로소 그의 내면의 네 가지 목소리들이 다시 하나의 방향으로 정렬되며 조화를 이루자, 그는 깊은 안도감 속에서 평화로운 잠에 들 수 있었던 것이죠.

이 거북이의 이야기는 비단 동화 속에만 머무르지 않습니다. 조직 안에서 살아가는 우리의 모습과도 참 많이 닮아있습니다. 리더의 기대, 동료의 시선, 조직이 정해놓은 성공의 기준에 맞추기 위해, 우리는 얼마나 자주 자신의 솔직한 감정과 생각을 억누르고, 나만의 고유한 리듬과 가치를 외면하며 '슈퍼 직장인'이 되려고 애쓰고 있을까요? 그리고 그 과정에서 얼마나 많은 에너지를 소진하고 있을까요?

바쁜 현대사회에서 우리는 나의 리듬에 따라 존재하기 보다는 '쫓겨 다니는 삶'을 살고 있습니다. 시간에 쫓기고, 일에 쫓기고, 사람에 쫓기고, 혹은 내 스스로 가지고 있는 분주함에 쫓기는 것이죠. 세계적인 영성 작가 고든 맥도날드(Gordon Macdonald)은 <내면 세계의 질서와 영적 성장>이라는 책에서 '쫓겨 다니는 사람이 보이는 증상'을 제시했습니다. 아래 내용을 보면서 현재 내가 쫓겨다니는 삶을 살고 있는 것은 아닌지 잠시 생각해보는 시간을 가져보시죠.

1. 쫓겨다니는 사람은 오직 무엇인가를 성취했을 때에만 만족감을 느낀다.

성장 과정의 어떤 지점에서 그는 자신과 자신의 세계에 대해 기분 좋게 느낄 수 있는 유일한 길은 오직 업적을 쌓는 것 뿐임을 발견한다.

2. 쫓겨다니는 사람은 성취를 표시하는 상징에 집착한다.

그는 권력이라는 개념을 늘 의식하고 그것을 소유하여 행사하기 위해 애쓴다. 이는 직함, 사무실의 크기와 위치, 직위, 특권 등과 같이 신분을 상징하는 것에 민감할 것임을 의미한다.

3. 쫓겨다니는 사람은 보통 고삐 풀린 팽창욕에 사로잡혀 있다.

그들은 가장 크고 좋은 기회를 잡기 위해 끊임없이 움직인다. 그들에게는 지금까지 이루어 놓은 성취를 음미할 시간적 여유조차 없다.

4. 쫓겨다니는 사람은 온전한 인격에는 별 관심이 없는 경향이 있다.

그들은 성공과 성취에 골몰해 있기 때문에 내면의 인격이 외적인 활동과 보조를 맞추고 있는지 자문해 볼 시간조차 없다. 대개는 보조를 맞추지 못하고, 간격이 점차 벌어지기 일쑤며, 인격의 붕괴가 따르곤 한다.

5. 쫓겨다니는 사람은 대인 관계 기술을 닦는 데 신경쓰지 않는다.

그들은 타인이 기쁘게 일할 수 있는 환경을 잘 만들지 못한다. 그들에게는 사람보다 프로그램, 과업, 업무가 더 중요하기 때문이다.

6. 쫓겨다니는 사람은 보통 경쟁심이 강하다.

그들은 모든 일을 승패를 가르는 게임으로 본다. 승리는 자신이 옳고 귀하고 중요한 인물임을 증명할 뿐더러 그렇게 인정받고 싶은 절실한 욕구를 충족시켜 준다.

7. 쫓겨다니는 사람은 화산처럼 격렬한 분노를 품고 있다.

사람들이 자기 의견에 동의하지 않거나, 어떤 문제에 대한 다른 안을 내거나, 혹은 비판의 빛이 조금이라도 보이면 분노가 언제라도 격발될 수 있다.

8. 쫓겨다니는 사람은 대개 비정상적으로 바쁘고, 노는 것을 싫어하고, 영적 성찰을 피한다.

그들은 보통 너무 바빠서 부부, 가족, 친구와의 일상적인 관계 그리고 그들 자신과의 관계마저 신경 쓸 겨를이 없다. 더 많은 회의에 참석하고 더 많은 자료를 연구하고 더 많은 일을 벌이기 때문이다. 그들은 늘 바쁜 사람이라는 평판이야말로 성공의 상징이나 중요 인사임을 입증하는 증거라고 생각한다.

고든 맥도날드가 묘사한 '쫓기는 사람'의 모습은, 결국 우리가 앞에서 이야기한 '자기다움'의 네 가지 요소가 완전히 흩어져버린 상태와 같습니다. 자신의 진짜 감정을 외면하니 외부의 인정(상징)에 집착하게 되고, 자신만의 생각의 중심이 없으니 더 큰 기회라는 외부의 목소리에 쉽게 흔들립니다. 고유의 리듬을 잃어버렸기에 늘 비정상적으로 바쁘고 제대로 쉬지 못하며, 진정한 가치의 나침반이 없으니 내면의 인격보다는 외적인 성취에만 골몰하게 되는 것이죠. 결국, '자기다움'이란 이 '감정·생각·리듬·가치가 유기적으로 연결되어 움직이는 내면의 질서'라고 할 수 있습니다.

그렇다면 이 모든 혼란과 소진에서 벗어나 내면의 질서를 회복하고 진정한 '자기다움'을 찾아가는 길은 어디에서 시작해야 할까요? 이는 수천 년 전, 고대 그리스의 철학자들이 던졌던 질문과도 맞닿아 있습니다. 소크라테스의 제자였던 크세노폰은 자기를 아는 지혜의 중요성에 대해 다음과 같이 말했습니다.

"자기를 아는 사람은 무엇이 적합한지 스스로 알며,
무엇을 할 수 있고 무엇을 할 수 없는지를 분별하며,

또한 어떻게 할 것인지 아는 바를 해냄으로써 필요한 것을 얻고,
모르는 것을 삼감으로써 비난 받지 않고 살아가며
또 불운을 피하게 된다."

 크세노폰의 말처럼, 모든 것의 시작은 '나를 제대로 아는 것'입니다. 내가 어떤 사람인지, 무엇을 할 수 있고 할 수 없는지를 아는 것, 그리고 나에게 진정으로 적합한 것이 무엇인지 분별하는 지혜. 그것이 바로 외부의 소음에 쫓겨 다니는 삶을 멈추고, 내면의 질서가 잡힌 자기다운 삶을 살아가는 첫걸음이 됩니다.

'자기다움'의
단서 발견하기

Story Box

'좋은 팀장'이 되어야 한다는 강박을 내려놓았을 때

팀장이 된 서연은 혼란스러웠다. 실무자 시절, 그녀는 누구보다 솔직한 피드백과 과감한 아이디어로 팀에 활력을 불어넣는 동료였다. 하지만 팀장이 된 이후, 그녀는 '좋은 리더'의 모습에 자신을 가두기 시작했다.

그녀는 팀원들의 감정이 상할까 봐 쓴소리를 삼켰고, 상부의 불합리한 지시에도 갈등을 피하기 위해 "일단 우리가 맞춰보자"고 말했다. 그녀는 더 이상 날카로운 비평가도, 용감한 개척자도 아니었다. 그저 위와 아래의 의견을 전달하는 '메신저'이자, 갈등을 봉합하는 '조정자'일 뿐이었다. 하지만 그럴수록 팀의 성과는 정체되었고, 팀원들은 오히려 그녀를 어려워하기 시작했다.

그러던 어느 날, 한 팀원이 면담 중에 용기를 내어 말했다.

"팀장님, 예전에는 팀장님 의견을 듣는 게 참 좋았는데, 요즘엔 무슨 생각을 하시는지 잘 모르겠어요. 저희는 괜찮다는 말보다, 때로는 솔직한 팀장님의 생각이 더 필요해요."

그 말은 서연의 머리를 세게 때리는 것 같았다. 그녀는 깨달았다. 자신이 생각한 '좋은 팀장'이라는 가면이, 오히려 팀원들이 신뢰했던 진짜 자신의 모습을 서서히 지워가고 있었다는 것을. 다음 날 회의에서, 그녀는 처음으로 자신의 솔직한 목소리를 냈다. 그리고 오랜만에, 자신이 다시 제자리에 돌아온 듯한 기분이 들었다.

조직이 우리에게 씌워준 '역할'이라는 가면 뒤에서,
우리는 종종 '진짜 나'의 얼굴을 잃어버리곤 한다.
모두에게 좋은 사람이 되려는 안전한 선택이,
오히려 나를 가장 깊은 공허로 이끌 때가 있다.
'자기다움'을 회복한다는 것은,
주어진 역할의 틀에 나를 끼워 맞추는 것을 넘어,
나의 방식으로 그 역할을 새롭게 정의 내리는 용기다.

'자기다움'을 회복하는 건

> 거창한 변화가 아니라,
> 나에게 던지는 조용한 질문 하나에서 시작된다.
> "나는 어떻게 일하고 싶은가?"
> "무엇이 나를 움직이게 하는가?"
> "그 방식은 나의 리듬에 맞는가?"

"당신은 어떤 사람인가요?"

익숙한 질문처럼 들리지만, 막상 대답하려고 하면 어딘가 머뭇거리게 됩니다. '자기다움'이라는 말은 이제 많은 사람들에게 익숙한 용어가 되었지만, 그 의미를 실제로 자신의 삶이나 일에 연결해보려는 순간, 우리는 어딘가 막막함을 느끼곤 하죠.

자기답다는 것은 곧 '나는 누구인가'라는 질문과 마주하는 일입니다. 그 질문은 받게 되면 내가 지금 살아가는 방식, 일하는 태도, 그리고 나와 관계를 맺고 있는 다양한 대상들과의 생각과 감정을 돌아보게 만들죠. 그리고 그것은 우리가 살아오며 가장 많이 피하고, 가장 자주 미뤄두었던 질문이기도 합니다. 그저 바쁘게 살아야 했고, 적응하느라 애썼고, 남들을 실망시키지 않기 위해 끊임없이 외부의 기준에 맞추려 했던 시간들 속에서 '나는 누구인가'라는 질문은 늘 뒷전으로 밀려나 버렸습니다. 하지만 '자기다움'을 회복한다는 것은 결국, 그 질문 앞에 다시 한번 용기 내어 다시 마주 앉는 일입니다. 그것도 조직이라는, 관계와 역할, 책임과 평가가 복잡하게 얽힌 공간 안에서라면 더 큰 용기가 필요할 수 있겠지요.

그렇다면 조직 안에서 '자기다움'을 회복하기 위해 우리는 어떤 질문들을 스스로에게 던져야 할까요? 어떤 질문들이 잊고 있던 나의 감각을 다시 수면 위로 꺼내줄 수 있을까요?

우리 사회는 여전히 정답을 찾는 데 더 익숙합니다. 빠르게 해결책을 제시하고 즉각 반응하여 문제를 푸는 사람이 유능하다고 여겨지죠. 하지만 '자기다움'은 정답이 아니라 질문에서 시작됩니다. 나 자신을 제대로 알려면 스스로에 대해 섣불리 결론을 내리지 말고, 차분하게 자신에게 집중하며 들여다보는 시간이 필요합니다. 스스로 '자기다움'을 잃었다고 느끼는 순간, 혹은 내가 누구였는지 희미해졌다는 생각이 들 때, 잠시 멈추어서 다음과 같은 질문들을 스스로에게 던져보세요. 이 질문들은 우리가 앞서 이야기 나눈 '자기다움'의 네 가지 축, 즉 감정, 생각, 리듬, 그리고 가치를 중심으로 구성되어 있습니다.

1. 나의 '감정'에 대해 묻기
- 요즘 일을 하면서 가장 자주 느끼는 감정은 무엇인가요?

(예: 자부심, 성취감, 즐거움인가요? 아니면 피로감, 공허함, 짜증인가요?)
- 최근 '내가 정말 살아있다'고 느꼈던 짜릿한 순간은 언제였나요? 그때 나는 무엇을, 누구와 함께 하고 있었나요?
- 반대로, 내 마음이 '이건 좀 아니야'라고 조용히 저항하거나, 나도 모르게 가슴이 답답해졌던 순간은 언제였고, 어떤 상황이었나요?

2. 나의 '생각과 관점'에 대해 묻기

- 최근 회의나 대화에서, '이 말은 꼭 하고 싶었는데…'라며 결국 삼켜버렸던 생각이 있다면 무엇인가요? 그렇게 했던 이유는 무엇이었나요?
- 나는 보통 '나의 독창적인 생각'을 이야기하는 편인가요, 아니면 '사람들이 듣고 싶어 할 만한 안전한 생각'을 이야기하는 편인가요?
- 지금 내가 하고 있는 일이나 우리 팀의 방식에 대해, '나만의 관점'에서 볼 때 더 개선할 수 있는 아이디어가 있다면 무엇일까요?

3. 나의 '리듬'에 대해 묻기

- 나는 하루 중 언제, 그리고 어떤 환경에서 가장 깊이 몰입하나요? (예: 모두가 퇴근한 조용한 저녁, 혹은 여러 사람과 함께 아이디어를 주

고받는 시끄러운 오전)
- 나의 에너지를 가장 많이 빼앗아가는 업무나 상황, 혹은 특정 인물은 누구인가요? 그 이유는 무엇일까요?
- 우리 팀의 일하는 방식(속도, 소통 스타일, 의사결정 방식 등)은 나의 자연스러운 리듬과 얼마나 잘 맞는다고 느끼나요? 만약 맞지 않는다면, 어떤 부분에서 가장 큰 불편함을 느끼나요?

4. 나의 '가치'에 대해 묻기
- 내가 이 일을 통해 궁극적으로 지키고, 또 얻고 싶은 가치는 무엇인가요? (예: 성장, 안정, 인정, 기여, 자유, 재미 등)
- 지금 내가 쏟고 있는 시간과 노력이, 내가 소중히 여기는 그 가치와 얼마나 가깝게 연결되어 있다고 느끼나요?
- 만약 시간과 돈에 대한 걱정 없이 어떤 일이든 할 수 있다면, 나는 지금과 같은 일을 하고 있을까요? 아니라면, 무엇을 하고 싶나요?

이러한 질문에 대한 답은 가만히 앉아 고민한다고 해서 쉽게 찾아지는 것은 아닐지도 모릅니다. 때로는 답을 찾기 위해 우리에게 필요한 것은 더 깊은 사유가 아니라, 오히려 새로운 경험이거나 나를 비우는 연습일 수도 있을텐데요. '자기다움'의 단서를 발견하는 두 가지 방법을 함께 살펴볼까요?

첫 번째 방법, 작은 경험의 빈도를 높이는 '얻어 걸리기'

인지심리학자 김경일 교수는, 우리가 자신이 진짜 원하는 것을 발견하는 과정은 종종 '얻어 걸리는 것'에 가깝다고 설명합니다. 마치 축구 선수 호날두가 수많은 슛을 쏘았기에 역사에 남을 골들을 넣을 수 있었던 것처럼, 다양한 경험을 자주 해봐야만 비로소 자신의 진짜 욕구를 알 수 있다는 것이죠.

이러한 관점은 우리에게 중요한 통찰을 줍니다. '나다움'을 찾기 위해 거창한 여행을 떠나거나 대단한 도전을 할 필요는 없습니다. 오히려 일상 속에서 작고 새로운 경험의 빈도를 높이는 것이 더 효과적일 수 있죠. 예를 들어, 평소 안 보던 장르의 책이나 영화를 시도해보고, 퇴근길에 늘 가던 길이 아닌 다른 길로 걸어보고, 한 번도 가보지 않았던 동네 카페에서 일을 해보는 것처럼 말이죠. 이러한 익숙하지 않은 작은 시도들이 쌓여, 어느 날 문득 내가 무엇을 좋아하고 무엇에 반응하는 사람인지를 '얻어 걸리듯' 발견하게 될지도 모릅니다.

두 번째 방법, 불필요한 나를 '버리고 비우기'

세계적인 영성 지도자 에크하르트 톨레(Eckhart Tolle)는, 진정한 자신을 발견하기 위해서는 오히려 '자신을 버리는 것'이 중요하다고 강조합니다. 그가 말하는 '버려야 할 자신'이란, 우리가 자신도 모르게 평생 동안 반복해온 무의식적인 생각과 행동의 패턴, 즉 '에고(Ego)'를 의미합니다. 그가 제시한 사람들의 무의식적인 패턴들을 같이 살펴볼까요? 아래의 내용 중 여러분에게 해당되는 것을 한번 체크해봐도 좋겠습니다.

- 자신이 한 것에 대해 인정을 요구하고, 인정받지 못하면 화가 나거나 마음이 상하는 것
- 자신의 문제나 병에 대해 말하거나 소란을 피움으로써 관심을 끌려고 하는 것
- 아무도 묻지 않았고 상황에 변화를 일으키지도 못하는데 굳이 자신의 의견을 말하는 것
- 다른 사람 자체보다도 그 사람이 자신을 어떻게 보는가를 더 신경쓰는 것
- 소유물, 지식, 외모, 지위, 신체적 힘 등을 통해 사람들에게 자신에 대한 인상을 심으려고 노력하는 것
- 무엇인가 혹은 누군가에 대한 분노에 찬 반응을 통해 에고를 일시적으로 부풀리는 것
- 일들을 개인적으로 해석해 감정이 상하는 것

- 마음속에서 혹은 입 밖으로 도움이 안 되는 불평을 늘어놓음으로써 자신은 옳고 상대방은 틀린 것으로 만드는 것
- 주목받기를 원하고 중요한 사람으로 보이기를 원하는 것

　　　　　　　　　　　　　　　　　　　　• • • •

　톨레는 이러한 무의식적인 에고의 패턴들을 그저 한 걸음 떨어져서 알아차리고 멈추는 것만으로도, 우리는 불필요한 감정의 소모에서 벗어나 본래의 자기 자신과 더 깊이 연결될 수 있다고 말합니다.

　'자기다움'을 발견하는 과정은 이 두 가지 방법이 함께 갈 때 더욱 풍요로워지지 않을까요? 새로운 경험을 통해 '내가 좋아하는 나'를 적극적으로 찾아 나서는 동시에, 내 안의 무의식적인 패턴을 알아차리고 멈춤으로써 '내가 아닌 나'를 덜어내는 것이죠.

　이렇게 선명해진 존재의 방식은 타인을 위협하지 않습니다. 오히려 건강한 경계와 명료함을 만들어 냅니다.

> *"저는 이렇게 생각해요."*
> *"저는 이런 방식이 편해요."*
> *"저는 이런 속도가 제게 더 자연스러워요."*

이런 표현들이 다른 누군가의 '자기다움'과 때로는 충돌하더라도, 바로 그 지점에서부터 진짜 협업, 건강한 조율, 그리고 창조적인 '우리다움'으로 나아갈 가능성이 열립니다. 그것이 바로, '자기다움'에서 '우리다움'으로 이어지는 가장 중요한 첫 번째 발걸음입니다.

많은 사람들이 '자기다움을 찾고 싶다'고 말합니다. 그것은 단순한 과거 회귀가 아니라 자기 안의 일관성, 중심, 그리고 연결된 상태를 회복하고 싶은 깊은 욕망일 겁니다. '자기다움'은 언제든지 회복될 수 있습니다. 오늘 미팅에서 내 생각을 한마디 더 솔직하게 덧붙여보고, 내게 맞는 일의 리듬을 동료에게 정중하게 요청해보기도 하고, 내 감정을 억누르지 않고 믿을 수 있는 동료와 가볍게 나누어보면 어떨까요? 이런 작고 일상적인 실천들이 모일 때, '자기다움'은 점점 더 또렷한 실체가 되어 우리 곁으로 돌아옵니다. 그리고 여러분들이 소중하게 가꾼 '자기다움'은 조직 안에서 여러분만의 고유한 브랜드를 만들고, 동시에 타인의 '자기다움' 또한 기꺼이 존중하게 만드는 연결의 씨앗이 됩니다.

감정의 인식에서부터 시작되는 '자기다움'

Story Box

그날, 아무 말도 하지 않았지만

마케팅팀 민아는 유능한 동료였다. 그녀는 자신의 업무에 대한 책임감과 자부심이 강했다. 그런데 옆 팀의 한 선배는 유독 민아를 아끼는 마음에, 수시로 그녀의 기획안에 대해 '도움'을 주려 했다.

"민아씨, 이 문구는 이렇게 바꾸는 게 더 좋지 않을까? 내가 예전에 해봐서 아는데…."

선배의 조언은 틀리지 않았고, 악의도 전혀 없었다. 오히려 친절에 가까웠다. 하지만 민아는 그의 조언이 이어질 때마다 자신도 모르게 마음 한구석이 불편해지고, 알 수 없는 짜증이 밀려오는 것을 느꼈다. '나는 왜 이렇게 옹졸한 사람일까? 좋은 뜻으로 도와주려는 건데….' 그녀는 자신의 감정을 이해할 수 없어 스스로를 탓하기도 했다.

그러던 어느 날, 그녀는 문득 깨달았다. 자신의 불편함은 선배의 '조언' 때문이 아니라, 그것이 자신의 '영역'을 침범한다고 느꼈기 때문이라는 것을. 기획안의 문구 하나, 이미지 하나까지도 온전히 자신의 생각과 판단으로 책임지고 완성해내고 싶은 전문가로서의 욕구(자기다움)가 존중받지 못하고 있다는 신호였던 것이다.

그 불편한 감정은 옹졸함이 아니었다.

그것은 자신의 일을 '나답게' 해내고 싶다는 건강한 외침이었다.

때로는 이유를 알 수 없는 감정이,
가장 정확하게 '나'를 가리키는 나침반이 된다.
감정은 단지 좋고 싫음의 기분 문제도,
일의 방해물도 아니다.
그것은 나의 중요한 가치와 욕구가 존중받고 있는지,
혹은 침해당하고 있는지를 알려주는
내면의 섬세한 경보 시스템이다.
그 불편한 감정의 목소리에 진심으로 귀 기울일 때,
우리는 비로소 나를 지키고, 관계를 조율하며,
나답게 바로 설 수 있는 첫걸음을 떼게 된다.

우리는 조직 안에서 감정을 영리하게 감추는 법을 배웁니다. 기분이 좋지 않더라도 웃어야 하고, 불편한 상황에서도 침착한 태도를 유지해야 하며, 감정이 격해지는 순간조차 '프로답게' 잘 정리된 말과 표정으로 마무리하는 연습을 하지요. 이런 환경에서는 감정보다는 논리와 효율, 전문성과 결과가 우선시됩니다. 감정은 종종 일의 흐름을 방해하는 비효율적인 요소, 통제해야 할 위험한 변수로 간주되기 십상입니다. 그 결과 우리는 점점 감정을 '일과 분리된 것', 혹은 '드러내지 않는 것이 바람직한 것'으로 여기게 되죠.

하지만 과연 감정은 일에서 깔끔하게 떼어놓을 수 있는 것일까요? 감정 없는 몰입이 가능할까요? 내 안의 감정을 배제한 상태에서, 과연 '진짜 나답게' 일하는 것이 가능할까요? 이번에는 감정이 '자기다움'과 얼마나 깊고 본질적으로 연결되어 있는지를, 그리고 왜 '자기다움'의 회복은 바로 '감정의 인식'에서부터 시작될 수 밖에 없는지를 함께 살펴보려 합니다.

감정은 언제나 가장 먼저 반응하는 신호입니다. 어떤 상황이 벌어지고 생각이 정리되기 전에, 우리는 이미 어떤 느낌을 받고 있지요. 누군가의 사소한 말 한마디, 이메일의 미묘한 어조, 회의실을 감도는 무거운 침묵, 피드백을 주고받는 방식 등, 이 모든 상황에서 우리의 감정은 미세하게 출렁입니다. 문제는, 우리가 이 감정들을 무시하거나 억누르는 데 익숙해져 있다는 점입니다. 하지만 감정은 단순한 기분 변화가 아닙니다. 그것은 지금 이 순간 나의 가치가 지켜지고 있는지, 혹은 침해당하고 있는지를 정직하게 알려주는 내면의 신호등과도 같습니다.

감정지능 전문가 비비안 디트마(Vivian Dittmar)는 감정을 '우리가 한 사람의 개인으로 세상과 동료 인간과의 관계 속에 들어가는 도구'라고 표현합니다. 그는 분노•슬픔•두려움•기쁨•수치심과 같은 감정이 삶에서 중요한 기능을 수행하는 힘이라고 말합니다. 감정은 우리의 행동을 돕고 우리가 선택한 입장을 지지해준다는 것이죠.

감정	바탕에 깔린 해석	감정이 지닌 목적	감정이 가진 힘
분노	'잘못된 일이야'	행동	명료함 : 행동하게 만드는 힘
슬픔	'안타까운 일이야'	받아들임	사랑 : 받아들이는 힘
두려움	'끔찍한 일이야'	창조성	창조성 : 창조하는 힘
기쁨	'잘된 일이야'	감사	끌어당김 : 감사하고 축하하는 힘
수치심	'내 잘못이야'	자기성찰	겸손 : 나를 돌아보는 힘

그는 '일상의 삶에서 각각의 감정이 지닌 힘을 자유롭고 솔직하게 드러내며 그 힘을 적절하게 사용하는 능력'을 '감정 건강'이라고 정의하고 자신과 타인에게 해를 주지 않고 주의 깊게 감정 응어리를 푸는 능력인 '감정 역량'의 중요성을 강조하였습니다. 감정은 억제의 대상이 아

니라, '자기다움'을 감지하는 민감한 센서로 활용법을 배워야 할 감각의 언어라는 것이죠.

여기서 한 걸음 더 나아가, 감정을 단순히 인식하고 해소하는 것을 넘어, 우리의 일과 삶을 변화시키는 창조적인 에너지로 활용할 수는 없을까요? 세계적인 마케팅 전략가 세스 고딘(Seth Godin)은 바로 이 지점에서 중요한 통찰을 제시합니다. 그는 우리가 단순한 '공장 노동자'가 아닌 '예술가'로서 일할 때, 비로소 진정으로 의미 있고 독창적인 가치를 창출할 수 있다고 강조합니다. 여기서 '공장 노동자'란 단순히 상사의 지시를 따르거나 과거에 잘했던 것을 기계적으로 반복하는 사람을 뜻하고, '예술가'란 자신의 직업에 독특한 인간의 창의성과 감정을 기꺼이 불어넣는 모든 사람을 의미합니다. 세스 고딘은 이러한 '예술가로서의 일'을 설명하기 위해 파블로 피카소의 흥미로운 사례를 드는데요. 이 이야기는 감정을 어떻게 활용하여 자신의 작업을 진정한 예술로 유지하는지에 대한 통찰을 제공합니다.

어느 날, 한 갤러리 주인이 피카소에게 그가 그린 것으로 알려진 그림 몇 점의 진위 여부를 확인해달라고 요청했습니다. 그림들을 살펴본 피카소는 단호하게 말했죠.

"이건 가짜야, 저것도 가짜고!"

갤러리 주인이 깜짝 놀라며 자신이 피카소가 그 그림들을 그리는 것을 바로 옆에서 직접 봤다고 항변했습니다. 그러자 피카소는 이렇게 답했다고 합니다.

"나도 종종 가짜(fake)를 그린다네."

자신이 직접 그린 그림을 '가짜'라고 말한 피카소의 의도는 무엇이었을까요? 그는 최고의 작품을 만들려는 치열한 노력과 창조적인 열정, 즉 자신의 '감정적 노동'이 결여된 채 그저 '해야 할 일'로서 기계적으로 만들어낸 결과물은, 비록 자신의 손에서 나왔을지라도 진짜 예술이 아닌 '가짜'일 뿐이라고 지적한 겁니다.

세스 고딘은 이러한 피카소의 사례를 통해, 우리가 단순히 반복적인 일만 하는 것에 안주하지 않고 의도적으로 '예술'을 할 수 있는 조건을 만들어내야 함을 강조합니다. 그리고 이를 위해, 새로운 도전을 통해 자신을 성장시키는 과정에서 반드시 마주하게 되는 '감정적 불편함'을 기꺼이 수용해야 한다고 주장하죠. 감정적 에너지는 사용하지 않으면 사라지고, 오히려 적극적으로 사용할수록 더욱 늘어나는 특성을 가진다는 겁니다.

결국, 비비안 디트마가 말한 '감정 역량'이나 세스 고딘이 말한 '예술가로서의 일'은 모두 같은 곳을 향하고 있습니다. 바로 자신의 감정을 외면하거나 억누르는 대신, 그것을 존중하고, 이해하며, 나아가 나만의 독창적인 가치를 창조하기 위한 소중한 에너지원으로 적극 활용해야 한다는 것이죠.

감정을 잘 인식한다는 것은, 감정에 휘둘린다는 뜻이 아닙니다. 오히려 내 안에서 일어나는 감정의 흐름을 정확히 알아차릴 수 있을 때, 우리는 그것에 덜 흔들릴 수 있습니다.

> *'아, 지금 내가 긴장하고 있구나',*
> *'동료의 저 말이 나를 움츠러들게 했구나',*
> *'이 공간의 분위기가 나를 불편하게 만드는구나'*

이와 같이 자각하는 사람은, 그 감정을 무조건 타인이나 조직의 문제로만 돌리지 않습니다. 그는 그것을 자신의 반응으로 받아들이고, 거기서부터 '그렇다면 나는 지금 무엇을 선택할 수 있을까?'라는 주체적인 질문으로 나아갈 수 있습니다. 이것이 바로 자기 주도성의 출발입니다. 이 때 감정을 인식하는 능력은 나를 방어하는 기술이 아니라, 나를 존중하는 태도이며, '자기다움'을 회복하고 유지하는 실제적인 방법이 됩니다.

그러니 감정을 무시하지 말고, 부디 스스로 질문해보세요.

> *'왜 나는 지금 불편한가?'*
> *'왜 그 말에 내 마음이 반응했을까?'*
> *'무엇이 내 감정을 이렇게 만들었을까?'*

이 질문들은 결국, '자기다움'이라는 단어가 가리키는 나만의 뿌리로 우리를 안내합니다. 그리고 타인과의 관계를 더 깊게 만들어갈 수 있는 힘을 얻게 해 줄 겁니다.

'자기다움'을 어떻게 표현해볼까

Story Box

그 말 덕분에, 분위기가 바뀌었어요

그날 회의는 유난히 무거운 분위기였다. 기획안이 몇 번이나 반려되었고, 팀원들 사이엔 말 없는 긴장감이 돌고 있었다. 한참 동안 아무 말도 없이 슬라이드만 넘기던 중, 나는 조심스럽게 말을 꺼냈다.

"저는 이번 기획이 나쁘다고 생각하지 않아요. 다만 우리가 좀 더 사용자 입장에서 풀어볼 여지를 남겨두면 어떨까 싶어요. 개인적으로는 이 방향이 저한테도 더 자연스럽게 느껴지거든요."

순간, 팀장의 눈빛이 바뀌었다.

"그래요? 그럼 어떤 식으로 확장해볼 수 있을까요?"

그 질문이 이어졌고, 나를 포함해 몇 명이 아이디어를 하나둘 덧붙이기 시작했다. 그날 회의에서 결론을 내기는 어려웠지만, 프로젝트를 대하는 우리 팀의 분위기는 달라졌다.

다음날 한 동료가 내게 조용히 말했다.

"어제 너 덕분에 나도 말할 용기가 났어. 괜히 혼자만 답이 틀린 것
같았거든."

우리는 늘 옳은 말을 하려고 애쓰지만,
때로는 내가 느낀 감정과 리듬을 솔직하게 전하는 말이
분위기를 바꾸고, 관계를 열고, 진짜 협업을 가능하게 만든다.

'자기다운 표현'이란 바로 그런 순간이다.
상대를 공격하거나 나를 방어하려는 말이 아니라,
나로서 참여하는 용기 있는 한마디 말이다.
나의 감각을 건강하게 공유하며 관계를 여는 행동이다.

*최근에 조직 안에서 온전한 '나'로서
무언가를 드러내본 적은 언제인가요?*

어쩌면 이 질문은 생각보다 낯설고 불편하게 다가올 수 있습

니다. 우리가 조직에서 하는 대부분의 표현은 '역할 수행'에 맞춰져 있기 때문입니다. 프로젝트를 이끌고, 회의에서 발언하며, 동료와 소통하고 협업하는 모든 과정은 규칙적이고 공식적인 틀 안에서 이루어지죠. 그래서 '자기다움'이라는 단어는 그 틀에서 벗어나는, 다소 예외적인 무언가처럼 느껴지기도 합니다.

그런데 어쩌면 우리는 '표현'의 어려움을 이야기하기 전에, 그보다 더 근본적인 문제를 마주하고 있는지도 모릅니다. 바로, 수많은 외부의 목소리 속에서 '과연 나에게 표현할 나만의 목소리가 남아있는가?'라는 질문이죠.

평소에 조승연 작가의 유튜브 채널 <조승연의 탐구생활>을 즐겨보는데요. 어느 날은 조승연 작가가 '작가'임에도 불구하고 한동안 책을 쓰지 못했던 이유에 대해 설명하는 것을 듣고 깊은 공감을 했습니다. 그는 유튜브 활동으로 인한 끊임없는 정보 유입과 그로 인한 독서 과잉 때문에, 머릿속이 온통 다른 사람들의 훌륭한 이야기와 생각으로 가득 차 있어서, 정작 자신의 고유한 목소리를 찾아 책을 쓸만한 내적 공간과 여유가 부족하다고 토로했습니다. 책을 쓰기 위해서는 자신만의 목소리를 길어 올릴 조용한 공간이 필요한데, 늘 타인의 목소리로 머리가 가득 차 있으니 이 목소리들을 밀어내는 것이 어렵다는 것이었죠.

그의 이야기는 비단 작가에게만 해당되는 것은 아닐 겁니다. 조직 안에서 살아가는 우리 역시 마찬가지 아닐까요? 리더의 기대, 동료들의 의견, 회사의 방향성, 업계의 트렌드... 우리는 매일같이 수많은 외부의 목소리에 둘러싸여 일합니다. 그리고 그 목소리들에 스스로를 맞추고 동기화하는 과정 속에서, 자신도 모르게 내 안의 진짜 목소리를 잃어버리게 됩니다. '나의 생각'이 무엇인지, '나의 감정'이 어떠한지, 그리고 '나다운 일의 방식'이 무엇이었는지조차 희미해지는 것이죠.

하지만 그럼에도 불구하고, 우리는 어떤 순간, 그 모든 소음을 뚫고 나오는 내면의 작은 목소리를 듣게 됩니다. 그리고 그 목소리를 세상 밖으로 꺼내 보이는 용기 있는 선택을 하기도 합니다. '자기다움'을 표현했다는 것은 바로 그런 순간을 의미합니다. 내가 생각한 바를 솔직하게 말했거나, 내 감정이나 가치를 숨기지 않고 드러냈거나, 내 리듬대로 일하는 방식을 제안했던 순간들 말이죠.

- 회의에서 모두가 침묵할 때, "저는 이 방식이 조금 비효율적이라고 느껴져요. 다른 가능성을 찾아보면 어떨까요?"라고 말했던 순간
- 프로젝트 과정 중, "데이터도 중요하지만, 제 경험상 이 흐름이 사용자에게 훨씬 더 자연스럽게 느껴질 것 같아요."라고 이야기했던 장면
- 피드백을 받을 때, "그 표현은 저에게는 조금 날카롭게 들려서 마음이 힘듭니다."라고 자신의 감정을 전달했던 용기

위와 같은 장면들은 비록 짧고 조심스러웠을지라도, 바로 여러분의 '자기다움'이 표현되었던 소중한 순간입니다. 그리고 우리는 그 순간에 이어진 반응을 기억합니다. 그 반응이 존중이었는가, 무시였는가, 방어였는가, 공감이었는가. 그 기억은 이후에 우리가 또다시 '자기다움'을 드러낼 수 있을지 판단하는 중요한 내면의 기준이 됩니다.

그런데 여기서 우리가 주의 깊게 생각해볼 부분이 하나 있습니다. 이처럼 나의 감정과 생각을 소중히 여기는 태도가, 자칫 자기중심적인 회피나 방어의 기제로 잘못 사용될 위험은 없을까요? 조직에서 '자기다움'을 강조하다 보면 때로는 '나의 감정이 무엇보다 소중하니까'라는 이유로 모든 불편한 상황을 회피하거나, 타인과의 갈등을 '내가 다칠까 봐 피하는 것'으로 정당화하는 경우가 생기기도 합니다. 감정을 인식하고 돌보는 것과 감정이라는 이름으로 자신을 연약한 껍질 안에 가두는 것은 분명 다릅니다. 임경선 작가는 『나 자신으로 살아가기』에서 이런 태도를 날카롭게 짚어냅니다.

가장 난감한 것은 갈등을 겪게 되면 '저 사람은 나랑 안 맞아. 내가 무슨 말을 해도 이해하지 못할 거야' 라고 쉽게 예단한 후, 해결되지 않은 감정은 온라인으로 풀어 나와 아무런 관계를 맺어본 적도 없는 사람들의 공감을 얻고 적당한 만족감을 느끼며 끝내는 것이다. 나는 이런 처리법이 좋아 보이지 않는다. 그럴 만한 의미가 있는 갈등이라면 가급적 정면으로 대처할 수 있는 의지와 끈기가 있었으면 한다.

...(중략)...

상대와 정면으로 마주하는 것을 회피하려는 것은 내 감정이 제일 소중하고 내 자존감이 제일 소중하기 때문에 내가 다치면 안 되니까 전전긍긍하는 것일 텐데, 사실 그것은 자기를 보호하는 것을 넘어 스스로를 점점 더 약한 사람으로 만드는 것이다. 자신에게 껍질 같은 것을 씌워놓고서 감정적으로 안전할 것만 추구하면 인생을 얕게 사는 습관이 생기는 것 같다.

이 말은 '자기다움'이라는 이름으로 갈등을 회피하거나 관계를 단절하려는 태도에 대한 중요한 경고가 됩니다. '자기다움'은 단지 자기 감정에 몰두하는 것이 아니라 그 감정을 타인과의 관계 속에서 책임감 있게 다루고, 때로는 충돌을 감수하면서도 더 나은 연결을 시도하려는 태도입니다. 임경선 작가의 말대로 나 자신으로 살아간다는 것은 '내가 조금 더 나은 인간이 되려고 애쓰는 일'이니까요.

그렇다면, 갈등을 회피하지 않으면서도 상대를 비난하지 않고, 어떻게 하면 나의 진심을 건강하게 전달하여 '좋은 대화'로 이어갈 수 있을까요?

조승연 작가는 좋은 대화란 '들어가기 전과 후에 생각이 달라지는 대화'라고 정의합니다. 단순히 상대방을 이기거나 압도적인 스피킹 타임을 가지는 것이 아니라, 상호작용을 통해 이전에는 몰랐던 새로운 통찰을 얻고, 결과적으로 대화에 참여한 모두가 함께 성장하는 경험이라는 것이죠. 그는 이러한 좋은 대화를 가로막는 '논리 갑질'의 세 가지 유형으로 조직심리학자 아담 그랜트(Adam Grant)의 '3P'를 소개합니다.

설교(Preaching): 나는 옳고, 당신은 모른다

상대방이 잘 몰라서 그렇다고 단정하고 자신의 지식이나 신념을 일방적으로 가르치려고 드는 태도입니다. 조직 안에서는 "그건 잘 몰라서 그러시는데, 원래 우리 방식은 이게 맞습니다." 와 같은 형태로 나타나곤 하죠.

비난(Prosecuting): 나는 맞고, 당신은 틀렸다

상대방의 의견이나 행동에서 잘못된 점을 찾아내 날카롭게 지적하고 비난하며 공격하는 행위입니다. "이거 보세요, 김 대리가 그때 실수만 안 했어도 이렇게 되진 않았잖아요."처럼, 문제 해결보다는 책임 추궁에 집중하는 모습이죠.

정치(Politicking): 나는 내 편을 만들고, 당신을 고립시킨다

내 의견에 대한 주변 사람들의 동의를 구하며 편을 가르거나, 나와 다른 의견을 가진 특정인을 암묵적으로 고립시키려는 행위입니다. "다른 분들은 다 제 의견에 동의하시죠? A님만 그렇게 생각하시는 것 같은데."와 같은 말이 여기에 해당합니다.

우리가 자신의 감정과 생각을 표현할 때, 나도 모르게 이 세 가지 'P의 가면'을 쓰고 있지는 않은지 돌아볼 필요가 있습니다. 나의 솔직함이 '설교'가 되고, 나의 논리가 '비난'이 되며, 나의 주장이 '정치'가 되는 순간, 대화의 문은 굳게 닫히고 관계에는 깊은 상처가 남기 때문이지요.

결국 '자기다움'을 지킨다는 것은, 나만 옳고 다치지 않는 방식으로 사는 것이 아닙니다. 진짜 '자기다움'은, 내가 어떤 감정을 느끼는지 정확히 인식하고 그 감정을 책임감 있게 표현하는 연습을 하며, 그 표현이 설교·비난·정치가 아닌 진정한 연결로 이어질 수 있도록 대화의 방식을 끊임없이 성찰하는 사람에게서 비롯됩니다. '자기다움'을 건강하게 지키고 싶은 사람일수록 자신의 생각과 감정을 진심과 용기, 그리고 존중의 언어로 사용할 줄 알아야 합니다.

'자기다움'을 살아내는 사람의 성장

Story Box

그냥, 제가 한번 해보면 안 될까요?

팀 내 자료 공유 방식은 오랫동안 비효율적이었다. 다들 불편함을 느꼈지만, 누구도 선뜻 나서서 개선하려 하지는 않았다. 늘 하던 대로 파일을 찾고, 물어보고, 기다리는 과정이 반복될 뿐이었다. 솔직히 나 역시 그 과정이 답답하고 소모적으로 느껴졌다.

어느 날 문득, '이렇게 계속 불편해하느니 내가 먼저 정리해보면 어떨까?' 하는 생각이 스쳤다. 그 누구도 내게 요구한 적 없는 일이었다. 시간을 조금 내어 흩어져 있던 핵심 자료들을 분류하고, 누구나 쉽게 접근할 수 있도록 간단한 색인 시스템을 만들었다. 그리고 다음날 아침, 팀 전체에 조심스럽게 공유했다.

"혹시 업무에 도움이 될까 해서 정리해봤습니다."

큰 기대를 한 것은 아니었다. 그런데 놀랍게도 그날 오후부터 변화가 느껴졌다. 동료들이 '덕분에 시간을 많이 아꼈다', '정말 필요했는데 고맙다'는 인사를 건넸고, 눈에 띄게 자료 찾는 시간이 줄어든 것이 보였다.

그 작은 성공 경험이 나에게는 예상보다 큰 의미로 다가왔다. 단순히 주어진 '일을 처리한다'는 수동적인 느낌을 넘어, 내가 속한 환경에 스스로 긍정적인 변화를 만들 수 있다는 효능감, 그리고 나의 판단과 주도성으로 일의 의미를 찾아가는 즐거움을 처음으로 느꼈다. 그날 이후, 나는 더 이상 주어진 업무만 기다리는 사람이 아니었다. 내 일의 가치를 스스로 만들어갈 수 있다는, 작지만 단단한 감각이 내 안에 자리 잡기 시작했다.

'자기다움'은 때로,
정해진 길 밖으로 스스로 한 걸음 나서는 용기에서 시작된다.
누구도 시키지 않은 일을 주도적으로 한다는 것은,
단순히 오지랖이나 추가 노동을 의미하지 않는다.
그것은 내 안의 기준과 판단을 따라,
내가 속한 곳에 긍정적으로 기여하려는 의지의 표현이자,
수동적인 역할 수행을 넘어 스스로 일의 의미와 즐거움을

> 창조하려는 능동적인 움직임이다.
> 일의 진짜 주인이 되는 감각은 바로 그 자발성의 순간에 싹튼다.

대부분의 평범한 날들이 모여 우리의 일상이 되지만, 유독 자기답게 하루를 보낸 어떤 날은 오래도록 마음속에 남아 삶의 중요한 이정표가 될 때가 있습니다. 그 하루는 내 삶의 무언가가 전환되는 분기점이 되기도 하고, 가면 뒤의 진짜 나와 온전히 마주했던 순간으로 각인되기도 하지요.

'자기다움'으로 살아낸다'는 건 단순히 내가 하고 싶은 대로 행동했다는 의미가 아닙니다. 그것은 내 안의 진솔한 감정과 생각, 소중한 가치, 그리고 나만의 고유한 리듬이 조화롭게 어우러져 외부 세계에 말과 행동으로 표현되고 실행된 상태를 뜻합니다. 효율성과 통제와 관리를 강조하는 조직 안에서 만나기 어려운 이 경험은, 그래서 더욱 우리에게 깊은 의미를 남깁니다.

'자기다움'을 살아낸 순간, 우리는 예상치 못한 감정의 파동을 경험하기도 합니다. 뭔가를 이루었기 때문이 아니라, 스스로에게 솔직할 수 있었던 용기, 그리고 그 솔직함이 실제 말과 행동으로 이어졌다는 사실 때문에 그 순간이 특별하게 다가오는 것이죠. 앞의 이야기 상자 속 주인공은 비록 누구도 시키지 않은 일이었지만 스스로의 판단과 의지로 행동했고, 그는 '일의 주인이 되는 감각'과 '스스로의 주도성을 확인하는 즐거움'을 맛보았습니다. 그것은 마치 오랫동안 잠들어 있던 내 안의 엔진이 다시 시동을 거는 듯한 감각일 수 있습니다. 일이라는 구조 안에서도 '자기다움'이 실현될 수 있다는 가능성을 확인하는 순간, 우리는 내면의 에너지가 차오르는 것을 느낍니다.

그렇다면, 이 '자기다움'의 감각을 어떻게 하면 조직 안에서 길을 잃지 않고, 나만의 고유한 가치로 단단하게 키워나갈 수 있을까요? 그 해답의 실마리를, 치열한 시장 속에서 자신만의 빛을 발하는 '잘 되는 작은 브랜드(small brand)'들의 생존 전략에서 찾을 수 있습니다.

혹시, 잘 되는 작은 브랜드들이 의식적으로 '하지 않는 것'들이 있다는 사실을 아시나요? 전문가들에 따르면, 성공하는 작은 브랜드들은 세상에 자신의 컨셉과 정체성을 명확히 하기 위해 다음 세 가지 원칙 중 하나 이상을 추구하는 경향이 있다고 합니다.

· · · · ·

● 비경쟁

성공하는 작은 브랜드들은 기존 시장의 강자들과 똑같은 방식으로 경쟁하려 하지 않습니다. 시장점유율이나 매출 순위에 연연하기보다, 자신이 본질적으로 다른 존재임을 받아들이고 자신만이 제공할 수 있는 고유한 가치에 집중하죠.

이를 개인에게 적용해보면 어떨까요? 조직 안에서 '비경쟁'을 추구한다는 것은, 동료보다 더 빨리 승진하거나 더 많은 성과를 내기 위해 경쟁하는 대신, '내가 기여할 수 있는 고유한 가치는 무엇인가?'를 고민하는 태도입니다. 나의 강점과 동료의 강점이 다름을 인정하고, 내가 잘하는 것에 집중하며 나의 방식으로 기여하는 것이죠. 이러한 태도는 불필요한 경쟁심을 줄여주고, 오히려 서로의 다름을 존중하며 협력할 수 있는 건강한 '우리다움'의 토대가 됩니다.

● 비타협

작은 브랜드들은 자신들이 만들고자 하는 분명한 목적과 원칙을 가지고 있으며, 단기적인 이익이나 편리함을 이유로 그 중요한 원칙을 타협하지 않습니다. 이는 단순히 고집을 부리는 '융통성 없음'과는 다릅니다. 시장 상황에 맞춰 유연하게 변화하되, 브랜드의 존재 이유와 목적에 위배되는 행위는 그 어떤 것도 허용하지 않는 단단한 중심을 지키는 것이죠.

조직 안에서 개인이 '비타협'의 원칙을 갖는다는 것은, 자신이 중요하게 여기는 핵심 가치를 분명히 알고 그것을 지켜나가는 것을 의미합니다. 중요한 선택의 순간에 용기 있는 결정을 하고 자신의 소신과 원칙으로 일관성 있게 밀고 나가지요. 이러한 태도는 당장은 조금 더디거나 어렵게 보일지라도, 장기적으로는 그 사람에 대한 깊은 신뢰를 만들어냅니다.

- **비상식**

 성공하는 작은 브랜드들은 종종 기존의 상식이나 관행을 거부합니다. 처음에는 주변에서 "이상하다" 혹은 "뭐 그렇게까지 하나" 하는 시선을 받기도 하고, 새로운 방식을 찾느라 남들보다 더 많은 비용과 시간을 지불하기도 하죠. 하지만 그렇게 쌓인 '다른 방법'들은 결국 누구도 쉽게 흉내 낼 수 없는 그들만의 강력한 차별성이 됩니다.

 '비상식'은 "원래 다들 그렇게 해왔어요"라는 익숙한 관성에 대해 "왜 그래야 하죠?", "더 나은 방법은 없을까요?"라고 질문을 던지는 용기입니다. 모두가 당연하게 여기는 비효율에 문제를 제기하고, 자신만의 방식으로 새로운 해결책을 모색하고 제안하는 태도. 이러한 '건강한 이단아'의 모습은 당장은 조직에 불편함을 줄 수 있지만, 궁극적으로는 조직 전체에 새로운 자극과 혁신의 가능성을 불어넣는 중요한 역할을 합니다.

 물론, 이처럼 조직 안에서 나만의 '브랜드'를 만들어가는 과정이 늘 순탄하지만은 않을 겁니다. 나의 '비타협'적인 태도가 누군가에게는 고집으로 비칠 수 있고, 나의 '비상식'적인 질문이 기존의 질서를 흔드는 도전으로 여겨질 수도 있죠. 자기답게 행동했는데 외면당하거나, 불편한 피드백에 마음이 베이거나, 동료와의 관계에 틈이 생기는 경험은 우리를 혼란스럽게 만들 수 있습니다.

하지만 이러한 혼란과 불편함 역시 '자기다움'을 살아가는 과정의 필연적인 일부이자, 성장을 위한 소중한 재료라는 것을 강조하고 싶습니다. 바로 그 충돌과 불편함을 통해 우리는 비로소 조직 안에서 나와 타인의 경계가 어디인지, 건강한 연결은 어떻게 가능한지, 서로 다른 다양성을 어떻게 존중하고 조율해야 하는지를 더 깊이 배우게 됩니다.

이런 과정을 겪으며 우리는 단지 '자기다움을 용감하게 드러내는 사람'을 넘어, '자기다움을 지혜롭게 조율할 줄 아는 사람'으로 성장합니다. 마치 악기를 조율하듯, 나의 표현 방식과 조직의 반응 사이에서 최적의 하모니를 찾아가는 과정이죠. 때로는 줄이 너무 팽팽해 끊어질 듯한 긴장을 느끼기도 하고(충돌/갈등), 때로는 너무 느슨해 원하는 소리가 나지 않는(외면/무시) 경험을 통해, 상황과 맥락에 맞게 나를 표현하는 섬세한 지혜를 터득하게 됩니다. 그래서 표현 그 자체보다 중요한 것은, 그 표현 이후의 나를 잘 돌보고 그 경험을 성찰하며 의미를 찾아내는 능력입니다.

이처럼 나만의 브랜드를 만들고, 또 그것을 지혜롭게 조율해나가는 과정을 통해 우리는 다양한 변화를 경험하게 됩니다. 가장 먼저 생기는 변화는 '자기 신뢰감'일 겁니다.

'나는 내 생각을 행동으로 옮길 수 있는 사람이구나'
'내 판단을 믿고 시도해도 괜찮구나'

'내 열정과 기여가 의미 있을 수 있구나'

하는 감각들이 차곡차곡 쌓여가며 내면의 단단한 기반이 되죠.

또한 나의 방식이나 나의 목소리가 실제로 일터에서 긍정적인 기능을 할 수 있다는 작은 성공 경험들이 쌓이면, 우리는 타인의 시선이나 평가로부터 조금 더 자유로워집니다. 이야기 상자의 주인공이 동료들의 긍정적인 반응을 통해 자신의 행동이 가치 있었음을 확인했듯이, 이러한 경험은 내면의 기준을 더 신뢰하게 하고 결과적으로 조직 안에서 '눈치'를 덜 보게 합니다. 이 상태를 '내면적 허락'의 범위가 넓어졌다고 표현하는데요. 내가 나 자신에 대한 믿음을 통해 스스로 더 많은 것을 허락하게 된 상태를 의미합니다. 이전에는 '굳이 내가 나서야 할까?' 혹은 '괜히 잘못 건드리는 건 아닐까?'하고 망설였다면, 이제는 '이건 충분히 해볼 만한 가치가 있어' 혹은 '이렇게 하는 것이 더 낫다고 믿어'라고 스스로에게 말해줄 수 있게 되는 거죠. 이와 같은 상태가 지속적으로 유지되면 조직 안에서 내 역할을 벗어난 권한이 주어지기도 하고 그 과정에서 충분한 자율성을 경험하게 되기도 합니다.

그리고 신기하게도 내가 가지고 있는 내면적 허락의 범위가 넓어지면 업무를 대하는 태도가 좀 더 주도적으로 변하고, 동료와의 관계에서 불필요한 긴장감 대신 편안함과 솔직함이 자리 잡기도 합니다. 주변에서 "요즘 더 활력이 넘쳐 보인다"거나 "왠지 모르게 여유가 생긴 것 같다"는 말을 듣게 된다면, 그것은 아마도 여러분이 '자기다움'을 조금씩 살아내고 있다는 자연스러운 증거일 수 있을 거예요.

'자기다움'과 주도성의 연결 고리

Story Box

어색한 침묵을 깬, 5분짜리 커피챗 제안

새로 합류한 개발팀은 유능한 사람들로 가득했다. 각자 맡은 일은 빈틈없이 처리했고, 업무 소통도 군더더기 없이 효율적이었다. 하지만 신입인 선우는 그 효율적인 분위기가 때로는 너무 차갑고 건조하다고 느꼈다. 회의실에서는 업무 이야기 외에는 어떤 말도 오가지 않았고, 점심시간에도 다들 조용히 자기 밥만 먹고 흩어졌다.

선우는 원래 사람들과 소소한 이야기를 나누며 연결될 때 더 안정감을 느끼고 힘을 얻는 스타일이었다. 그는 '이 팀 사람들은 서로에게 정말 관심이 없는 걸까?' 하는 외로움을 느끼기 시작했다.

고민하던 그는 어느 날, 팀 전체 채팅방에 조심스럽게 글을 올렸다.

"혹시 매주 금요일 점심시간 뒤 5분만, 돌아가면서 자기의 '요즘 관심사'에 대해 짧게 이야기 나누는 시간을 가져보는 건 어떨까요? 일 말고 서로에 대해 조금 더 알게 되면 좋을 것 같아서요."

누가 시킨 일도 아니었고, 그의 성과와도 아무런 관련이 없는 제안이었다. 그저 어색한 침묵을 깨고, 조금 더 따뜻한 팀이 되었으면 하는 순수한 마음에서 나온 용기였다. 처음에는 어색해하던 팀원들도, 한두 명씩 자신의 소소한 취미나 주말 계획을 공유하기 시작했다. 그리고 신기하게도, 그 짧은 5분의 대화가 쌓이면서 팀의 분위기가 눈에 띄게 부드러워졌다.

선우는 깨달았다. 자신이 느낀 작은 불편함에 귀 기울이고, 그것을 바꾸기 위해 낸 작은 목소리가 '우리'를 위한 의미 있는 변화를 만들 수 있다는 것을.

'나다움'은 거창한 고집이 아니라,
내가 중요하다고 여기는 감각에 진심으로 반응하는 태도이다.
'자기다움'이 깨어날 때 사람은 저절로 주도적이 된다.
'자기다움'은 주도성의 씨앗이다.
그리고 주도성은 '허락받은 에너지'가 아니라
'자기로부터 솟아난 에너지'다.

우리는 흔히 주도성을 '앞장서는 성향'이나 '리더십의 행동 특성'처럼 외형적이고 활달한 모습으로 이해하곤 합니다. 마치 늘 손을 들고, 먼저 말하고, 눈에 띄게 움직이는 사람만이 주도적인 사람인 것처럼 여겨지죠. 하지만 진짜 주도성은 그런 성격적 활발함과는 조금 다른 차원에 있습니다.

주도성은 내면의 감각에서 출발하는 자기결정성의 확장입니다. 즉, 나는 누구인지, 나는 어떤 기준과 원칙을 중요하게 생각하는지, 어떤 방식으로 일할 때 가장 자연스럽고 몰입이 되는지를 아는 것. 이처럼 '자기다움'을 회복한 사람은 스스로에 대한 선명한 이해를 바탕으로 선택하고 결정할 수 있습니다. 그리고 이 자기이해는 외부의 기대나 분위기에 휘둘리지 않는 '기준'을 만들어주죠. 그 기준이 흔들리지 않을 때, 우리는 흔들림 없이 행동할 수 있습니다. 그게 바로 주도성의 본질입니다.

직장에서 우리는 종종 이런 말을 듣습니다.

"좀 더 주도적으로 일해보세요."
"본인의 의견을 먼저 제안해보세요."
"스스로 판단하고 움직이세요."

이 말은 옳은 말처럼 들리지만, 문제는 주도성을 가능하게 하는 토대에 대한 설명이 빠져 있다는 데 있습니다. 내가 어떤 생각과 감정을 가지고 있는지, 어떤 방식으로 일할 때 몰입이 되는지에 대한 자기 인식이 선행되지 않으면, 주도성은 오히려 스트레스가 됩니다.

예를 들어, 나에 대한 기준이 분명하지 않은 상태에서 '스스로 움직여야 한다'는 요구를 받으면, 우리는 불안과 부담 속에서 '적당히 눈치 보며 무언가를 해내는 척'하게 됩니다. 그것은 실제 주도성이 아니라 '주도적인 모습을 흉내 내는 행위'일 수 있습니다. 반면, '자기다움'이 회복된 사람은 자신이 어떤 원칙과 기준을 가지고 있는지를 알고 있기 때문에, 조직의 기대나 분위기에 휘둘리지 않고 스스로의 판단에 따라 움직일 수 있습니다. 이런 사람의 주도성은 빠르지 않아도 단단하고, 눈에 띄지 않아도 지속됩니다.

이전에 근무했던 회사에서 팀원들과 일할 때, 저는 WHY와 (우선순위와 관련된)WHAT은 리더와 함께 합의해야 하는 영역, 그리고 HOW는 팀원의 고유한 권한이라고 생각했습니다. 이러한 저의 팀 운영 철학에 대해 어떤 팀원은 자율성과 임파워먼트로 여기며 긍정적으로 받아들였지만, 또 다른 팀원은 오히려 모호한 업무 지시로 받아들여 스트레스를 느끼기도 했지요. 이 차이는 예상컨대, 스스로에 대한 이해 수준, 그러니까 '일과 자신과의 관계가 얼마나 선명하고 단단하게 정립되어 있는가'와 같은 질문에 대해 스스로 가지고 있는 답의 차이로 이해됩니다. 실제로, 스트레스를 느꼈던 팀원은 매번 프로젝트를 진행할 때마다 그 안에서 자신의 관점으로 진짜 문제를 정의하고, 그 문제를 해결해 내기 위한 여러 방안 중 가장 최적의 길을 설계해나가는 데 어려움을 겪었습니다. 그것은 복잡한 상황에서 자신이 직접 문제해결의 경로를 결정하고 선택하여 밀고 나가본 경험이 상대적으로 부족했기 때문일 겁니다. 부족한 결정과 선택, 불충분한 실행 경험은 빈약한 자기기준을 낳습니다.

여러 연구에서 주도성은 '환경에 수동적으로 반응하는 것이 아니라, 스스로 환경을 변화시키고 창조하는 행동'으로 정의되는데요. 단지 주어진 상황에 맞춰 움직이는 것이 아니라, 자기 기준에 따라 상황을 설계하고 주도하는 태도라는 뜻이죠.

이러한 주도성은 '자유'의 감각과도 연결됩니다. 여기서 말하는 자유란, 많은 리더들이 우려하는 것처럼 조직의 규칙을 무시하는 방종이나 책임을 회피하는 무질서가 결코 아닙니다. 오히려 그것은, 자신이 내리는 선택에 대해 스스로 온전히 책임질 수 있다는 단단한 믿음에서 비롯되는, 더 높은 차원의 자유입니다. 누군가가 시켜서가 아니라, '이것이 옳다고 믿기에', 혹은 '이것이 더 나은 방법이라고 생각하기에' 스스로 움직이는 태도. 이처럼 내면의 목소리에 따라 행동할 수 있는 자유와, 그 행동의 결과를 기꺼이 책임지려는 자세가 결합될 때, 우리는 그것을 '진정한 주도성'이라고 부를 수 있겠지요.

이러한 주도성은 결코 개인만을 위한 것이 아닙니다. 자신의 판단과 선택에 온전히 책임지려는 사람은, 자연스럽게 자신의 행동이 팀과 조직 전체에 미칠 영향을 더 깊이 고민하게 됩니다. 그들은 단순히 '주어진 일'을 처리하는 것을 넘어, '어떻게 하면 우리의 공동 목표를 더 잘 달성할 수 있을까?'라는 질문을 스스로에게 던지기 시작하죠. 구성원이 자신의 고유한 관점과 책임감 있는 자유를 바탕으로 주도성을 발휘할 때, 그 에너지는 곧 조직 전체의 문제를 해결하고 새로운 가능성을 탐색하는 강력한 동력이 됩니다.

'자기다움'과 주도성은 서로를 강화합니다. '자기다움'을 표현하고 실천하는 경험이 쌓일수록, 우리는 점점 더 주체적으로 선택하고 결정하게 됩니다. 그리고 그 선택이 반복되면서 주도성의 깊이와 폭이 자연스럽게 확장되지요. 즉, '자기다움'은 주도성의 씨앗이고, 주도성은 '자기다움'이 꽃피는 방식입니다. 이 순환이 계속될 때, 개인에게는 성장의 루프가 되고 조직에는 자율 기반의 건강한 문화가 싹트기 시작합니다.

우리가 주도성에 대해 가지고 있는 오해와 착각은 주도성을 '성격의 문제'로 여긴다는 점입니다.

"저 사람은 원래 적극적이야."
"저 친구는 리더 기질이 있어."

그러나 진짜 주도성은 기질이 아니라 '자기다움'에서 비롯되는 감각입니다. 누구나 '자기다움'을 회복하면, 그 사람만의 방식으로 주도성이 자연스럽게 따라옵니다. 다만 그것이 드러나기까지 걸리는 시간과 방식이 다를 뿐이죠.

가끔 우리는 아주 에너지가 넘치고 빠르게 움직이는 구성원을 봅니다. 하지만 그 행동이 자기 내면과 단절된 상태에서 비롯된 것이라면,

그것은 오히려 위험한 에너지일 수 있습니다. '성과를 내야 하니까' 혹은 '인정받기 위해서라도 움직여야 하니까' 라는 압박 속에서 만들어진 과잉된 주도성은 자신을 쉽게 소진시키고 동료들과의 협업에서도 균형을 무너뜨리는 요인이 됩니다. 그렇기에 조직은 주도성을 결과 중심으로 해석하지 말고, 그 에너지가 어디에서 비롯되었는가, 즉 '자기다움에 기반하고 있는가'를 함께 들여다보아야 하지요. 다시 말해, 어떤 기준에서 그 행동이 시작되었는지, 그 사람이 자신의 가치와 감정, 리듬을 이해하고 선택한 움직임인지 아니면 외부의 기대와 평가를 따라간 결과인지 등을 살펴봐야 합니다. ('왜곡된 주도성'에 대한 이야기는 뒤에서 조금 더 자세하게 이야기해보기로 하겠습니다)

'자기다움'이 뿌리내린 주도성은 타인을 끌어당기고, 팀에 신뢰감을 주며, 유연한 조직문화를 만들어냅니다. 그리고 무엇보다 스스로를 지치게 하지 않습니다. 그것은 자신을 중심에 두고 세상과 연결되는 방식이기 때문입니다.

왜곡된 주도성의 그늘

Story Box

그는 늘 먼저 나섰지만, 모두는 조용해졌다

팀 내에서 민수는 늘 '주도적인 사람'으로 불렸다. 회의 자료도 제일 먼저 만들었고, 아이디어도 빠르게 제시했고, 프로젝트 리더로도 자주 지목되었다. 그런데 이상한 건, 그가 주도할수록 팀은 점점 침묵해졌다는 것이다.

누가 다른 의견을 내면

"그건 지난번에 해봤어요. 안 돼요."

"이건 그냥 제가 처리할게요. 시간이 없어요."

그의 말은 빠르고 논리적이었지만, 거기엔 여유도 여지도 없었다.

결국 팀원들은 입을 닫았다.

'어차피 저 친구가 다 끌고 가니까'
'괜히 나섰다가 피곤해지지 말자'
프로젝트는 무난히 성공했고, 민수는 그 해 우수사원으로 선정됐다. 하지만 그와 함께 일했던 사람들은 다음 해, 하나둘씩 다른 팀으로 옮겨갔다.

겉으로 보기엔 '강한 오너십'처럼 보이는 주도성.
하지만 그것이 '자기다움'에서 비롯된 것이 아니라,
성과를 향한 불안, 통제하려는 욕구,
인정에 대한 갈망에서 나왔다면
그건 결국 혼자만의 에너지로 고립된 구조를 만든다.

주도성은 '자기다움'의 확장일 때 가장 건강하다.
나를 지키면서도 타인을 포함하는 구조로 흐를 때,
그 주도성은 함께 움직이는 힘이 된다.

우리는 흔히 '주도적인 사람'을 이상적인 인재로 떠올립니다. 문제를 먼저 인식하고, 해결 방안을 제시하며, 실행까지 책임지려는 사람. 조직은 당연히 이런 사람에게 신뢰를 주고, 빠르게 성장의 기회를 주려고 하죠. 그런데 가끔, 그 주도성이 좋은 결과를 가져왔음에도 불구하고 어딘가 껄끄러운 인상을 남기는 경우가 있습니다. 구성원 간의 협업이 어긋나거나, 팀원들이 위축되고, 주도적인 한 사람이 과도한 책임감에 지쳐 스스로를 소진시키거나, 때로는 그 열정이 조직의 질서를 독단적으로 흔들어놓는 듯한 느낌을 받을 때이지요.

주도성을 가진다는 건 본래 건강한 개념입니다. 그러나 때때로 그 에너지가 '이건 내가 해결해야 직성이 풀려!' 혹은 '나 아니면 안돼!'라는 생각으로 과장되기 시작하면, 본래의 건강함을 잃고 '과잉된 오너십'으로 변질됩니다. 이런 태도는 자신이 맡은 책임의 경계를 넘어, 어느새 타인의 영역까지 침범하고 모든 것을 통제하려는 방향으로 흐를 수 있습니다.

예를 들어, 한 프로젝트에서 유능한 A씨가 기획부터 실행, 일정관리까지 도맡습니다. 그는 팀원들에게 의견을 물어보긴 하지만, 결국 "이게 더 빨라요", "그건 비효율적이니까요"라며 본인의 방식으로 밀어붙입니다. 팀은 따라가지만, 분위기는 서서히 침묵으로 가득 차게 됩니다. 의견은 점점 줄고, A씨는 "왜 다들 소극적이지?"라는 불만과 함께 더욱 많은 일을 혼자 떠안게 되지요. 결국 그것은 '혼자 하는 주도성'이라는 위험한 구조로 굳어집니다.

이와 관련해 조직·리더십 전문가 로버트 퀸(Robert E. Quinn)은 '수행능력의 횡포(Tyranny of Competence)' 라는 개념을 제시합니다. 개인이 독특하고 창조적인 성과를 이루어내면 낼수록 보다 큰 영향력을 행사하면서 조직 내 문제가 되는 부분을 덮어버리거나 흐려버리게 만드는 현상을 뜻합니다. 뛰어난 성과를 낼수록 더 큰 권한을 행사하게 되지만, 그 과정에서 동료들의 영향력을 약화시키고 조직의 협업 문화를 파괴할 수도 있다는 경고이죠.

　

주어진 업무를 완수하는 데
독특하고 뛰어난 기술을 갖고 있는 사람들은
흔히 다른 사람들은 그 일을 해낼 능력이 없다는 식의 표현을
서슴지 않는 경향이 있다.
그들은 이를 통해 자신의 막강한 영향력을 자랑하는 것이다.
직급이 낮은 계층에서는 조직이 사람들에게
그런 위치가 되도록 장려하고 조장하는 경향도 나타난다.
힘을 가진 실무자 한 사람이 다른 사람들 위에 군림하면서
다른 사람들의 영향력을 약화시켜버린다.
업무 분위기는 망가지고 도덕적 윤리의식은 땅에 떨어진다.
협력은 경쟁으로, 나아가 악의적 행동으로까지 치닫고,
급기야는 은근한 사보타주(sabotage)로까지 이어진다.
상황이 이처럼 악화되는 데도 그 문제를 꺼내는 사람은 없다.
어찌어찌해서 문제가 겉으로 드러나더라도,

사람들은 동료들 간의 관계와 팀워크를 내세우며
문제를 외면하거나 중립을 지킨다.

| 로버트 퀸(Robert E. Quinn)

로버트 퀸은 수행능력의 횡포를 행사하는 당사자의 업무 방식에는 다른 사람과의 '관계'가 결정적으로 빠져있으며, 좋은 인간관계를 유지하려는 노력이 없는 주도성은 결국 조직을 파괴하는 행동이라고 지적했습니다. 그의 말처럼, 만약 우리 조직이 특정인의 뛰어난 업무 수행 능력 뒤에 가려진 '횡포'로 인해 병들고 있다면, 우리는 그 '조직을 위해 없어서는 안 될 사람'이 실제로는 '없어도 되는 사람'일 수 있음을 빠르게 알아차려야 합니다.

왜곡된 주도성은 때로 '존재감 부족'을 메우기 위한 보상심리에서 비롯되기도 합니다. 과거에 충분히 인정받지 못했던 경험, 능력을 입증하고 싶은 강박, 조직 내 위계를 넘어서고 싶은 마음 같은 것들이죠. 이런 내면의 결핍과 불안함이 과도한 행동으로 드러날 때, 사람은 더 많은 일에 손을 대고, 자신을 증명하기 위해 끊임없이 에너지를 쏟아붓습니다. 이런 유형의 주도성은 주변의 인정과 성과에 목말라하며, 타인의 시선에 하나하나에도 민감하게 반응합니다.

진짜 문제는 그 요란한 움직임 속에 '자기다움'이 빠져 있다는 점입니다. 내가 진짜로 원하는 방식인지, 이 일이 나의 가치와 어떤 의미로 연결되는지에 대한 깊은 성찰이나 자기 기준 없이 그저 외부의 인정을 향해 움직일 때, 그 주도성은 결국 '자기 소진'과 '관계의 왜곡'이라는 두 가지 그림자를 동시에 드리우게 되지요.

 특히 조직 내에서 리더십 역할을 맡고 있거나, 팀에 실질적인 영향력을 행사하는 사람일수록 자신의 주도성이 어떤 모습으로 발현되고 있는지 그 경계를 명확히 살피는 것이 정말 중요합니다. 만약 자신의 주도성이 타인의 의견을 묵살하거나, 팀원들의 자율성을 은연중에 억누르는 방식으로 작동한다면, 그것은 리더십이 아니라 통제가 될 수 있습니다. 어쩌면 주도성이라는 이름 뒤에 숨어서 과거의 일방적인 수직적 명령 체계를 반복하고 있는 것일지도 모르죠.

 건강한 주도성은 다른 사람의 의견을 충분히 듣고 기다려주는 시간도 포함합니다. 그리고 때로는 나의 익숙한 방식을 기꺼이 내려놓을 줄 아는 여유도 동반되어야 하죠. 여러 사람과 함께 일하는 협업은 때로 속도를 늦추는 것처럼 보일 수 있습니다. 하지만 서로의 다름을 존중하고 그 생각들을 창의적으로 연결해내는 힘이 있을 때, 비로소 개인의 주도성은 팀 전체를 살리는 진짜 리더십으로 빛을 발하게 됩니다. 주도성이 오래 지속되려면, 그것은 내면에서부터 시작되어야 합니다. '자기다움' 없이 만들어진 주도성은 자기 불안을 덮기 위한 행동, 혹은 외부 평가를 의식한 계산된 움직임에 그치기 쉽습니다. 그리고 이 움직임은 외부 조건이 바뀌면 금세 흔들리고 무너지게 됩니다.

  자신의 주도성을 점검하고 '자기다움'에 기반한 건강한 에너지를 발견하기 위해, 다음 질문들을 스스로에게 던져보면 어떨까요? 자신의 주도성이 '자기다움'에서 비롯된 것인지, 아니면 불안이나 압박감에서 오는 왜곡된 주도성인지 스스로 점검해볼 수 있는 질문들입니다. 정답을 찾기보다는 각 질문에 대한 자신의 솔직한 생각과 감정을 탐색하는데 집중해보세요.

· ● · ● ·

1. 행동의 시작점 돌아보기: 나의 주도성은 어디에서 출발했는가?

- 이 일을 시작하게 된 가장 근본적인 동기는 무엇이었나요?
  (예: 내 안의 진솔한 관심과 문제의식, 혹은 타인의 기대나 인정에 대한 욕구, 뒤처지거나 무능해 보일 것에 대한 두려움 등)
- 이 행동을 통해 내가 궁극적으로 얻고 싶었던 것은 무엇이었나요? (예: 일의 의미와 성취감, 개인적인 성장, 아니면 단순히 좋은 평가나 눈에 보이는 성과였나요?)
- 만약 이 일에 대해 아무도 알아주지 않거나 즉각적인 보상이 없다면, 그럼에도 불구하고 나는 이 행동을 똑같이 했을까요? 그 이유는 무엇인가요?
- "이건 내가 정말 하고 싶어서 하는 일이다"라는 느낌과 "이건 내가

해야만 할 것 같아서 하는 일이다"라는 느낌 중, 지금 나의 주도성은 어디에 더 가까운가요?

2. 과정에서의 나 살펴보기: 나는 어떤 방식으로 주도성을 발휘하고 있는가?

- 일을 진행하는 과정에서 나의 생각과 감정, 그리고 나만의 일하는 방식을 얼마나 존중하고 있나요? 아니면 상황이나 타인의 요구에 나를 끼워 맞추고 있나요?
- 나의 주도적인 행동이 주로 '나의 방식'을 관철하는 형태로 나타나나요, 아니면 동료들의 의견을 경청하고 다양한 가능성을 탐색하며 함께 만들어가는 형태인가요?
- 일을 추진할 때, 예상되는 어려움이나 실패 가능성에 대해 얼마나 솔직하게 이야기하고 도움을 요청하나요? 아니면 혼자 모든 것을 완벽하게 해결해야 한다는 부담감을 느끼나요?
- 나의 주도성이 혹시 다른 사람의 자율성이나 주도성을 침해하고 있지는 않나요? (예: "내가 다 알아서 할게"라며 동료의 역할을 빼앗거나, 지시적인 태도로 일관하는 등)

3. 경험 후의 나 느껴보기: 나의 주도성은 어떤 감정과 에너지를 남기는가?

- 내가 주도적으로 어떤 일을 마쳤을 때, 주로 어떤 감정이 남나요?

(예: 뿌듯함과 만족감, 성장의 기쁨인가요, 아니면 안도감과 함께 찾아오는 깊은 소진감, 혹은 허무함인가요?)
- 그 행동 이후, 나의 에너지는 이전보다 채워지는 느낌인가요, 아니면 급격히 방전되는 느낌인가요?
- 나의 주도적인 행동이 만들어낸 결과에 대해, 다른 사람들의 인정이나 평가와 상관없이 나 스스로 얼마나 만족하고 있나요?
- 만약 나의 주도성이 좋은 결과로 이어지지 않았을 때, 나는 그 원인을 어디에서 찾으려 하나요? (예: 나의 부족함만을 탓하며 자책하나요, 아니면 상황과 환경, 과정 전체를 객관적으로 돌아보려 하나요?)

4. 관계 속의 나 돌아보기: 나의 주도성은 '우리'에게 어떤 영향을 주는가?
- 나의 주도적인 행동이 팀이나 조직 전체에 어떤 영향을 주고 있다고 생각하나요? (예: 긍정적인 자극과 활력을 주나요, 아니면 긴장감이나 보이지 않는 경쟁심을 유발하나요?)
- 동료들은 나의 주도성에 대해 어떤 피드백을 주거나 반응을 보이나요? (그들의 표정이나 말투, 행동에서 무엇을 읽을 수 있나요?)
- 나는 다른 사람의 주도적인 시도나 의견에 대해 얼마나 열린 마음으로 지지하고 격려하나요? 아니면 무의식적으로 경쟁하거나 평가하려 드나요?

그런데 때로는 개인의 성향이나 리더십 스타일의 문제를 넘어, 조직 자체가 이러한 건강한 주도성을 왜곡시키거나 심지어 질식시키는 환경을 만들기도 합니다. 겉으로는 자율과 책임을 강조하는 듯 보이지만, 그 이면에는 보이지 않는 압박과 개인에게 모든 짐을 떠넘기는 구조가 숨어있을 때가 그렇죠.

"스스로 책임져야지."
"우리는 자율 조직이니까."
"위임했으니 잘 알아서 해요."

이와 같은 말들이 진정한 권한 위임이나 신뢰의 표현이 아니라, 실제로는 책임의 전가로 작동하는 경우가 생각보다 많습니다. 충분한 자원 배분, 지속적인 피드백, 그리고 함께 문제를 해결하려는 협의의 과정 없이 오로지 책임만 아래로 넘기는 구조, 특히 실패했을 때 그 모든 결과를 온전히 개인에게만 묻는 문화는 구성원들의 주도성을 '자율'이 아닌 '무거운 부담'과 '실패에 대한 깊은 두려움'으로 변질시키게 됩니다.

이런 환경에 놓인 사람들은 어떻게 될까요? 당연히 점점 더 조심스러워지고, 새로운 도전보다는 현재의 안전한 범위 안에서만 소극적으로 움직이려 합니다. 실패의 공포가 창의적인 시도나 과감한 결정을 가로막는 것이죠. 결국, 조직이 그토록 원했던 '진짜 주도성'은 이러한 문화 속에서 조용히 질식해 사라지게 됩니다. 겉으로는 모두가 '스스로 알아서' 하는 것처럼 보이지만, 실제로는 누구도 진정으로 마음껏 자신의 역량을 펼치지 못하는, 활력 없는 조직이 되어갑니다.

조직이 진정으로 구성원들의 주도성을 꽃피우기 위해서는, 단순히 "주도적으로 일하라"고 말하는 것을 넘어, 그러한 행동이 자연스럽게 발현될 수 있는 토양을 마련해야 합니다. 우리 조직은 과연 그러한 환경을 잘 만들고 가꾸어 나가고 있을까요? 이어지는 다음 질문들을 통해 함께 점검해보시죠.

1. 권한 위임과 자율성의 실제 모습은 어떠한가?

- 우리 조직은 구성원에게 업무를 위임할 때, 결과에 대한 책임감과 함께 그에 상응하는 실질적인 결정 권한과 필요한 자원을 함께 제공하고 있나요? 아니면 책임만 강조하고 있지는 않나요?
- 구성원들이 자신의 전문성과 판단에 따라 업무 방식을 자율적으로 선택하고 실행할 수 있도록 충분한 공간을 열어주고 있나요? 아니면 정해진 절차와 상명하달식의 방식만을 고수하도록 만들고 있지는 않나요?
- "자율적으로 해보세요"라는 말이, 실제로는 "문제가 생기면 당신이 모든 것을 책임져야 합니다"라는 무언의 압박으로 전달되고 있지는 않은가요?

2. 도전과 성장을 위한 지원 및 피드백 시스템은 잘 작동하고 있는가?

- 구성원이 주도적으로 새로운 아이디어를 내거나 기존의 방식에 의문을 제기했을 때, 조직은 이를 어떻게 받아들이고 있나요? (예: 진지한 경청과 발전적인 논의로 이어지나요, 아니면 '굳이 긁어 부스럼'이라는 식의 반응을 보이나요?)
- 정기적이고 건설적인 피드백이 오고 가는 문화가 자리 잡고 있나요? 피드백이 주로 과거의 실수 지적이나 평가에 머무르나요, 아니면 미래의 성장과 학습을 돕는 방향으로 이루어지나요?
- 구성원이 업무 중 어려움에 직면하거나 도움이 필요할 때, 비난이나 불이익에 대한 걱정 없이 솔직하게 도움을 요청하고 함께 해결책을 모색할 수 있는 심리적 안전감이 조직 내에 형성되어 있나요?

3. '실패'를 바라보는 조직의 관점과 문화는 건강한가?

- 조직 내에서 '실패'는 어떻게 정의되고 다루어지고 있나요? (예: 개인의 무능력이나 책임 회피의 결과로 치부되나요, 아니면 성장을 위한 과정이자 조직 전체의 중요한 학습 기회로 여겨지나요?)
- 새로운 시도나 다소 위험 부담이 따르는 도전적인 목표 설정이 조직적으로 장려되고 있나요? 그 과정에서 발생할 수 있는 실수는 용납되고, 그로부터 배울 수 있도록 지지받는 문화인가요?
- 혹시 실패에 대한 두려움 때문에 구성원들이 새로운 도전을 망설이거나, 가능성이 높은 '안전한' 선택만을 하도록 만들고 있지

는 않은가요?

4. 투명한 소통과 정보 공유는 활발하게 이루어지는가?

- 조직의 중요한 목표, 전략 방향, 주요 의사결정 과정과 결과 등이 구성원들에게 투명하고 시의적절하게 공유되고 있나요? (구성원들이 주도성을 발휘하는 데 필요한 맥락을 이해할 수 있도록)
- 구성원들이 자신의 아이디어나 업무 관련 우려 사항을 직급이나 부서에 관계없이 자유롭게 제안하고 진솔하게 논의할 수 있는 공식적, 비공식적 채널이 마련되어 있나요?
- 회의나 논의 과정에서 소수의 목소리가 아닌, 다양한 의견과 때로는 반대되는 관점이 나왔을 때, 이를 묵살하거나 평가절하하지 않고 진지하게 경청하며 함께 더 나은 대안을 찾아가려는 노력이 이루어지나요?

5. 공정한 평가와 의미 있는 인정은 어떻게 이루어지는가?

- 성과 평가나 보상 시스템이 단순히 단기적인 결과 지표나 눈에 보이는 성공만이 아니라, 구성원의 주도적인 시도, 그 과정에서의 노력, 협력적인 태도, 그리고 실패로부터 배운 교훈 등을 공정하고 다각적으로 반영하고 있나요?
- 조직은 어떤 종류의 주도성을 더 가치 있게 여기고 인정하고 있나요? (예: 개인의 뛰어난 성과를 만들어내는 주도성인가요, 아니면 팀의 시너지를

높이거나 묵묵히 시스템을 개선하고 동료를 돕는 보이지 않는 주도성인가요?)
- 혹시 현재의 평가 및 보상 시스템이 구성원들로 하여금 왜곡된 주도성(예: 과도한 내부 경쟁, 보여주기식 업무 처리, 책임 회피)을 보이도록 은연중에 부추기고 있지는 않은지 점검해본 적이 있나요?

6. 리더십은 주도성을 촉진하는 역할을 하고 있는가?

- 조직 내 리더들은 구성원 개개인의 '자기다움'(고유한 강점, 가치, 일하는 방식)을 존중하고, 그들이 자신의 특성에 맞는 방식으로 주도성을 발휘할 수 있도록 코칭하고 지지하고 있나요?
- 리더 스스로가 건강한 주도성의 본보기를 보이되, 팀원의 자율성을 침해하거나 일방적으로 지시하기보다는 협력적인 파트너로서 함께 목표를 설정하고 달성해나가는 모습을 보이고 있나요?
- 리더는 팀원들이 업무 과정에서 겪는 어려움이나 실수를 성장의 기회로 삼을 수 있도록 심리적 안전감을 제공하며, 그들의 새로운 도전을 진심으로 격려하고 있나요?

• • • •

이러한 질문들에 대해 조직 구성원들이 함께 솔직하게 답하고 논의하는 과정 자체가 이미 건강한 주도성을 향한 중요한 첫걸음이 될 수 있습니다. 진정한 주도성은 개인의 노력만으로 발현되기 어렵습니다.

그것을 알아보고, 격려하며, 마음껏 펼칠 수 있도록 지지하는 조직의 문화와 시스템이 함께할 때 비로소 지속 가능하게 꽃필 수 있습니다.

'자기다움'을 주도성으로 확장하는 방법

Story Box

'어색한 점심 식사'가 불러온 변화

개발팀과 고객상담팀은 늘 사이가 좋지 않았다. 개발팀은 상담팀이 "고객의 불만만 그대로 전달하는 앵무새"라고 불평했고, 상담팀은 개발팀이 "현장의 시급함을 전혀 이해하지 못하는 벽"이라고 수군거렸다.

개발팀의 서연은 그 팽팽한 긴장감이 늘 마음이 걸렸다.

그녀는 좋은 제품이란 결국 '만드는 사람'과 '쓰는 사람'의 마음이 연결될 때 완성된다고 믿는 사람이었다. 그래서 그녀는 어느 날, 누구의 지시도 없이 작은 실험 하나를 시작했다.

매주 수요일 점심시간, 그녀는 상담팀 동료 한 명을 초대해 개발팀과 함께 식사하는 자리를 만들었다. 처음에는 어색한 침묵만이 흘렀다. 하지만 몇 주가 지나자, 그들은 서로의 고충을 조금씩 이해하기 시작했다. 개발자들은 고객의 목소리에 담긴 생생한 감정을 느끼게 되었고, 상담원들은 개발 과정의 복잡한 기술적 제약을 알게 되었다.

그 '어색한 점심 식사'가 쌓이면서, 두 팀의 소통 방식은 놀랍게 달라졌다. 비난 섞인 요청 대신, 서로의 상황을 먼저 묻는 메시지가 오고 갔다. 서연은 깨달았다. 자신이 믿는 가치를 바탕으로 용기를 낸 작은 행동 하나가, 팀 전체의 단단한 벽을 허무는 가장 강력한 주도성이 될 수 있다는 것을.

내가 이 일에서 어떤 의미를 느끼는지 스스로 확인한 사람만이,
타인과의 연결 속에서도 흔들리지 않고
새로운 방향을 만들어간다.
우리는 바로 그러한 모습을 '주도성'이라고 부른다.
'자기다움'의 에너지는 그렇게,
한 사람의 마음에서 시작되어 동료를 건드리고,
보이지 않던 구조를 움직이며,
마침내 조직의 문화를 바꾼다.
이 주도성은 단단하면서도 유연하며,
자신과 타인을 동시에 성장시키는 힘으로 작동한다.
주도성은, 결국 "자기다움'의 확장된 형태'이다.

얼마 전 열렸던 제61회 백상예술대상 시상식은 여러모로 기억에 남는 장면들이 많았습니다. 백상예술대상이 대중적 흥행에만 치우치지 않고 작품성과 예술적 성취를 엄격하게 평가하는 것으로 잘 알려져 있지만, 매년 선보이는 특별무대는 문화예술계 안팎으로 깊은 울림과 사회적 메시지를 던지며 많은 사람들의 입에 오르내리곤 하죠. 올해 제 눈과 마음을 가장 사로잡았던 순간은, 바로 작품을 만드는 스태프들이 무대의 중심이 된 '엔딩 크레딧' 특별무대였습니다. 우리가 보는 한 편의 드라마, 영화, 뮤지컬이 완성되기까지, 카메라 뒤편에서, 무대 바깥 보이지 않는 곳에서 묵묵히 자신의 역할을 다하는 수많은 스태프들이 계십니다. 그분들의 땀과 노력, 열정에 따뜻한 스포트라이트를 비춰준 무대는 그 어떤 수상 장면보다 깊은 감동을 안겨주었습니다. 이 감동적인 무대는 배우 염혜란님의 진심 어린 스피치로 시작되었는데요, 그 내용 중 일부를 여러분과 함께 나누고 싶습니다.

"카메라 뒤에 있어서 무대 밖에 있어서 아마 여러분들이 미쳐 보지 못했을 얼굴들, 엔딩 크레딧 속 스쳐가는 이름들. 이 분들은 뜨거운 불길 속에서 칼날을 벼르는 대장장이들입니다. 제가 무대에 오를 수 있게 기꺼이 몸을 내어 받쳐주는 계단입니다. 끌어주는 손길이고, 밀어주는 힘입니다. 하지만 저는 이분들이야말로 대한민국 대중문화예술의 찬란한 빛이라고 생각합니다. 같은 곳을 향해서 보이지 않는 곳에서 열심히 항해하는 사람들, 대중문화 예술을 만드는 진짜 주인공을

소개하겠습니다."

그리고 무대 중간에는 스태프분들의 진솔한 인터뷰가 이어졌습니다. 지금 하는 일이 자신에게 어떤 의미인지, 무엇 때문에 어려움 속에서도 이 일을 계속하고 있는지에 대한 그분들 각자의 '자기다움'이 담긴 대답들이었죠.

"영화가 끝나서 그 크레딧을 보면 '아, 내가 이 세상에 영화에 표식을 하나 남겼구나' 이런 생각이 들더라구요."

"(엔딩 크레딧은) 스태프들의 이야기가 이름 하나하나에 담겨있는, 그걸 볼 수 있는 앨범 같은 느낌, 사진앨범이요."

"가족이나 지인들에게 '나는 잘 해냈고, 잘 견디고 있다'라고, 안부를 전하는 일처럼 느껴집니다."

"솔직히 말하면 안 힘든 건 없고요… 우리를 책임져 줄 수 없는 상황에서 우리를 던져야 할 때 무섭고 힘든 것 같아요. 그럼에도 이 일을 하는 건, 내가 좋아서 이 일을 하는 거고."

"저는 작품을 하나하나 고유한 세계라고 생각하거든요. 저는 그 세계

를 짓는 사람이라고 생각합니다."

"영화 볼 때마다 의상 이상의 가치가 저한테 느껴지더라고요."

"정말 많은 사람들이 하나가 되서 일을 하거든요. 보이지 않는 곳이지만 우리는 같은 곳을 바라보고 있다고 생각합니다."

 과거 많은 시상식들이, 아니 어쩌면 여전히 지금도 대부분의 시상식은 일반적으로 작품에 출연한 배우들을 중심으로 진행되곤 합니다. 아무래도 작품 전면에 나서 대중들에게 인지도가 높고, 그들이 보여주는 연기나 퍼포먼스가 작품의 성과에 직접적으로 큰 영향을 미치다 보니, 많은 시상식은 몇몇 특별상을 제외하고는 주로 배우들의 축제가 되기 마련이죠. (백상예술대상은 배우들뿐만 아니라 희극인들도 함께하지만, 그들 역시 각자의 무대와 작품에서 고유한 역할을 수행하며 대중과 만난다는 의미에서 여기서는 넓은 의미의 배우, 즉 '무대 위 주역'이란 의미로 통칭하겠습니다.)

 그런데 이번 백상예술대상의 '엔딩 크레딧' 무대는 조금 특별했습니다. 한 편의 작품을 만드는 것이 무대 위 주역들만의 공으로 완성되는 것이 아니라, 이름 모를 수많은 스태프들의 헌신과 노력이 함께 어우러질 때 비로소 가능하다는 것을 명확히 보여주었습니다. 그리고 그들의 귀한 기여에 우리의 시선이 머무를 수 있도록 의미 있는 자리를 마련한 것이죠. 덕분에 시상식은 단순히 몇몇 스타들만의 축하 행사가 아

자기다움 : 존재를 잃지 않고 일한다는 것의 의미

니라, 작품에 참여한 모든 '문화예술인'들의 진정한 잔치로 자리매김할 수 있었습니다. 실제로 이 특별무대 유튜브 영상에는 스태프들의 노고에 감사하며 그들의 처우와 근로 환경 개선을 요구하는 수많은 댓글이 이어지기도 했습니다.

이러한 장면들을 보면서 저는 우리 사회가 이제는 이전보다 조금 더 보이지 않는 곳의 가치에 집중하고, 그동안 놓치고 있었던 부분들을 세심하게 살필 줄 아는 성숙함에 이르렀다는 작은 희망을 느꼈습니다. 그리고 시상식이라는 행사가 단지 화려함만을 쫓는 것이 아니라, 그 본질적인 가치, 즉 '함께 만들어가는 이야기'에 더 집중하게 되었다는 생각도 들었고요.

이 백상예술대상 시상식의 특별무대 장면을 통해, 개인의 '자기다움'이 건강한 '주도성'으로 자연스럽게 확장되기 위해 필요한 몇 가지 중요한 조건과 방법들을 발견했습니다. 이제 그 이야기를 좀 더 자세히 풀어가 보려 합니다.

첫째, 내 일의 '의미'를 스스로 정의하고 부여할 때 주도성은 자연스럽게 따라옵니다. 스태프들의 인터뷰에서 가장 인상 깊었던 점 중 하나는 각자가 자신의 일에 대해 부여하는 고유한 의미였습니다. 누군가는 '세상에 표식을 남기는 일'이라고 말했고, 또 다른 누군가는 '하나의 세계를 짓는 사람'이라고 자신을 정의했습니다. 이처럼 내가 하는 일이 단순히 돈을 벌기 위한 수단을 넘어, 나 자신에게 혹은 세상에 어떤 가치를 제공하는지를 스스로 인식하고 정의 내릴 때, 우리는 그 일을 대하는 태도부터 달라집니다. "지금 내가 하고 있는 일은 나에게 어떤 의미가 있는가? 이 일을 통해 나는 무엇을 만들고, 어떤 영향을 주고 싶은가?" 스스로 이런 질문을 던지고 답을 찾아가는 과정에서, 일에 대한 목적의식이 생기고 이는 곧 시키지 않아도 스스로 움직이게 하는 주도성의 첫 번째 씨앗이 됩니다.

둘째, 보이지 않는 곳에서의 기여라도 그 가치를 '인정'받고 스스로 '인정'할 때 주도성은 힘을 얻습니다. 염혜란 배우는 스태프들을 '대한민국 대중문화예술의 찬란한 빛'이자 '진짜 주인공'이라고 소개했습니다. 이처럼 자신의 노력과 기여가 타인에게, 그리고 조직에게 인정받고 존중받는 경험은 매우 중요합니다. 하지만 외부의 인정만큼이나 중요한 것이 바로 '자기 인정'입니다. 스태프 중 한 분은 엔딩 크레딧을 보며 '내가 잘 해냈고, 잘 견디고 있다'고 안부를 전하는 일처럼 느낀다고 했습니다. 이는 자신의 수고와 성과를 스스로 인정하는 모습이죠. 이처럼 내가 하는 일이 비록 전면에 드러나지 않더라도, 팀과 조직의 목표 달성에 어떤 방식으로 기여하고 있는지 구체적으로 인식하는 것이 중요합니다. 그리고 그 기여에 대해 스스로 "잘하고 있어", "이것만으로도 충분히 가치 있어"라고 말해줄 수 있어야 합니다. 이러한 자기 인정은 내면의 자존감을 높이고, 더 나아가 자신의 역할을 확장하며 새로운 시도를 해볼 수 있는 주도성의 밑거름이 되겠지요.

셋째, '함께 같은 곳을 바라본다'는 연결감이 주도성을 지속 가능하게 만듭니다. '정말 많은 사람들이 하나가 돼서 일을 하거든요', '보이지 않는 곳이지만 우리는 같은 곳을 바라보고 있다고 생각합니다.'라는 스태프들의 말처럼, 개인이 고립되어 있지 않고 동료들과 함께 공동의 목표를 향해 나아가고 있다는 '연결감'과 '소속감'은 주도성을 발휘하는 데 있어 안정적인 지지기반이 되어줍니다. 나의 '자기다움'이 팀의 '우리다움' 속에서 존중받고 시너지를 낼 수 있다는 믿음이 있을 때, 개인은 더 용기 있게 자신의 역량을 펼치고 새로운 도전을 감행할 수 있습니다.

마지막으로, 어려움 속에서도 '내가 좋아서 하는 일'이라는 자기 확신이 주도성의 불씨를 지킵니다. "솔직히 말하면 안 힘든 건 없고요… 그럼에도 이 일을 하는 건, 내가 좋아서 이 일을 하는 거고." 이 말에는 외부의 조건이나 평가에 흔들리지 않는 단단한 내적 동기가 담겨 있습니다. 모든 일이 즐거울 수만은 없지만, 그 일의 핵심에 내가 진정으로 좋아하는 요소, 나의 '자기다움'과 깊이 연결된 무언가가 있을 때, 우리는 어려움 앞에서도 쉽게 포기하지 않고 기꺼이 그 일을 계속해 나갈 힘을 얻습니다. 지금 하고 있는 일에서 내가 가장 즐거움을 느끼는 순간은 언제인가요? 어떤 부분을 할 때 시간 가는 줄 모르고 몰입하나요? 그 핵심 동기가 바로 나의 '자기다움'과 연결된 지점일 가능성이 큽니다. 이 '진짜 이유'를 잊지 않고 마음에 새길 때, 우리는 힘든 상황에서도 주도성을 잃지 않고 자신만의 방식으로 문제를 해결하며 앞으로 나아갈 수 있습니다.

백상예술대상의 '엔딩 크레딧' 무대는 결국 '자기다움'을 가진 개인들이 각자의 자리에서 자신의 일에 의미를 부여하고, 서로 연결되어 있으며, 그 가치를 인정받을 때, 얼마나 강력한 '주도성'을 발휘하며 아름다운 세상을 만들어갈 수 있는지를 보여준 감동적인 사례였습니다. 우리 각자의 삶과 일터에서도 이러한 선순환이 일어날 수 있다면, 세상은 지금보다 조금 더 좋아지지 않을까요?

Bridge

'자기다움'에서 '우리다움'으로 : 고유성에서 공존으로 흐르기 시작할 때

우리는 지금까지 조직 안에서 각자의 '자기다움'을 찾고 회복하는 여정에 대해 함께 이야기 나누었습니다. 잊고 지냈던 내 안의 감정을 세심하게 들여다보고, 나만의 고유한 삶의 리듬을 발견하며, 가장 나다운 방식으로 일에 의미를 부여하고, 그 속에서 어떻게 진정한 주도성이 꽃피어나는지 그 과정들을 하나하나 살펴보았죠.

하지만 우리의 이야기는 여기서 멈추지 않습니다. 진짜 의미 있는 변화는, 그렇게 애써 찾은 각자의 '자기다움'이 서로에게 흘러들어가 건강한 '우리다움'으로 이어질 때, 비로소 조직 전체를 움직이는 더 깊고 큰 물결로 전환되기 때문입니다.

'자기다움'의 여정을 마무리하고 '우리다움'의 세계로 나아가기에 앞서, 어떻게 한 사람의 온전한 '자기다움'이 건강한 '우리다움'의 가장 중요한 첫걸음이 되는지, 그 연결의 과정을 함께 그려보았으면 좋겠습니다.

이제 여러분도 "'자기다움'을 발휘하는 모습'이 이전보다는 조금 더 선명하게 그려지실 텐데요. '자기다움'을 회복한다는 것은, 곧 나를 둘러싼 건강한 '자기 경계'가 명확해졌다는 뜻이기도 합니다. 내가 어떤 사람인지, 무엇에 기뻐하고 무엇에 불편함을 느끼는지, 어떤 말에 상처받고 어떤 가치에 마음이 움직이는지를 아는 사람은, 더 이상 자신을 지키기 위해 불필요하게 날을 세우거나 방어적인 태도를 취할 필요가 없습니다. 오히려 자신의 내면이 안전하다고 느끼기에, 타인을 더 너그럽고 편안하게 받아들일 준비가 되어 있죠.

그래서 진정한 '자기다움'은 '타인과의 연결을 위한 준비 상태'로 이해할 수 있습니다. 한번 생각해보세요. 우리가 겪는 관계 갈등 중 상당수는 사실 '저 사람의 문제'라기보다, '나 자신의 불분명함'에서 비롯될 때가 많습니다.

'나는 지금 이 상황이 왜 이렇게 불편한 걸까?'

'저 사람의 어떤 말이나 행동이 내 마음의 어떤 부분을 건드렸을까?'

이 질문에 스스로 답을 찾지 못하면, 우리는 그저 상대방을 탓하거나, 혹은 아무 말도 못 하고 속으로만 끙끙 앓으며 침묵하게 됩니다. 그리고 안타깝게도 그 침묵은 종종 오해를 낳고 관계의 단절로 이어지곤 하죠. 스스로를 소중히 돌보고 존중할 줄 아는 사람만이 타인의 어려움을 진심으로 돌볼 수

Bridge

있고, 자신 안의 기준이 명확한 사람만이 타인의 다른 방식을 함부로 재단하지 않고 존중할 수 있습니다. 이처럼 '자기다움'에서 출발한 단단한 감각은, 나와 다른 생각이나 방식을 더 이상 위협이 아닌 새로운 가능성, 혹은 건강한 자극으로 받아들이는 넉넉한 힘을 길러줍니다.

이러한 단단한 자기 인식은 우리가 관계를 맺는 방식, 특히 소통의 방식을 근본적으로 바꾸어 놓습니다. '자기다움'이 회복된 사람은 자신의 감정을 알아차릴 수 있고, 그 감정이 어디에서 시작되었는지 찬찬히 들여다볼 줄 압니다. 그래서 더 이상 감정적으로 반응하거나 침묵하는 대신, 자신의 상태를 진솔하게 설명하고 서로를 이해하기 위한 연결의 시도를 할 수 있게 되죠.

"아까 그 말씀은 제게는 이런 의미로 들려서 조금 당황스러웠어요."

"팀장님, 그 방식도 일리가 있지만,
제게는 조금 익숙하지 않아서 그런데,
혹시 이런 부분은 어떻게 생각하시는지요?"

"오늘 회의 진행 속도가
제 생각의 리듬보다는 조금 빠르게 느껴져서 그런데,
혹시 이 부분만 다시 한번 짚어주실 수 있을까요?"

이런 말들은 잘잘못을 따지거나 상대를 공격하려는 것이 아니라, 오히려 서로를 더 깊이 이해할 수 있는 대화의 장을 열어주는 존중의 언어입니다.

나아가, '자기다움'을 실천해본 사람은 타인에게도 그 소중한 감각을 기꺼이 허락할 수 있게 됩니다. 마치 내가 존중받고 싶듯이, 상대방도 그럴 것이라는 자연스러운 이해가 생기는 것이죠. 그래서

"이런 방식에 대해서는 어떻게 생각하세요?
혹시 더 편한 방법이 있으신가요?"

"방금 그 상황에서 어떤 감정을 느끼셨는지 여쭤봐도 될까요?"

이처럼 상대방의 '자기다움'을 궁금해하고 존중하는 질문을 건넬 수 있는 마음의 여유가 생깁니다. 이렇게 한 사람, 한 사람의 '자기다움'에서 시작된 자기 존중의 경험은, 점차 조직 전체에 스며들어 서로를 존중하는 건강한 문화로 확장되어 갑니다.

조직은 결국 보이지 않는 수많은 관계로 엮인 공간입니다. 한 사람이 아무리 탁월한 감각을 가지고 있어도, 그것이 동료들과 제대로 연결되지 못하고 공유되지 않는다면 변화는 제한적일 수밖에 없겠죠. 그래서 우리는 반드시 '자기다움'에서 출발하여 '우리다움'의 길로 나아가야 합니다.

Bridge

 '우리다움'이란, 모두가 똑같은 생각, 똑같은 방식으로 획일화되는 것이 결코 아닙니다. 오히려 각자의 고유한 색깔과 다름이 서로 부딪혀 깨지는 것이 아니라, 아름다운 모자이크처럼 조화롭게 어우러지는 상태를 의미합니다. 그것은 갈등이 완전히 사라졌다는 뜻이 아니라, 갈등을 두려워하거나 피하지 않고 서로의 입장을 조율하며 함께 해결해 나갈 수 있다는 건강한 능력을 갖추게 되었다는 뜻입니다. 다시 말해, '자기다움'을 충분히 경험하고 내면의 중심을 잡은 사람은 이제 타인과의 관계 속에서 발생하는 여러 가지 복잡한 문제들을 지혜롭게 다룰 수 있는 '관계를 조율할 수 있는 성숙한 자아'로 한 뼘 더 성장해 있는 상태라고 할 수 있습니다.

 조직 안에서 협업의 어려움은 종종 서로의 일하는 속도와 방향이 다를 때 찾아오지요. 이때 중요한 것은 속도를 억지로 통일하는 것이 아니라, 서로의 리듬을 인식하고 존중하는 감각일 겁니다. '자기다움'이 회복된 사람은 자신의 리듬을 잘 알고 있기 때문에, 타인의 리듬에 함부로 휩쓸리지 않으면서도 그것과 건강하게 충돌하고 조율할 수 있는 접점을 찾아낼 수 있습니다. 바로 그 접점에서 우리는 진짜 시너지를 발견하게 됩니다. 서로 다른 속도와 방식이 만나 또 다른 해결책을 만들고, 혼자였다면 떠올릴 수 없었던 관점이 등장하며, 마침내 팀 전체를 위한 유연하고도 효과적인 공동의 리듬이 만들어지기 시작하는 거죠. 이것이 바로 '자기다움'에서 '우리다움'으로 자연스럽게 넘어가면서 경험하게 되는 놀라운 확장입니다.

궁극적으로, '우리다움'은 단순히 협업의 효율성이 높아지거나 동료애가 돈독해지는 것만을 의미하지 않습니다. 그것은 '우리가 이곳에서 함께 의미 있는 성장을 경험하고 있다'는 감각을 공유하는 상태입니다. 각자가 '자기다움'을 기반으로 일하면서도, 그 노력과 성과가 서로에게 긍정적으로 연결되고, 서로가 서로의 변화에 좋은 영향을 주고받는 살아있는 관계. 그때 우리는 비로소 조직 안에서 '함께 존재하는 이유와 의미'를 가슴 깊이 느끼게 됩니다. 조직이 단지 월급을 받기 위해 출퇴근하는 공간을 넘어서, 나의 삶이 펼쳐지는 공간, 나의 성장을 위해 오랫동안 머무르고 싶은 공간이 되려면 이 감각이 반드시 필요합니다.

우리가 지금까지 '자기다움'에 대해 이렇게 길게 이야기 나눈 이유는, 그것이 결국 '우리다움'이라는 더 크고 풍요로운 가능성으로 우리를 안내하기 때문입니다. '자기다움'은 결코 개인의 울타리 안에서 홀로 완성되는 것이 아닙니다. 그것은 더 넓은 세상, 더 깊은 관계로 나아가기 위한 가장 중요한 출발점이며, 우리가 몸담고 있는 조직이라는 공동체를 건강하고 지속 가능하게 만드는 필수 조건이죠.

이제 Part 2에서는 이 '우리다움'에 대해 본격적으로 이야기 나누려 합니다. 이것은 단순히 팀워크를 향상시키는 방법이나 협업 스킬에 관한 이야기가 아닙니다. 함께 일하는 사람들 간의 관계와 구조에 대한 이야기지요. 이전까지 우리는 '좋은 성과를 내기 위해서는 좋은 관계가 선행되어야 한다'고 말했

Bridge

죠. 하지만 이제는 한 걸음 더 나아가, '관계의 질 그 자체가 바로 성과의 지속 가능성을 결정짓는 핵심 요소'라고 말할 수 있습니다.

자, 이제 '자기다움'이 건강하게 확장되는 장면을 함께 그려볼까요? 각자의 자리에서 '나답게' 존재하는 사람들이 어떻게 함께 일하고, 어떻게 다르게 연결되며, 어떻게 일터에서 같이 살아갈 수 있을지를 이야기해보려 합니다. 바로, '자기다움'과 '우리다움'이 공명하는 연결의 구조를 통해서 말이죠.

자신의 내면을 들여다보며 '자기다움'을 깊이있게 고민해본 사람만이, 비로소 타인과 진정한 연결을 시작할 수 있습니다. 그리고 그 긴밀한 연결 안에서 우리는 서로를 더 깊이 이해하고, 즐겁게 함께 일하며, 진솔한 대화 속에서 더 섬세하게 '자기다움'을 발견하게 될 겁니다. 나무 한 그루가 건강한 숲안에서 가장 울창하게 자라나고, 훌륭한 숲은 각기 다른 나무들이 모여 비로소 완성되듯이, '우리다움'안에서 '자기다움'이 발견되고 '자기다움'에서 '우리다움'이 시작되는 법이니까요. 이 소중한 감각이 단지 우리의 일터를 바꾸는 데서 그치지 않고, 결국 우리의 삶 전체를 더욱 풍요롭고 의미 있게 변화시킬 수 있다고 굳게 믿습니다.

우리다움

: 경쟁보다 신뢰, 속도보다 감각이 중심이 되는 구조

Part 2.

이따금 우리 모두가 겪는 퇴행은 보다 충만한 삶을 살라는,
위험을 무릅쓰고 자기 자신이 되라는,
우리의 다름이 우리의 공동체에 더하는 선물을 받아들이라는
우리에게 온 소환장을 폐기하는 것이다.

― 제임스 홀리스(James Hollis)

시대의 변화, 왜 '우리다움'인가

> **Story Box**
>
> **연결되어 있지만 연결되어 있지 않은 시대**
>
> 퇴근길, 카페에 들러 노트북을 켰다.
>
> 무심코 팀 슬랙 채널을 열자, 업무 메시지가 빗발치듯 쌓여 있었다. 누군가는 다음 주 일정 조율을 하고 있었고, 누군가는 새로운 프로젝트 관련 문서를 노션에 업데이트해두었다는 알림을 남겼다. 줌 회의 초대장도 몇 개 더 와 있었다. 연결되어 있다는 사실은 명백했다. 대화창은 끊임없이 깜빡였고, 공유 폴더는 실시간으로 갱신되고 있었다.
>
> 그런데 이상했다. 메시지는 쉼 없이 오가는데, 그 안에 '내가 말하고 있다'는 감각은 전혀 없었다. 답장도 달리고, 이모지도 눌리고, 파일도 주고받지만, 누구 하나 내 이야기를 '진짜 듣고 있다'는 느낌은 들지 않

았다. 팀 노션 페이지에 올린 의견에는 '확인했습니다'라는 짧은 댓글만 남겨졌고, 슬랙에서는 각자의 할 일만 정리된 채 대화는 흐르지 않았다.

줌 회의 중에도 비슷했다.

"다른 의견 있으신가요?"라는 질문에, 정적을 깨는 건 늘 "없습니다" 한마디.

누구도 반박하지 않고, 누구도 동의하지 않는 회의. 다 끝나고 나서도, 나는 과연 누구와 무엇을 공유했는지 알 수 없었다. 우리는 하루에도 수십 번 대화하고 공유하고 회의하지만, 정작 누군가와 정서적으로 연결되었다고 느끼는 순간은 점점 사라지고 있었다. 말은 하는데, 듣는 사람이 없다. 함께 일하고 있는데, 공감의 감각은 어디에도 없.

이런 감정은 그저 '내가 예민해서' 생긴 것이 아니었다. 지금 이 시대는 개인의 자유와 자율성은 존중되지만, 관계의 감각은 점점 둔해지는 시대다. '연결됨'이라는 단어는 기술적으로는 충만하지만, 정서적으로는 점점 말라가고 있는 시대.

슬랙에 표시된 '활동 중' 초록 불빛처럼, 우리는 서로 존재를 확인할 수는 있지만, 서로의 마음에 닿을 수는 없는 채 흘러가고 있었다.

우리는 더 이상 '같이 있음'만으로 만족하지 않는다.
이제는 '어떻게 함께 있을 것인가'가 중요한 질문이다.
'우리다움'은 그 질문에 대한 일상의 답을 찾아가는 과정이다.

> 조직은 '같이 있는 사람들'을 관리하는 곳이 아니라
> '서로 연결되어 있는 감각'을 설계하는 곳이 되어야 한다.

    우리는 지금, 그 어느 때보다 '개인'이라는 단어가 가장 활발하게 강조되는 시대를 살고 있습니다. 서점가에는 '나'를 찾는 여정에 대한 책들이 넘쳐나고, 소셜 미디어에는 각자의 개성을 한껏 드러내는 콘텐츠들이 매일같이 쏟아집니다. 자기 결정, 자기 표현, 자기 돌봄이라는 키워드는 더 이상 낯선 구호가 아니라, 이 시대를 살아가는 우리 모두의 기본적인 생존 전략이자 삶의 방식으로 자리 잡았습니다. '자기다움'이 이토록 강조되는 흐름 속에서, 당연하게도 우리가 몸담고 있는 조직에서도 개인의 자율성과 고유성을 존중하는 문화가 점점 더 중요해지고 있습니다.

 그런데 참 아이러니하게도, 이처럼 개인이 그 어느 때보다 중요해진 시대에 우리는 동시에 전례 없는 관계의 단절이라는 깊은 외로움 또한 경험하고 있습니다. 한번 생각해볼까요? 아침에 눈을 떠 밤에 잠들 때까지 우리는 수많은 디지털 기기를 통해 세상과 연결되어 있습니다. 업무 시간에는 실시간 메신저와 화상 회의로 쉴 새 없이 소통하고, 퇴근 후에는 SNS를 통해 수백, 수천 명의 친구들과 연결된 듯 보입니다. 하지만 이렇게 물리적인 연결은 그 어느 때보다 쉬워졌음에도 불구하고,

마음과 마음이 이어지는 정서적 연결은 오히려 점점 더 희미해지고 있는 것은 아닐까요?

위 이야기 상자에서의 상황처럼 많은 조직이 팀원 간의 깊어지는 거리감, 협업 과정에서의 미묘한 삐걱거림, 한번 생긴 갈등 이후 좀처럼 회복되지 않는 관계로 인해 속앓이를 하고 있습니다. 심지어 같은 공간에 함께 있어도 서로 진정으로 연결되어 있다는 감각을 느끼지 못하는 경우가 늘고 있죠. 이런 시대적 흐름 속에서, 어쩌면 우리가 가장 진지하게 스스로에게 던져야 할 질문은 이것일지도 모릅니다.

> *"지금 이 시대에, 그리고 우리가 속한 조직 안에서*
> *'우리'라는 말은 여전히 유효한 걸까요?*
> *만약 그렇다면,*
> *그 '우리'는 어떤 모습이어야 할까요?"*

과거의 '우리'는 분명 강력한 소속감과 끈끈한 연대의 힘을 발휘했습니다. 마치 한 지붕 아래 모여 사는 대가족처럼, 혹은 같은 목표를 향해 똘똘 뭉친 운동팀처럼, 학교, 회사, 그리고 다양한 공동체 안에서 우리는 '함께' 일하고, '함께' 책임지며, '함께' 성장하는 특별한 감각을 공유했습니다. 점심시간이면 삼삼오오 모여 수다를 떨고, 퇴근 후 회식 자리에서는 어깨동무하며 속 깊은 이야기를 나누던 풍경들이 있었죠. 하지만 동시에 그 시절의 '우리'는 종종 개인에게 보이지 않는 희생과 침묵을 강요하기도 했습니다. 전체의 조화라는 이름 아래 개인의 독특한 색깔이나 다양한 생각들은 쉽게 묵살되었고, '튀는 행동'은 공동체의 암묵적인 질서를 해치는 것으로 여겨지곤 했습니다. 그 결과, 많은 사람들에게 '우리'라는 말은 때로는 따뜻한 울타리이기도 했지만, 동시에 어딘가 불편하고 무거운 그림자를 드리우는 단어가 되기도 했습니다.

그러나 지금 우리가 회복하고자 하는 '우리다움'은 더 이상 과거의 낡은 관성을 답습하는 것이 아닙니다. 그것은 더 이상 위계나 관습에 의해 강요된 수동적인 연대가 아니라, 각자의 '자기다움'을 가진 개인들이 서로의 가치를 알아보고 존중하며 자발적으로 선택하는 능동적인 연결입니다. 모두가 똑같은 목소리를 내야 하는 획일화된 협업이 아니라, 서로의 다른 생각과 방식을 창의적인 에너지로 승화시킬 수 있는 다채로운 공존의 구조를 의미합니다.

'우리다움'은 이제 과거와는 전혀 다른, 새로운 방식으로 재구성되어야 합니다. 개인이 자신의 고유한 '자기다움'을 온전히 지켜내면서도, 동시에 타인과의 관계 안에서 깊이 연결되고 함께 성장할 수 있는 여지를 만들어내는 살아있는 감각. 서로 다른 성격과 리듬, 각기 다른 경험과 언어, 그리고 때로는 상반되는 일하는 방식이 서로 충돌하며 소모되는 것이 아니라, 오히려 서로를 보완하고 풍요롭게 만들며 아름다운 하모니를 이루어낼 수 있는 집단의 문화. 바로 그것이 지금 우리가 간절히 회복하고 새롭게 만들어가야 할 '우리다움'의 핵심입니다.

지난 몇 년간 우리가 겪었던 팬데믹은 일하는 방식 뿐만 아니라, 관계를 맺는 방식까지도 근본적으로 뒤흔들어 놓았습니다. 원격근무가 일상으로 스며들고, 모니터 화면을 통한 온라인 소통이 가장 주요한 협업 수단이 되면서, 동료들과 물리적으로 '함께 있음'이 더 이상 당연하지 않은 시대가 되었죠. 문제는 이러한 변화가 단순히 일하는 공간과 방식의 변화를 넘어, 우리가 그동안 당연하게 여겨왔던 '함께 일한다'는 정서적인 연결고리까지도 약화시켰다는 점입니다.

최근 정치권에서부터 논의되기 시작한 주 4일 또는 주 4.5일 근무제와 같은 움직임 또한 '우리다움'에 대해 더욱 진지하게 고민해야 할 필요성을 강하게 제기하고 있습니다. 단순히 노동 시간을 줄이는 것을 넘어, 이 논의는 우리에게 '어떻게 하면 더 의미 있고 지속 가능하게 함께 일할 수 있을까?'라는 근본적인 질문을 던집니다. 만약 일하는 시간이 줄어든다면, 그 시간 동안 우리는 어떻게 더 깊이 몰입하고, 더 효과적으로 협력하며, 더 건강한 관계를 맺을 수 있을까요? 이전처럼 그저 각자 오랜 시간 자리를 지키며 일하는 방식으로는 이러한 변화에 제대로 응답할 수 없습니다. 오히려 제한된 시간 안에 공동의 목표를 달성하기 위해서는 서로에 대한 깊은 신뢰, 명확한 소통, 그리고 각자의 역할을 존중하며 시너지를 내는 '우리다움'의 힘이 그 어느 때보다 절실해집니다. 주 4일제(혹은 4.5일)가 단순히 '덜 일하는 것'이 아니라 '더 잘 함께 일하는 방식'으로 자리 잡기 위해서는, 결국 조직 안의 관계와 협업의 질을 근본적으로 돌아보는 성찰이 선행되어야 하는 것이죠.

지금 이 시대에 우리에게 절실히 필요한 '우리다움'은 바로 이러한 문제들에 대한 진솔한 응답이어야 합니다. 우리는 다시 서로에게 의미 있는 존재로 연결되어야 하고, 그렇게 안전하게 연결되기 위해서는 각자의 '자기다움'이 존중받으며 서로가 편안하게 기댈 수 있는 관계의 구조가 그 어느 때보다 중요합니다.

건강한 연결을 위한 조직문화로 가꾸어 나가기 위해 이제 조직은 다음과 같은 질문들을 던져야 합니다. 여러분들의 동료들과 함께 이 질문들을 활용하여 솔직한 성찰과 대화를 나누어보시죠.

● ● ● ●

- **우리는 정말 '연결되어 있다'고 느끼는가?**
  - 우리 팀/조직 구성원들은 업무적인 관계를 넘어 서로에게 인간적인 관심과 진정한 연결감을 느끼고 있다고 자신 있게 말할 수 있나요? 아니면 그저 각자의 역할만 수행하는 파편화된 개인들의 느슨한 집합처럼 느껴지나요?
  - 새로운 구성원이 합류했을 때, 그가 빠르게 팀에 소속감을 느끼고 동료들과 편안하게 어울릴 수 있도록 돕는 실질적인 과정이나 문화가 존재하나요? (예: 형식적인 온보딩을 넘어, 진심으로 환영하고 적응을 돕는 버디 제도나 비공식적 네트워킹 기회 등)

- **이 팀 안에서 나는 '안전하게 말할 수 있다'고 느끼는가?**
  - 구성원들은 자신의 솔직한 의견, 때로는 다수의 생각과 다른 비판적인 견해나 새로운 아이디어를 제안했을 때, 그것이 불이익 없이 안전하게 받아들여지고 진지하게 경청될 것이라는 믿음을 가지고 있나요?
  - 실수나 실패가 발생했을 때, 개인에 대한 비난이나 책임 추궁보다는 그 경험으로부터 함께 배우고 성장하려는 포용적인 분위기가 조성되어 있나요? (실패 사례 공유가 자유롭고, 이를 통해 개선점을 찾는 문화인가요?)

- **동료들과 '함께하는 시간'이 나에게 어떤 의미인가?**
  - 동료들과 함께하는 시간(정규 회의, 프로젝트 협업 과정, 점심시간이나 티타임 같은 비공식적 교류 포함)이 대체로 서로에게 긍정적인 에너지를 주고 성장을 자극하는 경험으로 이어지나요? 아니면 불필요한 감정 소모나 과도한 긴장감을 유발하여 오히려 피로를 더하는 시간으로 여겨지나요?
  - 우리 조직은 다양한 배경과 성향, 일하는 리듬을 가진 구성원들이 각자의 '자기다움'을 존중받으며 조화롭게 어우러질 수 있도록 실질적인 제도나 문화를 갖추고 있나요? (예: 유연 근무제, 다양한 소통 채널, 개인의 업무 스타일 존중 등)

- **어려움 앞에서 우리는 '함께' 문제를 해결하려 하는가?**
  - 갈등이나 어려운 문제가 발생했을 때, 특정 개인에게 책임을 묻거나 문제를 회피하기보다 팀 전체가 함께 머리를 맞대고 해결책을 찾으려 노력하며, 그 과정에서 서로에게 힘이 되어주는 공동체적인 자세가 마련되어 있나요?
  - 서로의 다름(의견, 방식, 경험의 차이)을 약점이 아닌 강점으로 인식하고, 그 다름이 시너지를 낼 수 있도록 돕는 구체적인 소통 방식이나 건설적인 협업의 원칙이 우리 팀과 조직 안에 살아 숨 쉬고 있나요?

· · · ● · ●

우리가 오랫동안 자연스럽게 사용해 온 '우리'라는 말을 이 시대의 언어로 새롭게 다시 써야 할 때가 되었습니다. 팬데믹을 지나오며, 그리고 인공지능(AI)과 같은 기술이 인간의 역할을 재정의하는 시대를 맞이하며, 우리는 그 어느 때보다 '함께'의 가치를 절실히 깨닫고 있기 때문입니다.

'우리다움'은 이제 더 이상 과거의 향수를 자극하는 단순한 동료애나 팀워크만을 의미하는 단어가 아닙니다. 그것은 불확실성과 급격한 변화의 시대를 살아가는 우리 조직이 계속해서 살아 움직이기 위한 가장 근본적인 생존 조건이며, 그 안에서 일하는 한 사람 한 사람이 진정으로 사람답게 존중받으며 머물 수 있는 공간을 만드는 정서적 인프라입니다. 그렇기에 지금 우리는 다시 '우리'를 이야기해야 하고, 그 가치가 어떻게 하면 구호가 아닌 살아있는 현실로 우리 조직 안에 피어날 수 있는지를 함께 진지하게 탐색해야 합니다.

'우리'라는 말이 불편했던 이유

Story Box

'우리'라는 이름의 책임 전가

프로젝트 마감을 앞두고, 예기치 못한 문제로 일정이 크게 지연되었다. 사실 문제의 원인은 리더의 성급한 의사결정 때문이라는 것을 팀원들 모두 암묵적으로 알고 있었다. 다들 침묵 속에서 해결책을 찾느라 분주했다.

그때, 팀장이 회의를 소집하더니 비장한 표정으로 말했다.

"상황이 어렵지만, 이럴 때일수록 우리가 힘을 합쳐야 합니다. 우리 팀이 다 같이 책임감을 가지고, 이번 주말에는 모두 나와서 어떻게든 마무리합시다."

그 말을 듣는 순간, 마음속에서 무언가 '쿵' 하고 내려앉는 기분이었다. '우리'라는 단어는 너무나 쉽게 우리 모두를 하나의 운명 공동체로 묶어버렸다. 리더의 잘못된 판단으로 생긴 문제의 책임이, 어느새 '우리'라는 이름 아래 모든 팀원에게 공평하게 분배되고 있었다.

반대 의견을 내면 팀워크를 해치는 사람이 될 것 같았고, 침묵하면 주말을 고스란히 반납해야 했다. 그 순간, '우리'라는 말은 든든한 연대감이 아니라, 벗어날 수 없는 굴레처럼 느껴졌다.

> 때로는 '우리'라는 말이, 가장 편리한 책임의 울타리가 된다.
> 한 사람의 짐을 모두에게 흩뿌리고,
> 각자의 억울함은 '팀워크'라는 이름 아래 조용히 덮어버린다.
> 진짜 '우리'는 서로를 보호하는 방패가 되지만,
> 가짜 '우리'는 개인을 꼼짝 못 하게 묶는 밧줄이 되기도 한다.
> 그 밧줄 안에서, 우리는 연결된 것이 아니라 갇혀있을 뿐이다.
> 그래서 '우리'라는 단어가 누군가에게는
> 여전히 불편하고 불투명한 말이다.

'우리'라는 단어는 오랫동안 참 따뜻하고 든든한 울타리처럼 여겨져 왔습니다. 공동체, 협력, 상생, 연대… 수많은 긍정적인 가치들이 이 정겨운 말과 함께 우리 곁에 머물렀죠. 하지만 동시에, 어쩌면 지금의 우리는 이 익숙한 단어를 조심스럽게 다시 들여다볼 필요가 있을지도 모르겠습니다. 왜 어떤 사람에게는 '우리'라는 말이 따뜻함보다는 답답함으로, 혹은 편안함보다는 알 수 없는 불편함으로 다가오는 걸까요? 그리고 왜 어떤 조직에서는 '우리 함께'라는 구호가 구성원들의 마음을 하나로 모으기보다, 오히려 깊은 피로감을 먼저 불러일으키는 걸까요?

우리가 기억하는 조직 안에서의 '우리'는, 안타깝게도 종종 누군가의 보이지 않는 희생이나 암묵적인 양보를 전제로 작동되곤 했습니다. 학교에서, 군대에서, 그리고 우리가 몸담았던 많은 회사에서, 우리는 '우리니까 일단 참자', '우리 팀이니까 네가 좀 이해해야지', '우리 전체를 위해서니까 일단 따라와야지'와 같은 말들을 너무도 익숙하게 들어왔습니다. 이러한 말들은 때로는 합리적인 문제 제기나 정당한 개인의 의견을 조직의 이름으로 억누르고, 개별적인 감정이나 생각은 미성숙한 것으로 치부하며 숨기게 만들었습니다. 그리고 그 빈자리에는 종종 집단의 동질성과 일방적인 침묵을 마치 공동체의 미덕처럼 포장하는 힘이 자리 잡곤 했죠.

이번에는 조직 안에서 '우리'라는 말이 이처럼 불편한 감정을 유발하는 이유를 몇 가지 심리학의 이론들과 연결하여 좀 더 깊이 살펴볼까요? 우리가 무심코 사용하는 '우리'라는 말 뒤에는 생각보다 복잡한 개인과 집단의 역학 관계가 숨어있을 수 있습니다.

우선, 사회 정체성 이론(Social Identity Theory)이나 자기 범주화 이론

(Self-Categorization Theory)의 관점에서 보면, 사람들은 자신이 속한 집단, 즉 '내집단(in-group)'과 그렇지 않은 '외집단(out-group)'을 자연스럽게 구분하며, 자신이 속한 '우리'에 대해 긍정적인 정체성을 갖고 싶어 하는 경향이 있습니다. 이때 '우리'라는 말은 이 내집단의 경계를 긋고 소속감을 확인하는 강력한 언어적 장치로 작동하죠.

하지만 바로 이 지점에서 첫 번째 불편함이 시작될 수 있습니다. 예를 들어, 최근 새로운 팀에 합류한 팀원이 있다고 가정해보겠습니다. 팀 회의에서 기존 팀원들이 자신들만의 경험과 추억을 공유하며 "역시 우리는 이럴 때 척하면 척이지!"라며 웃을 때, 새로 합류한 팀원은 아직 그 '우리' 안에 온전히 속하지 못한 듯한 미묘한 소외감을 느낄 수 있지요. 또는, 회사가 '우리는 혁신을 추구하는 진취적인 조직이다!'라고 선언 하지만, 정작 그 신규 팀원이 팀 내에서 경험하는 현실이 보수적이고 변화를 두려워하는 모습이라면 어떨까요? 이때 '우리'라는 말은 마치 개인의 실제 경험이나 가치관과는 다른, 조직이 일방적으로 부여하는 정체성을 강요하는 것처럼 느껴져 마음 한구석이 불편해질 수 있습니다.

더 나아가, '우리'라는 경계 설정은 필연적으로 '그들'이라는 외집단을 만들어냅니다. 만약 조직 내 여러 부서가 한정된 예산이나 자원을 두고 경쟁하는 상황이라면, '우리 부서의 성과가 가장 중요하다!'는 구호는 다른 팀에 대한 배타적인 감정을 조장할 수도 있습니다. 이처럼 '우리'라는 말은 때로는 다양한 개개인의 특성을 과도하게 일반화하여 하나의 덩어리로 묶어버리고, 그 안에 속하지 못하거나 속하고 싶지 않은 개인에게는 오히려 배제와 거리감을 느끼게 만드는 원인이 되기도 합니다.

다음으로 비판 이론(Critical Theory)의 시각에서 '우리'를 들여다보면, 언어 사용에 미묘하게 스며있는 권력 관계를 발견할 수 있습니다. '우리'라는 표현 역시 특정 집단의 이해관계나 암묵적인 규칙을 강화하고 유지하는 도구로 사용될 수 있다는 것이죠.

가령, 회사의 중요한 의사결정 과정에서 팀장이 충분한 논의 없이

"자, 우리 모두 심사숙고해서 내린 결정이니, 이제부터 우리는 이 방향으로 한마음 한뜻으로 나아갑시다!"

라고 선언한다고 해보죠. 만약 그 결정 과정에서 팀원들의 의견이 충분히 반영되지 않았거나, 일부 팀원은 여전히 다른 생각을 가지고 있다면 어떨까요? 이때 팀장이 사용하는 '우리'는 팀 전체의 합의된 목소리라기보다는, 리더십이나 주류 집단의 의견을 전체의 의견인 것처럼 포장하고 암묵적으로 동의를 강요하는 압력으로 작용할 수 있습니다.

"우리 모두 이렇게 생각하는데, 혹시 다른 의견 있는 사람?"

이라는 말만큼 반론을 어렵게 만드는 질문도 없을 겁니다.

또한, 때로는 '우리'라는 말이 책임의 소재를 모호하게 만들거나 특정

개인에게 불합리한 희생을 강요하는 방식으로 사용되기도 합니다. 프로젝트에 문제가 생겼을 때, "이건 우리 모두의 책임입니다"라는 말은 언뜻 함께 책임을 지는 것처럼 보이지만, 실제로는 누구도 명확히 책임지지 않는 결과로 이어지거나, 반대로

"우리가 다 같이 고생했는데, 이번 일은 A대리가 좀 더 신경 써서 마무리해주면 좋겠어. 우리 팀을 위해서 말이야."

라는 식으로 특정 개인에게 부담을 전가하는 형태로 나타날 수도 있습니다. 이러한 상황에서 개인은 '우리'라는 이름으로 부당함을 감수해야 하는 상황에 놓여 불편함을 느끼게 됩니다.

마지막으로, 때로는 '우리'라는 강한 결속감이 오히려 건강한 판단을 흐리게 만드는 집단사고(Groupthink)의 함정으로 이어질 수도 있습니다. 집단사고란, 응집력이 매우 높은 집단에서 구성원들이 만장일치에 대한 압력을 강하게 느껴 비판적인 사고나 다양한 대안 모색을 제대로 하지 못하는 현상을 말합니다.

예를 들어, 매우 성공적인 프로젝트를 여러 번 함께 해오며 끈끈한 유대감을 자랑하는 팀이 있다고 가정해봅시다. 이들은 스스로를 '우리는 환상의 팀이야!'라고 생각하며 강한 자부심을 느낍니다. 그런데 새로운 프로젝트를 진행하면서 몇몇 팀원이 잠재적인 위험 요소를 발견했지만, 팀 전체의 긍정적이고 낙관적인 분위기에 휩쓸려, 또는 우리 팀의 완

벽한 흐름을 깨고 싶지 않아서 그 문제를 제기하기를 주저하게 됩니다.

"우리 모두 당연히 이 프로젝트 성공할 거라고 믿죠? 혹시 다른 생각 있는 사람 없죠?"

라는 리더의 말에 아무도 이의를 제기하지 못하고 침묵하는 순간, '우리'는 더 이상 지혜로운 집단이 아니라 위험한 착각에 빠진 집단이 될 수 있습니다. 이처럼 '우리'라는 이름으로 다른 의견이나 비판적인 시각이 묵살되거나 부정적으로 치부될 때, 개인은 자신의 생각을 자유롭게 표현하는 데 깊은 주저함과 불편함을 경험할 수밖에 없습니다.

이처럼 다양한 이론들이 지적하듯, '우리'라는 이름이 때로는 개인의 목소리를 억누르고 불편함을 야기할 수 있는데요. 특히, 이러한 불편함은 조직 내 연대가 진정성 없이 강요될 때 더욱 커질 수 있다는 마리-노엘 알베르(Marie-Noëlle Albert)와 동료 학자들의 연구 결과도 주목할 필요가 있습니다. 그들은 조직 내 연대는 결코 강요될 수 없음을 강조하며, 만약 조직이 연대를 강요하거나 허울뿐인 통일문화를 만들려고 시도한다면 이는 구성원들의 '조롱(derision)'으로 이어질 수 있으며, 사람들은 자신이 마치 하나의 대상(object)처럼 취급받는다고 느끼게 될 수 있다고 지적합니다. 연대성을 강요하거나 도구화하려는 시도는 오히려 구성원들의 반감과 냉소를 불러일으킬 수 있음을 경고하는 것이죠.

조직에서 '우리'라는 말이 불편함이나 피로감을 유발한다면, 이는 아마도 진정한 연대가 아닌 강요된 소속감이나 획일성을 강조하는 분위기 때문일 가능성이 높습니다. 이러한 분위기에서는 개인의 고유한 목소리나 관점이 경청되고 가치 있게 여겨지지 않으며, 소수의 그룹 구성원들은 의사결정 과정에서 배제되고 있다고 느낄 수 있지요. 조직 내에서 '우리'라는 말이 긍정적인 소속감을 넘어 불편함이나 압박으로 다가온다면, 이는 개인이 그룹의 일원으로서 느끼는 소속감과 동시에 자신의 고유함을 인정받고 존중받는다는 인식이 부족하기 때문일 수 있다는 겁니다. 결론적으로, 조직에서 '우리'라는 말이 진정으로 긍정적인 힘을 갖기 위해서는 그 기반이 되는 연대성이 반드시 자발적이고 진정성 있는 토대 위에서 구축되어야 합니다.

'우리'라는 단어는 어떻게 사용되느냐에 따라 우리에게 묘한 책임감과 부담감을 불러일으키곤 합니다. 내가 명시적으로 동의하지 않았음에도 불구하고 이미 그 '우리'라는 범주 안에 당연하게 포함되어 어딘가로 함께 끌려 들어가야 할 것 같은 감각, 나만 여기서 빠지면 안 될 것 같은 미묘한 죄책감, 혹시라도 다른 의견을 제시했다가 이기적이거나 협조적이지 않은 사람으로 보일까 걱정되는 조용한 긴장감 같은 것들이죠. 이 모든 복잡한 감각들이 '우리'라는 말의 무게를 더할 때, 사람들은 그 단어를 더 이상 반갑게 맞이하기 어렵게 됩니다.

결국, 이 모든 불편함의 근원은 '우리'라는 이름이 개인의 '자기다움'을 존중하고 포용하기보다, 오히려 그것을 억누르거나 특정한 틀에 가두려 할 때 발생합니다. 우리가 진정으로 회복해야 할 '우리다움'은 바로 이러한 함정들을 경계하며, 각자의 고유성이 안전하게 숨 쉴 수 있는 건강한 공동체를 향한 약속이어야 합니다.

관계의 온도는
어떻게 만들어지는가

Story Box

책상 위에 놓여 있던 작은 환영 카드

새로운 회사로 첫 출근을 하던 날, 지우는 밤새 뒤척였다. 새로운 사람들, 낯선 환경, 그리고 앞으로 잘해내야 한다는 부담감에 마음이 무거웠다. 그녀는 어색한 침묵과 형식적인 인사만이 오가는 딱딱한 첫날을 각오하며 사무실 문을 열었다.

그런데 자신의 자리에 놓인 작은 화분과 그 옆의 손 글씨 카드가 눈에 들어왔다.

"지우님, 우리 팀의 새로운 가족이 되신 것을 진심으로 환영합니다! 함께 즐겁게 일해요. - OO팀 드림"

카드 뒷면에는 팀원 각자의 짧은 환영 메시지와 함께, '점심 맛집 리스트'나 '사내 카페 꿀팁' 같은 소소한 정보들이 적혀 있었다. 잠시 후 팀장은 그녀를 각 팀원에게 소개해 주며, 역할뿐 아니라 "이분은 우리 팀의 자타공인 커피 전문가예요"처럼 각자의 개성을 함께 알려주었다.

그날, 지우는 기술적인 인수인계보다 더 중요한 것을 배웠다. 바로 이 팀이 새로운 사람을 어떻게 맞이하는지에 대한 방식, 즉 이 조직의 따뜻한 '관계의 온도'였다. 거창한 환영식은 아니었지만, 그 작은 환대의 제스처 하나가 그녀의 얼어붙었던 마음을 녹이고, '이곳에서라면 나도 기꺼이 우리가 될 수 있겠다'는 안도감을 주기에 충분했다.

우리는 효율적인 시스템으로 '함께 일할' 수는 있지만,
서로를 향한 진심 어린 환대의 온기로 비로소 '우리'가 된다.
낯선 환경에 대한 한 사람의 불안감을 줄여주는 작은 배려는,
그가 가진 역량을 온전히 발휘하기까지의 탐색 비용과 시간을
가장 효과적으로 단축시키는 현명한 투자이기도 하다.
결국, 조직의 성과는 시스템의 효율만으로 결정되지 않는다.
사람의 마음이 얼마나 빠르게 연결되고
서로 신뢰를 쌓느냐에 달려있다.

*"우리 가족, 요즘 대화가 너무 없어.
집안 공기가 싸늘해."*

*"오랜만에 만난 친구들인데,
예전 같지 않게 어색한 긴장감만 흘렀어."*

*"이 카페는 들어서자마자 마음이 편안해져.
뭔가 따뜻한 기운이 있는 것 같아."*

이런 말들은 우리가 일상에서 관계의 온도를 얼마나 민감하게 느끼며 살아가는지를 보여줍니다. 우리가 어떤 공간에 들어섰을 때, 혹은 누군가와 처음 대화를 시작할 때, 말로 설명하긴 어렵지만 즉각적으로 느껴지는 '분위기'라는 것이 있죠. 어떤 모임은 처음인데도 왠지 모르게 마음이 편안해지고 이야기가 술술 나오는가 하면, 어떤 자리는 가시방석처럼 불편하고 숨 막히는 긴장감만 감돌기도 합니다. 이처럼 사람과 사람 사이, 그리고 우리가 속한 공동체 안에는 눈에 보이지 않지만 분명히 존재하는 '관계의 온도'가 있습니다.

조직 역시 마찬가지입니다.

"우리 회사, 분위기가 좀 차가워요."

"요즘 팀 안에 이유 모를 미묘한 긴장감이 흐르는 것 같아요."

"분명 일은 잘 돌아가고 있는데, 이상하게 마음은 불편해요."

이 모든 것은 관계의 온도가 낮다는 명백한 신호이지요. 조직은 결코 서류나 시스템만으로 살아 움직이지 않습니다. 아무리 정확한 지시와 빠른 의사결정, 깔끔하게 정리된 문서와 객관적인 수치들이 넘쳐난다 해도, 그것만으로는 조직 구성원들의 마음을 따뜻하게 데우고 자발적인 에너지를 끌어내는 데 한계가 있습니다. 오히려 차가운 효율성만이 강조될 때 조직의 체온은 점점 더 내려가기도 하죠. 겉으로는 큰 문제가 없어 보이고, 각자 맡은 일은 차질 없이 진행되는 것처럼 보일지라도, 그 차가운 공기 속에서는 누군가의 평범한 한마디가 쉽게 날카로운 상처가 되기도 하고, 팀 안에서 꼭 필요한 대화가 점점 줄어들며, 각자 정해진 역할 이상은 굳이 하려 하지 않는 소극적인 태도가 은연중에 번져 나가기도 합니다.

반대로, 관계의 온도가 따뜻한 조직은 어떤가요? 그곳에서는 피드백을 주고받는 과정이 한결 부드럽고 덜 날카로우며, 때로는 회의 중 찾아오는 침묵 속에서도 서로에 대한 어색함이나 불안함 대신 보이지 않는 연결감을 느낄 수 있습니다. 이처럼 관계의 온도는 눈에 보이지 않는 공기와 같지만, 그 공간에 속한 모든 사람이 매일 아침 그 문을 열고 들어서는 순간부터 가장 먼저, 그리고 가장 민감하게 체감하는 중요한 감각입니다.

그렇다면 이 관계의 온도는 무엇으로 만들어질까요? 놀랍게도 그것은 아주 작은 말투와 눈빛, 그리고 사소한 반응 하나하나가 모여 만들어집니다. '말은 존재의 집'이라는 표현처럼, 말에는 무게와 온도가 있죠. 같은 내용의 말이라도 그것을 어떻게 표현하느냐에 따라 우리가 느끼는 온도는 완전히 달라지곤 합니다.

"그건 아니죠. 다시 검토하세요."

vs

"네, 그럴 수도 있겠네요.
다만 이 부분은 이런 관점에서 한번 더 생각해보면 어떨까요?"

"결국 그게 문제라는 거잖아요."

vs

"아, 그 부분 때문에 어려움이 있으셨군요.
함께 다른 해결책을 고민해봐야 할 것 같아요."

"이거 빨리 좀 처리해주세요."

vs

"혹시 시간이 좀 촉박하게 느껴지실 수도 있는데,
제가 어떻게 도와드리면

이 일을 좀 더 수월하게 진행할 수 있을까요?"

 이처럼 우리가 사용하는 언어와 비언어적인 표현 방식은, 단순히 정보를 효율적으로 전달하는 것을 넘어 함께하는 사람들 사이의 관계 온도를 결정짓는 핵심적인 역할을 합니다. 우리는 너무나 자주 '사실'과 '논리', '정확성'이라는 날카로운 도구에만 의지한 나머지, 정작 그 말이 전달되는 과정에 담겨야 할 따뜻한 '온도'는 놓치곤 합니다. 사람은 언제나 완벽하게 이성적인 존재가 아니기에, 아무리 논리적으로 옳은 말이라 하더라도 차가운 방식으로 전달된다면 마음의 문을 닫아버릴 뿐입니다. 반대로 말의 온도가 따뜻할 때, 비로소 사람은 마음을 열고 진심으로 들으며, 함께 반응하고 움직이기 시작하는 것이죠.

 '무반응' 역시 강력한 메시지를 전달하는 하나의 반응입니다. 조직 내에서 우리가 흔히 마주치는 무반응, 무표정, 무관심은 단순히 몇몇 개인의 내향적인 성격 문제로 치부할 수 없습니다. 그것은 그룹 전체의 온도가 차갑게 내려간 결과일 수 있습니다. 내가 용기 내어 의견을 말해도 아무런 반응이 없고, 새로운 아이디어를 제안해도 그에 대한 어떤 이야기도 돌아오지 않는 조직에서는, 사람들도 점점 더 자신의 존재감을 감추며 '침묵'을 선택합니다. 마치 친구에게 정성껏 쓴 편지를 보냈는데 아무런 답장이 없을 때 느끼는 서운함처럼, 관계에서의 무반응은 우리를 위축시키고 다음 행동을 주저하게 만들죠.

 반응은 결코 거창할 필요가 없습니다. 그저 상대방의 눈을 바라보며 고개를 끄덕여주는 것, "아, 좋은 의견이네요", "그 생각은 미처 못 했는데 새롭네요", "말씀해주셔서 감사합니다"와 같은 짧은 말 한마디가 관계의 온도를 바꾸는 시작점이 될 수 있습니다. 관계는 서로의 반응을 먹고 자랍니다.

조직 안에서 관계의 온도를 가늠하는 가장 결정적인 순간 중 하나는 바로 '피드백'과 '평가'의 시간입니다. 잘못된 행동이나 방향을 바로잡아주는 피드백 자체는 개인과 공동체의 성장에 반드시 필요합니다. 하지만 단순히 피드백의 '방식'을 바꾸는 것만으로 충분할까요? 어쩌면 우리는 '피드백'과 '평가'라는 개념 자체를 근본적으로 다시 생각해야 할지도 모릅니다. 바로 이 지점에서, 경영 사상가 프레데릭 라루(Frederic Laloux)의 통찰은 우리에게 매우 중요한 방향을 제시합니다.

라루는 많은 조직에서 피드백 대화에 생명력이 느껴지지 않는 이유가, 미리 정해진 평가 양식에 따라야 할 뿐만 아니라 토론의 폭이 매우 좁기 때문이라고 지적합니다. 피드백 대화에서 개인들의 자아, 즉 그들의 희망, 꿈, 두려움, 갈망, 인생의 목적과 같은 더 넓은 영역에 대해 서로 물어보기를 소홀히 하기 때문이라는 것이죠. 그러면서 라루는 다음과 같이 주장합니다.

"우리는 마음이 사용하는 언어를 배워야 한다.

우리는 타인들을 가능한 한 객관적으로 평가해야 한다고 들어왔다.
하지만 그것은 비극적인 실수를 저지르는 것이다.
평가는 결코 객관적이 될 수 없다.
그럼에도 불구하고 우리는 종종 객관적으로 평가하고 있다고 믿는다.
우리는 어떤 사람에 대해 갖고 있는 주관적인 인상을
그 사람에 대한 '진리'로 변화시킨다.
그러니 그들이 우리의 피드백에 대해서 저항하는 것은
이상한 게 아니다.
객관적인 거리를 둔 채 우리 자신을 드러내지 않으려 하기보다,
우리는 관여된 상태에 있어야 한다.
타인의 말이나 행동 때문에 우리가 얼마나 영감을 받았는지,
감동을 받았는지, 당황스러웠는지, 상처를 입었는지,
좌절했는지, 분노했는지를 공유하기 위해서는
'나'라는 언어로 말하는 법을 배워야 한다.
그런 피드백은 객관적인 평가가 아니고 함께 탐구하는 것이다.
우리는 종종 타인들이 행한 행동의 영향을
그들이 잘 인식하도록 돕기 위해 우리 자신의 내적 세계를 보여준다.
우리가 자신을 좀 더 많이 개방할수록,
우리가 피드백 해주는 파트너들도 좀 더 많이 개방할 수 있다."

프레데릭 라루의 말처럼, 조직 안에서 피드백 대화가 생명력을 잃고 올바른 행동을 장려하기 위해 설계된 제도가 오히려 개인과 조직을 왜곡시키는 이유는, 어쩌면 우리가 '객관성'이라는 환상에 빠져 대화의 폭을 좁혀버렸기 때문일지도 모릅니다. 한 사람의 역량을 판단하고 평가하는 데 있어서 조직이 가지고 있는 가장 큰 한계는, 그 사람의 입체적이고 전체적인 모습을 바라보려는 노력 없이 목표 달성 여부나 결과물과 같은 지극히 일부의 모습만을 보고 그 사람의 전부를 판단하려는 점이죠.

 그렇다면 우리는 무엇을 할 수 있을까요? 프레데릭 라루는 한 사람의 능력을 종합적으로 이해하기 위한 대안을 제시합니다. 바로 '스냅사진 대신 광각 조망을 선택하는 것'입니다. 일터에서 현재의 역할을 맡은 한 사람을, 그의 인생 전체의 여정, 그가 가진 잠재력, 그가 품고 있는 희망, 그리고 그가 추구하는 소명감과 같은 훨씬 더 넓은 관점에서 바라보라는 것이죠. 이것은 결코 5점 척도로 평가하거나, '평균 이하'나 '기대 이상'과 같은 단순한 꼬리표를 붙일 수 없는 영역입니다. 우리는 평가를 개인화시키고, 그에 대한 각자의 이야기를 요구하며, 성취한 것들을 진심으로 축하하고, 실패 속에 담긴 값진 배움을 함께 탐구할 필요가 있습니다. 라루의 주장대로 이러한 접근 방식은 우리를 일방적인 '주장(평가)'의 방식에서 벗어나, '당신은 스스로 어디로 가고 있다고 보십니까?'라고 묻는 상호적인 탐구의 방식으로 자연스럽게 옮겨가도록 돕습니다.

결국 관계의 온도를 높이는 것은, 기술이나 제도를 넘어 서로를 대하는 우리의 태도와 철학에 달려있습니다. 마지막으로, 우리 조직과 팀의 관계 온도를 다시 한번 점검하고 회복하기 위한 몇 가지 질문을 함께 나눠보고자 합니다.

- 나는 평소 동료의 말이나 의견에 어떤 표정과 말투로 반응하고 있나요? '무반응'으로 상대의 존재를 지우고 있지는 않나요?
- 우리 모임이나 팀은 서로에게 피드백을 어떤 방식으로, 얼마나 자주 주고받고 있나요? 우리의 피드백은 '평가'에 가깝나요, 아니면 '함께하는 탐구'에 가깝나요?
- 우리 사이의 대화 속에서 침묵은 주로 어떤 의미로 받아들여지고 있나요? (불안함인가요, 아니면 존중과 기다림인가요?)
- 우리는 지금, 곁에 있는 사람이 어떤 감정을 느끼고 있는지, 어떤 어려움을 겪고 있는지 서로 충분히 인지하고 헤아리고 있나요?

이 질문들을 우리가 속한 다양한 관계 안에서 용기 내어 함께 던져보고 솔직한 이야기를 나눌 수 있다면, 우리는 분명 그 공간의 공기와 온도를 조금씩 바꾸어 갈 수 있을 겁니다. 목표를 향한 최적의 길을 결정하는 것이 '전략'이라면, 그 여정의 지속 가능성을 결정하는 것은 결국 '관계의 온도'입니다. 좋은 전략은 '이기는 팀'을 만들지만, 좋은 온도는 '떠나고 싶지 않은 팀'을 만듭니다.

관계의 질이
성과의 지속 가능성을 만든다

Story Box

가장 현명한 투자

개발팀에 새로 합류한 나는 의욕이 넘쳤다. 하루라도 빨리 내 실력을 증명하고 싶었지만, 사수인 민수 선배의 온보딩 방식은 조금 이상했다. 그는 기술적인 인수인계보다, 나를 각 팀원에게 데려가 "이분은 우리 팀의 역사를 다 꿰고 있는 분", "이분과는 커피 마시면서 아이디어를 나누면 좋아"라며 사람을 소개해주는 데 더 많은 시간을 썼다.

솔직히 처음엔 조금 답답했다. '지금 당장 코드를 한 줄이라도 더 짜는 게 중요한 거 아닌가?'

그러던 어느 금요일 밤, 갑작스러운 서버 장애로 서비스가 마비되었다. 모두가 허둥지둥하며 원인을 찾지 못해 헤매던 그때, 민수 선배의 말이 떠올랐다. 나는 그의 조언대로, 관련 데이터베이스 구조를 가장 잘 아는 선배에게 곧장 달려가 조언을 구하고, 다른 팀과의 소통에 능한 동료에게는 재빠르게 협조를 요청했다.

덕분에 우리는 최악의 상황을 막고, 몇 시간 만에 서비스를 정상화할 수 있었다. 그날 밤, 나는 깨달았다. 진짜 위기의 순간에 팀을 구하는 것은 한 사람의 뛰어난 코딩 실력만이 아니라는 것을. 누가 무엇을 잘하고, 누구에게 어떻게 도움을 요청해야 하는지를 아는 '관계의 지도'야말로, 팀을 쓰러지지 않게 만드는 가장 강력한 힘이라는 것을.

그 느리고 답답해 보였던 민수 선배의 방식은, 사실 팀의 지속 가능성을 위한 가장 현명한 투자였다.

단기적인 성과는 때로
뛰어난 개인의 힘으로 만들어질 수 있다.
하지만 오래도록 함께 길을 가며
지속적인 성공을 이루는 힘은,
보이지 않는 신뢰와
서로를 향한 따뜻한 관계의 깊이에서 나온다.
진짜 성과는 숫자를 넘어,
다시 함께하고 싶은 마음에서 만들어진다.

우리는 흔히 조직의 자산이라고 하면 눈에 보이는 건물이나 최신 장비 같은 유형 자산, 혹은 브랜드 가치나 독점 기술력 같은 무형 자산을 떠올립니다. 하지만 그 모든 것들을 움직이고 살아있게 만드는, 어쩌면 그보다 더 중요한 자산이 있습니다. 바로 '관계 자산'입니다. 이는 조직 내 구성원들이 서로에 대해 오랜 시간 쌓아 올린 두터운 신뢰, 진심 어린 존중, 그리고 끈끈한 정서적 유대감을 의미합니다.

성과는 단기적으로는 개인의 뛰어난 역량이나 시의적절한 전략, 혹은 자원 배분의 효율성에 의해 좌우될 수 있습니다. 하지만 그 성과가 일회성이 아니라 오랜 시간 지속되기 위해서는, 마치 깊은 땅속에 뿌리내린 나무처럼 보이지 않는 힘이 필요합니다. 바로 조직 내 '관계의 질'이라는 탄탄한 정서적 기반이죠.

두 사람 이상이 만나서 대화를 나누는 장면을 떠올려볼까요? 모든 대화의 장면에서 사람들은 크게 두 가지를 주고 받습니다. 바로 '정보'와 '감정'이죠. 오늘 점심 메뉴에 대한 이야기든, 어젯밤 꿈자리에 대한 이야기든, 혹은 지금 마음속을 휘젓고 있는 어떤 고민거리든, 우리의 대화는 대부분 정보 혹은 감정이라는 범주 안에서 다채롭게 펼쳐집니다. 그런데 여기서 흥미로운 점은, 우리가 이 정보와 감정을 다룰 때 거의 무의식적으로 두 가지 행동 중 하나를 선택한다는 겁니다. 바로 '숨김'과 '노출'이라는 미묘한 줄다리기죠.

먼저 정보적인 측면에서 한번 살펴볼까요? 우리는 어떤 정보는 굳이 다른 사람에게 이야기하지 않고 마음속에 담아두기도 합니다. 예를 들어, 오랜만에 만난 대학 동창이 요즘 어떻게 지내냐고 물었을 때, 사실 최근 회사에서 큰 프로젝트를 맡아 밤낮없이 스트레스를 받고 있지만, 가볍게 웃으며 "응, 그냥 비슷하게 지내. 너는 어때?"라고 대답하는 경우가 그렇죠. 아직은 그 친구에게 내 깊은 속사정까지 다 꺼내놓고 싶지는 않거나, 혹은 그 만남의 분위기를 무겁게 만들고 싶지 않아서 일 수 있습니다. 반대로, 주말에 본 영화에 대한 감상을 나누는 친구들 사이에서는 어떤가요? 주인공의 다음 행동을 예측하며 열을 올리거나, 영화 속 숨겨진 복선에 대해 미주알고주알 늘어놓는 수다쟁이가 되기도 하죠. 내가 가장 좋아하는 취미나 관심사에 대한 이야기를 나눌 때는, 누가 묻지도 않았는데 시간 가는 줄 모르고 신나게 정보를 쏟아내기도 합니다.

감정적인 측면도 이와 비슷합니다. 우리는 어떤 상황에서는, 혹은 어떤 사람들 앞에서는 자신의 진짜 감정을 마치 가면 뒤에 숨기듯 감추고, 사회적으로 기대되는 혹은 그 상황에 '적절해 보이는' 형식적인 처신을 하곤 합니다. 예를 들어, 직장에서 팀 프로젝트가 예상치 못한 문제로 틀어지고 상사로부터 부당하다고 느껴지는 질책을 받았다고 해보죠. 마음속에서는 억울함과 분노가 치밀어 오르지만, 꾹 참고 입술을 깨물며 "네, 알겠습니다. 제 불찰입니다."라고 감정 없이 대답하며 상황을 마무리하려 애쓰는 경우가 있지요. 불편한 감정을 표현했을 때 돌아올지도 모를 부정적인 반응이나 관계의 어려움을 피하고 싶은 마음 때문일 수도 있고, '프로답게' 행동해야 한다는 내면의 압박감 때문일지도 모르겠습니다.

 반면 퇴근 후, 아주 편안하고 가까운 친구들을 만나면 이야기는 완전히 달라집니다. 비로소 무거운 가면을 벗어던지고 숨겨왔던 감정을 솔직하게 풀어놓죠. "오늘 회사에서 정말 말도 안 되는 일이 있었어! 내가 얼마나 황당했는지 알아?"라며 목소리를 높이기도 하고, 때로는 친구의 어깨에 기대어 참았던 눈물을 쏟아내며 위로받기도 합니다. 안전하고 편안하다고 느끼는 관계 안에서 꾸밈없이 내 기분과 감정을 그대로 표현하는 것이죠.

 이처럼 같은 사람이라고 할지라도, 우리가 마주하고 있는 상대방이 누구인지, 그리고 지금 우리가 어떤 관계와 상황 속에 놓여 있는지에 따라서 정보와 감정을 다루는 우리의 선택은 다른 양상으로 작동합니다. 다른말로 하면, 모든 사람은 두 가지 측면의 '자기'를 가지고 살아간다고도 이야기 할 수 있겠네요. 하나는 있는 그대로의 자기, 즉 '자기다움'을 충분히 발휘하는 참된 자기이며, 또 다른 하나는 남에게 보이기 위해 꾸며진 자기, 다시 말해 '자기다움'을 온전히 드러내지 못하는 자기로 말이죠. 이러한 관점에서 어느 연구자들은 인간관계를 '스침'의 관계와 '만남'의 관계로 구분하기도 했습니다.

 '스침'의 인간관계란 각자의 가면을 쓴 채 만나 무의미하게 시간과 에너지를 낭비하는 피상적인 관계를 의미합니다. 타인에게 좋은 평가를 받거나 인정을 얻기 위해 자신의 솔직한 느낌이나 욕구를 억제하거나 숨기고, 진정한 자신의 것이 아닌 모습을 마치 자신의 것인 양 꾸며서 관계를 맺는다면, 그것이 바로 '스침'의 관계라고 할 수 있겠지요. 스침의 관계가 지속되면 서로에게서 거리감을 느끼게 되고 군중 속의 외로움을 경험하게 됩니다. 반면, '만남'의 인간관계는 꾸밈없이 있는 그대로의 나와, 마찬가지로 있는 그대로의 상대방이 서로 진솔하게 만나 상호작용하는 관계를 뜻합니다. 우리가 진정한 '만남'의 관계를 맺고 있는 친구가 깊은 고통을 겪고 있다는 사실을 알게 되면, 우리는 마치 그 아픔이 나의 것처럼 느껴지며 온 마음으로 그 감정에 동참하게 되죠. 이때 나는 더 이상 나의 이기적인 목적을 채우기 위한 수단적인 존재가 아니라, 상대방과 함께 더욱 만족스러운 교감과 연대의 경험을 나누는 진정한 동반자가 되는 겁니다.

연구자들은 우리가 성장 과정에서 다양한 외부 자극과 사회적 반응에 따라, 자신도 모르게 솔직한 감정이나 생각을 숨기고 점차 꾸며진 자기를 만들어간다고 지적합니다. 이러한 과정이 반복되면 나중에는 주객이 전도되어, 여러 모습의 자기 중에서 어떤 것이 진정한 자기인지조차 혼란스러워지는 상태에 이를 수 있다고 경고하지요. 심리학자들은 이러한 현상, 즉, 자신이 누구인지, 무엇을 느끼고 원하는지를 제대로 알지 못하고 자기 자신으로부터 멀어지는 상태를 '자기 소외(self-alienation)'라고 부릅니다.

이러한 개념과 연결하여 철학자 마틴 부버(M. Buber)는 인간관계를 세 가지 유형으로 구분하였습니다. 이번에는 이 세가지 유형에 따라 조직 안에서 일어날 수 있는 손실들을 같이 살펴보죠.

먼저, '그것과 그것의 관계' 입니다. 이 유형의 관계는 조직 구성원들이 서로를 인격적인 존재가 아닌, 단순히 업무를 수행하는 도구나 기능, 혹은 하나의 자원으로만 여기는 무인격적인 상태를 말합니다. 각자의 역할과 기능은 있지만 그 역할 너머의 존재는 없는 것이죠. 이러한 관계가 맺어진 조직에서는 어떤 일들이 일어날까요? 우선, 진실한 대화가 없으니 중요한 맥락이나 잠재적 문제점, 또는 창의적인 아이디어들이 공유되지 못하고 묻히기 쉬울겁니다. 소통은 주로 업무 지시나 결과 보고와 같이 극히 형식적이고 기능적인 내용에만 머물겠죠. 서로의 감정이나 생각, 업무 외적인 삶에 대한 관심은 찾아보기 어렵고, 인간적인 교류가 없으니 조직 차원에서 시장의 흐름이나 트렌드와 같은 최신의 정보를 감지하고 공유하는 능력이 떨어지게 됩니다. 부서나 개인 간에 보이지 않는 벽이 높아지고, 공동의 목표보다는 자신의 역할이나 부서의 이익만을 우선시하는 경향도 나타나지요. 이 유형의 관계에서는 팀원들이 각자 최소한의 역할만 수행하려는 '조용한 퇴사'가 늘어나기도 할 겁니다.

다음은 '나와 그것의 관계' 입니다. 이 관계는 어느 한쪽은 상대방을 인격적으로 대하며 진정한 관계를 맺으려 하지만, 다른 한쪽은 상대방을 수단이나 도구로만 이용하는 불균형한 상태를 의미합니다. 조직 내에서는 리더와 팀원, 혹은 동료 사이에서도 발생할 수가 있는데요. 이러한 관계에서는 어떤 일들이 일어날까요? 먼저, 관계를 도구로 여기는 쪽은 자신의 필요에 따라 정보를 선택적으로 제공하거나 왜곡하며 상대방의 진술한 이야기에는 귀를 기울이지 않겠죠. 따라서 이용당한다고 느끼는 쪽은 점차 마음의 문을 닫고 방어적인 태도를 취하게 되어 결국 진술한 소통이 단절됩니다. 상대방의 호의나 헌신을 당연하게 여기거나 감정적인 지지를 일방적으로 요구하면서 정작 자신은 내어주지 않는 감정적 착취가 발생하여 이용당한다고 느끼는 구성원은 결국 정서적으로 소진되기도 쉽지요. 이러한 결과는 팀 전체의 시너지를 갉아먹고, 협업 자체에 대한 거부감을 갖게 하여 구성원들 사이에 냉소주의와 불신으로 확장되기도 합니다.

 마지막은 '너와 나와의 관계' 입니다. 서로 인격적으로 대우하는 관계로 마음과 마음이 만나는 가장 성숙되고 바람직한 관계입니다. 따라서 이 관계 자체는 손실을 만들지 않으므로, 이러한 관계가 부재할 때 발생할 수 있는 기회비용에 대해서 이야기해보기로 하죠. 스침이 아닌 진정한 '만남'의 관계인 '너와 나와의 관계'가 조직 내에 제대로 형성되어 있지 못하면 어떤 일이 일어날까요? 먼저, 서로에 대한 신뢰와 존중이 없으니 피드백을 공격으로 오해받거나 방어적인 반응을 불러일으키기 쉬워집니다. 그래서 함께 성장하는 피드백 문화가 자리 잡지 못하지요. 작은 오해나 불만이 솔직한 대화를 통해 해소되지 못하고 쌓여서 결국 더 큰 갈등으로 번지거나 관계 단절로 이어질 가능성도 높아집니다. 서로를 향한 관심과 애정이 부족하므로 공식적인 역할을 넘어 서로를 돕고 지지하는 자발적 행동이 나오기 어려울 겁니다. 그리고 각자의 '자기다움'에서 비롯된 다양하고 풍부한 의견들이 자유롭게 개진되고 존중받으며 시너지를 내는 경험이 부족하여, 소위 '집단 지성'을 통한 최적의 의사결정에 이르기도 어렵겠지요. 어려운 상황에 직면했을 때, 서로를 믿고 함께 역경을 헤쳐나가는 끈끈한 연대의 힘 역시 찾기 어려울 겁니다.

결국, 조직이 '그것과 그것의 관계'나 '나와 그것의 관계'를 넘어, 구성원들이 서로를 온전한 인격체로 대하는 '너와 나의 관계'를 풍성하게 만들어갈 때, 비로소 조직은 단순한 이익 집단이 아닌, 함께 성장하고 의미를 창조하는 살아있는 공동체, 즉 진정한 '우리다움'을 실현할 수 있습니다.

조직 안에서 건강한 문화를 만들어간다는 것은 과연 무엇을 의미할까요? 또, 우리가 외부 고객에게 자랑스럽게 약속하는 가치를 내부 구성원들과도 진심으로 공유하며 함께 만들어가는 '인터널브랜딩(Internal Branding)'을 실현한다는 것은 어떤 모습일까요? 나아가, 리더가 잠시 자리를 비우더라도 그의 바람직한 철학과 핵심가치가 팀 안에서 자연스럽게 이어져, 마치 그 리더가 함께 있는 것처럼 동일한 결의 긍정적 리더십이 발휘되는 견고한 팀을 만든다는 것은 또 어떻게 가능할까요?

이 모든 조직 차원에서 일어나는 노력들의 본질은, 결국 구성원들이 서로를 어떻게 대하고 있는지, 즉 서로의 관계를 얼마나 세심하게 살피고 존중하며 가꾸어가는지에 달려있습니다. 다시 말해, 좋은 문화를 만들고, 진정성 있는 인터널브랜딩을 실행하며, 지속 가능한 리더십 구조를 세우려는 그 모든 시도는, 조직 내에 '너와 나의 관계'를 더욱 풍성하게 만들고 그 관계 속에서 서로의 '자기다움'이 안전하게 존중받도록 하려는 의식적인 노력과 다르지 않습니다.

조직의 성과는 단순히 개개인의 역량이나 잘 짜인 전략의 총합만으로 이루어지는 것이 아닙니다. 성과를 '서로를 향한 신뢰와 존중이라는 보이지 않는 연결의 결과'라고 정의를 내려보면 어떨까요? 지금 우리가 조직의 지속 가능한 성장을 위해 가장 먼저, 그리고 가장 정성껏 키워야 할 것은 바로 이 '관계의 힘'입니다.

협업은
역할 분담이 아니다

Story Box

누구도 만족하지 못한 완벽한 분업

신제품 론칭을 위한 콘텐츠 제작 프로젝트는 시작부터 완벽해 보였다. 기획팀은 시장 조사를 바탕으로 탄탄한 시나리오를 썼고, 디자인팀은 그에 맞춰 감각적인 시안을 만들어냈다. 각자의 역할은 명확했고, 정해진 일정에 따라 업무는 다음 팀으로 착착 전달되었다.

문제는 마지막 단계인 영상팀에게 모든 자료가 넘어왔을 때 터졌다. 기획서의 내용은 너무 추상적이어서 실제 영상으로 구현하기 어려웠고, 디자인 시안은 촬영 장비나 조명의 특성을 전혀 고려하지 않아 원하는 느낌을 살릴 수 없었다.

결국 영상팀은 밤을 새워가며 시나리오를 수정하고 디자인을 다시 만져야 했다. 그 과정에서 다른 팀에 수정을 요청했지만, 그들은 "저희 역할은 이미 끝났는데요?"라며 미온적인 반응을 보였다.

프로젝트는 우여곡절 끝에 마무리되었지만, 누구도 웃지 않았다. 영상팀은 "아무도 현장을 모른다"며 불만을 터뜨렸고, 기획팀과 디자인팀은 "우리 의도를 제대로 살리지 못했다"며 아쉬워했다. 우리는 각자의 '일'은 나눴지만, 그 일의 맥락과 최종 목표를 향한 '마음'은 단 한 번도 나누지 않았던 것이다. 그때 처음 깨달았다. 협업이란 일을 나누는 것만으로는 절대 완성되지 않는다는 것을.

진짜 협업이란,
내가 어떻게 일하는지를 서로 묻고,
서로의 강점과 한계를 공유하며,
하나의 목표를 향해 리듬을 맞춰가는 것이다.
그 안엔 분담이 아니라 공존이 있고,
의무가 아니라 관계가 있다.
함께 만든 결과보다 함께했던 감각이 남아야 한다.
일을 나누는 것은 '분업'이고,
일은 물론 마음까지 나누는 것이 '협업'이다.
좋은 협업은 '내 일의 끝'이 아니라,
'다음 동료의 시작'을 함께 생각하는 마음에서 출발한다.

우리가 '협업'이라는 말을 들을 때, 가장 먼저 떠올리는 풍경은 무엇일까요? 아마도 프로젝트 시작 전, 각자의 역할과 범위를 나누고 정리하는 모습 아닐까요? A는 기획 총괄, B는 디자인 시안 작업, C는 개발 및 실행. 마치 잘 짜인 분업 공장처럼, 일의 흐름에 따라 각자의 책임 영역을 나누고 정해진 시간 안에 맡은 일을 깔끔하게 수행해내면 '아, 이번 협업은 성공적이었어!'라고 여기곤 합니다. 하지만 정말 그것만으로 충분할까요? 협업이란 단지 효율적인 역할 분담과 매끄러운 업무 처리 과정만을 의미하는 걸까요?

어쩌면 우리는 협업의 본질을 너무 단순하게 생각하고 있었는지도 모릅니다. 여기서는 '협업'이라는 단어를 단순한 업무 수행 방식을 넘어, 서로 다른 개인이 가진 고유한 감각과 리듬이 살아 숨 쉬며 연결되는 관계의 구조로 새롭게 바라보고자 합니다. 진정한 협업은, 이미 나눠진 일을 각자 처리하는 기계적인 과정을 넘어, 서로의 다름이 불편함이 아닌 풍요로움으로 공존하며 시너지를 만들어내는 창의적인 연결 방식 그 자체이기 때문입니다.

탁월한 협업은 누가 어떤 역할을 맡느냐는 명목상의 구분보다 훨씬 더 깊은 곳에서 시작됩니다. 그것은 바로 함께 일하는 사람들의 서로 다른 일하는 속도, 생각을 펼쳐나가는 방식, 그리고 때로는 말로 표현되지 않는 감정의 고유한 리듬을 섬세하게 알아차리고 존중하며 맞춰가는 과정에서 비롯됩니다. 두 사람이 함께 춤을 추는 장면을 떠올려볼까요? 아무리 각자의 스텝(역할)을 완벽하게 숙지하고 있다 해도, 서로의 호흡과 움직임, 즉 리듬을 느끼고 반응하지 못한다면 그 춤은 삐 걱거리고 어색할 수밖에 없습니다. 한 사람은 열정적인 탱고의 리듬으로 나아가려 하는데, 다른 한 사람은 우아한 왈츠의 스텝을 밟고 있다면 아름다운 하모니를 기대하기 어렵겠죠. 조직 안에서 이런 리듬의 차이는 쉽게 발견됩니다.

어떤 사람은 마치 단거리 선수처럼 빠르게 핵심을 정리하고 결론을 향해 달려가고 싶어 하지만, 어떤 사람은 마라토너처럼 천천히 전체적인 흐름을 관찰하고 주변 풍경을 충분히 음미하며 신중하게 접근합니다. 또 어떤 사람은 영화감독처럼 머릿속에 이미 완성된 그림을 그리고 난 후에야 비로소 입을 열어 설명하고 싶어 하지만, 어떤 사람은 마치 즉흥 연주가처럼 자유롭게 말을 주고받으면서 생각을 점점 더 선명하게 완성해가기도 하죠. 그리고 또 어떤 사람은 갈등이나 불편한 감정이 생겼을 때, 그것을 즉시 수면 위로 드러내 정면으로 마주하며 해결하려 하지만, 어떤 사람은 충분한 시간을 가지고 자신의 내면에서 그 감정을 정서적으로 소화하고 정리한 뒤에야 비로소 차분하게 대화를 시도합니다.

이러한 리듬의 차이를 이해하고 조율하려는 태도 없이 이뤄지는 협업은 결국 '갈등' 혹은 '포기'로 이어지기 쉽습니다. 협업이 단지 일의 효율적인 배분만을 의미한다면, 그것은 협업이라기보다는 그저 '분업'에 더 가깝겠지요.

역할을 나누는 일은 비교적 쉬울 수 있습니다. 하지만 책임을 연결하는 일은 어렵습니다. 진짜 협업은 '내 일이 여기서 끝났습니다'가 아니라, '당신의 일이 잘 되도록 나는 어떤 연결을 도와야 할까'를 서로에게 기꺼이 묻고 함께 고민하는 태도에서 시작됩니다.

예를 들어, 우리가 함께 맛있는 한 끼 식사를 준비하는 상황을 상상해볼까요? 한 명은 장보기, 한 명은 재료 손질, 다른 한 명은 조리를 맡았습니다. 각자의 역할은 분명하죠. 하지만 장을 보는 사람이 '나는 장만 보면 끝이야'라고 생각하고 재료의 신선도나 다른 사람의 요리 계획을 전혀 고려하지 않는다면, 혹은 재료를 손질하는 사람이 다음 사람의 조리 과정을 생각하지 않고 제멋대로 재료를 다듬어 놓는다면, 과연 맛있는 요리가 완성될 수 있을까요? 아마도 중간중간 서로 불평을 터뜨리거나, 결국 누군가 혼자 모든 과정을 다시 떠맡아야 하는 상황이 생길지도 모릅니다.

> *"기획안이 너무 추상적으로 넘어와서 디자인 방향을 잡기가 너무 힘들었어요. 구체적인 레퍼런스라도 좀 주시지...."*

> *"디자이너님이 너무 늦게 시안을 주셔서 개발 일정이 전부 꼬여버렸잖아요. 저희도 난감합니다."*

이런 익숙한 갈등은 역할이 명확하게 나뉘었기 때문에 생기는 것이 아니라, 그 역할 사이의 연결이 없기 때문에 발생합니다. 진정한 협업은 각자의 책임을 구분 짓는 일이 아니라, 그 책임을 서로 연결하는 다리를 놓는 일입니다.

책임이 제대로 연결되지 않은 조직에서는, 협업을 가로막는 차가운 말들이 일상이 되기도 합니다.

"음... 그건 제 일이 아닌데요."
(마음의 벽을 치는 소리)

"저희는 원래 그렇게 해왔어요. 그게 편해요."
(변화를 거부하는 익숙함의 소리)

"그쪽에서 먼저 알아서 정리해서 주셔야죠."
(책임을 떠넘기는 소리)

"아니, 제가 왜 굳이 그런 것까지 해야 하죠?"
(연결을 거부하는 단절의 소리)

이 네 가지 소리는 모두 협업을 '나와 너의 분리된 책임'으로 인식할 때 나오는 말들입니다. 마치 오케스트라 단원 중 한 명이 "내 파트는 끝났으니 이제 상관없어"라고 말하며 연주를 멈추는 순간, 아름다운 교향곡 전체가 무너져 내리는 것과 같죠. 진정한 협업은 각자의 일을 넘어서, 보이지 않는 공동의 흐름을 감각하고 서로의 과정에 기꺼이 책임지려는 태도 없이는 결코 살아날 수 없습니다.

그렇다면, 이처럼 서로 다른 리듬과 책임을 가진 우리가 진정한 협업을 하기 위해 필요한 문화적 토양은 어떤 모습일까요? 그 힌트를, 임경선 작가가 기획한 '이기적인 특강'이라는 소통의 장에서 발견할 수 있습니다. 그는 기존 강연의 수동적이고 폐쇄적인 질의응답 시간에 문제의식을 느껴, '모르면 모른다고, 궁금하면 궁금하다고, 남들은 어떨지 몰라도 내 생각은 이렇다고' 솔직하게 자신의 생각과 질문을 부딪칠 수 있는 특별한 시간을 기획했는데요. 그는 이 시간이 가진 독특한 분위기에 대해 이렇게 설명합니다.

"나는 그 시간의 팽팽하고 쫄깃한 공기가 좋다.
우리가 상대에 대한 신뢰와 호의를 가지고 만나,
각자의 자리에서 최선의 선의로 임할 때 느껴지는 충만감.
각자가 자신을 안심하고 드러낼 수 있고,
그것을 선입견으로 재단하지 않을 거라는 믿음.
탈권위적이고 자유롭되,
자발적인 예의가 갖춰진 분위기.
그것은 마치 자유롭고도 엄격하고,
집중하면서도 유머가 있는 토론 수업의 모습이었다."

질의응답은 질문자와 답변자의 적극적인 상호작용이자 서로의 관점을 연결하는 과정이라는 점에서 협업의 장면과 유사한 부분들이 있습니다. 임경선 작가의 표현을 통해 좋은 협업에 필요한 문화적 특성을 같이 살펴볼까요?

1. 서로를 향한 '선의'를 가정하는 신뢰

함께하는 동료가 각자의 자리에서 최선을 다하고 있으며, 나를 공격하거나 해하려는 의도가 없을 것이라는 기본적인 믿음입니다. 이 '신뢰와 호의'가 있을 때, 우리는 방어적인 태도를 내려놓고 솔직한 대화를 시작할 수 있습니다.

2. 자신을 안심하고 드러내는 심리적 안전감

"이 부분은 혼자 해결하기 어렵습니다", "솔직히 잘 모르겠습니다"처럼 자신의 한계나 부족함을 드러내는 것이 공격의 빌미가 되지 않을 것이라는 믿음입니다. 완벽한 결과물이 아니더라도 진행 과정의 고민과 어려움을 나눌 수 있을 때, 잠재된 문제를 조기에 발견하고 함께 해결할 수 있습니다.

3. '탈권위'와 '자발적 예의'가 공존하는 분위기

직급이나 경력에 상관없이 누구나 자유롭게 의견을 내고 질문할 수 있어야 합니다. 하지만 이 자유는 상대방의 의견을 경청하고 존중하는 '자발적 예의'를 기반으로 해야 합니다. 자유롭지만 엄격하고, 집중하면서도 유머가 있는 분위기 속에서 가장 창의적인 아이디어가 나옵니다.

4. 선입견 없이 '다름'을 탐색하는 태도

나와 다른 리듬과 의견을 '틀렸다'고 재단하는 대신, '왜 저렇게 생각할까?'라며 호기심을 갖는 태도입니다. 서로의 다름을 비난이 아닌 성장의 기회로 삼아 건설적인 피드백을 주고받을 때, 우리는 시너지를 경험하게 됩니다.

이제, 협업이라는 단어를 여러분들만의 새로운 언어로 다시 정의내려보면 어떨까요? 저는 이렇게 저만의 해석으로 협업을 설명해봅니다.

> **'협업이란 다름이 어우러져**
> **기꺼이 서로의 영역에 발을 들여놓는**
> **함께 연결된 책임이다'**

서로 다른 방식, 다른 속도, 그리고 때로는 다른 감정을 가진 사람들이, 두려움 없이 자신의 모습을 드러내고 기꺼이 서로의 세계에 발을 들여놓으며, 함께 일의 맥락을 만들고 그 안에서 의미를 나누며 서로의 성장에 기꺼이 책임을 공유하는 상태. 그 역동적이고 따뜻한 상태가 바로 우리가 추구해야 할 진짜 협업의 모습이고, 그것이 곧 우리가 이 책에서 계속해서 이야기하고 있는 '우리다움'의 모습입니다.

'함께 연결된 책임'은
어떻게 만들어지는가

Story Box

"그건 제 일이 아닌데요"라고 말할 수도 있었지만

신제품 론칭을 위한 광고 캠페인 마감이 하루 앞으로 다가온, 정신 없는 오후였다. 카피라이터인 나는 디자인팀에서 막 넘겨받은 최종 이미지 파일을 열어보고 있었다. 역할 분담에 따르면, 나는 이제 이 이미지에 맞춰 광고 문구를 최종적으로 다듬기만 하면 되는 상황이었다.

그런데 이미지 한가운데에 있는 핵심 슬로건에, 누구도 발견하지 못한 치명적인 오타가 보였다. 순간 머릿속이 복잡해졌다. 원칙대로라면 디자이너에게 수정을 요청하고, 나는 그저 수정된 파일을 기다리면 그만이었다. '그건 내 일이 아니니까'라고 생각할 수도 있었다.

하지만 나는 잠시 고민하다, 직접 디자인 툴을 열어 오타를 수정했다.

그리고 디자이너에게는 "수정 파일 기다릴 시간이 없어서 제가 일단 급하게 고쳐서 쓰고 있어요! 원본도 시간 되실 때 수정해두시면 좋을 것 같아요."라고 부드럽게 메시지를 남겼다.

그 작은 행동 하나로, 우리는 아찔한 사고를 막고 무사히 캠페인을 마감할 수 있었다. 그날 나는 깨달았다. '함께 연결된 책임'이란, 나의 역할이 끝나는 지점에서 멈추는 것이 아니라, 동료의 실수를 비난 대신 기꺼이 덮어주고, 우리 모두의 성공을 위해 보이지 않는 곳에서 한 걸음 더 나아가는 마음이라는 것을.

함께 연결된 책임이란,
문제가 생겼을 때 '누구의 잘못인가'를 따지는 것이 아니라
'누가 먼저 해결할 것인가'를 행동으로 보여주는 것이다.
평범한 팀은 문제를 서로에게 넘기지만,
훌륭한 팀은 문제를 먼저 발견하고 해결한다.
"이건 내 일이 아니야"라고 말하는 대신,
"이건 우리 모두의 일이야"라고 생각하는
그 작은 인식의 전환이,
평범한 조직을 위대한 팀으로 만든다.

앞에서 저는 협업을 '다름이 어우러져 기꺼이 서로의 영역에 발을 들여놓는 함께 연결된 책임'이라고 정의하였는데요. 그렇다면 좋은 협업에 대해서 조금 더 이야기해보겠습니다. 좋은 협업의 핵심인 '함께 연결된 책임'이라는 감각은 과연 어떻게 하면 우리 팀과 조직 안에 뿌리내릴 수 있을까요?

이 질문에 답하기 위해, 집단이 성장하고 발전해나가는 단계를 설명하는, 수잔 휠런(Susan Wheelan) 교수의 통합적 집단발달 모델(Integrated Model of Group Development, IMGD)을 길잡이 삼아 함께 이야기 나눠보려 합니다. 이 모델을 통해 협업이 발달하는 여정 속에서 어떻게 '함께 연결된 책임'이 싹트고 자라나는지, 그리고 각 단계마다 우리가 무엇에 주목해야 하는지를 살펴볼 수 있을 겁니다. 마치 한 편의 성장 드라마처럼, 팀 역시 살아있는 유기체처럼 발달 단계를 거칩니다. IMGD 모델은 크게 네 가지 단계를 제시하는데요, 각 단계마다 '함께 연결된 책임'의 모습은 어떻게 달라지고, 또 우리는 무엇을 통해 그 책임을 더 깊이 연결할 수 있을까요?

- - - - -

- **1단계: 의존과 포함 (Dependency and Inclusion)**
  - '우리'라는 이름 아래, 조심스러운 첫 만남

새로운 팀이 막 결성되었거나, 새로운 멤버가 합류했을 때를 떠올려보세요. 아직은 서로가 낯설고, 리더나 기존의 규칙에 의존하려는 경향이 강한 시기입니다. 이때 구성원들의 가장 큰 관심사는 '내가 이 팀에 안전하게 소속될 수 있을까?', '여기서는 어떻게 행동해야 할까?' 같은 것들입니다.

이 단계에서 '함께 연결된 책임'은 아직 희미하지만, 그 씨앗을 뿌리는 것은 매우 중요합니다. 바로 명확하고 가슴 뛰는 '우리'의 공동 목표를 제시하는 것이죠. 오합지졸처럼 모인 선수들이 '올림픽 출전'이라는 하나의 목표 아래 뭉치기 시작하는 것처럼, 리더는 팀이 함께 나아갈 방향을 선명하게 보여주고, 각자가 그 여정에 의미 있는 존재로 포함되어 있음을 느끼게 해주어야 합니다. '우리가 이 일을 왜 함께 해야 하는지', '이것이 우리에게 어떤 의미가 될 수 있는지'에 대한 공감대가 형성될 때, 비로소 '나의 일'이 아닌 '우리의 일'이라는 인식이 싹트기 시작합니다. 또한, 이 시기에는 각자의 '다름'을 조심스럽게 탐색하며, 서로의 말을 경청하고 최소한의 예의를 지키는 것만으로도 연결의 가능성을 열 수 있습니다.

- **2단계: 반의존과 투쟁 (Counter-Dependency and Fight)**
  – '다름'이 부딪히며 만들어내는 건강한 소음

팀이 조금씩 익숙해지면, 구성원들은 리더의 권위에 의문을 제기하거나 서로 다른 의견과 방식으로 인해 크고 작은 갈등을 경험하기 시작합니다. 마치 사춘기처럼, 기존의 질서에 저항하고 자신만의 목소리를 내고 싶어 하는 시기죠. 이 단계에서 '다름'은 더 이상 숨겨지지 않고 수면 위로 드러나며, 때로는 날카롭게 부딪히기도 합니다.

이 시기는 '함께 연결된 책임'이 진정한 시험대에 오르는 때입니다. 갈등 상황에서 "그건 당신 책임이지, 내 책임이 아니야"라며 선을 긋거나, "우리 팀은 원래 이런 방식이었으니 당신이 맞춰야 한다"며 한쪽의 '다름'을 억누르려 한다면, 연결은 끊어지고 팀은 와해될 수 있습니다. 혹시 영화 <보헤미안 랩소디>에서 퀸의 멤버들이 음악적 견해 차이로 격렬하게 논쟁하던 장면들을 기억하시나요? 그들은 각자의 '자기다움'이 담긴 음악적 고집으로 첨예하게 대립했지만, 동시에 '퀸이라는 우리'의 음악을 만들어야 한다는 공동의 책임감 속에서 치열하게 소통했습니다. 이처럼 갈등을 피하지 않고, 서로의 '다름' 속에 담긴 진심과 맥락을 이해하려 노력하며, '우리'의 목표를 위해 기꺼이 건강한 충돌을 감수하는 과정이 필요합니다. 이때 중요한 것은 비난이 아닌 질문, 평가가 아닌 호기심으로 서로의 영역에 조심스럽게 발을 들여놓으며 소통하는 것입니다. 이 격렬한 과정을 통해 팀은 서로의 진짜 모습을 발견하고, 더 깊은 차원의 연결된 책임감을 향한 기초를 다지게 됩니다.

- **3단계: 신뢰와 구조 (Trust and Structure)**
  - **'우리'만의 리듬과 질서가 생겨나는 시간**

폭풍 같은 2단계를 잘 통과한 팀은 비로소 서로에 대한 깊은 신뢰를 바탕으로 안정적인 구조를 만들어가기 시작합니다. 각자의 역할과 책임이 보다 명확해지고, 의사소통 방식이나 업무 처리 절차에 대한 팀만의 약속(리듬)이 생겨납니다.

이 단계에서는 '함께 연결된 책임'이 구체적인 시스템과 문화로 자리 잡기 시작합니다. tvN 예능 프로그램 <윤스테이>에서 배우들이 한옥 호텔을 운영하는 모습을 보면, 처음에는 다소 어설펐지만 시간이 지나면서 각자의 역할(주방, 객실, 손님 응대 등)이 명확해지고 서로의 업무를 자연스럽게 돕는 모습을 볼 수 있습니다. 박서준 배우가 주방과 홀을 넘나들며 빈틈을 메우고, 최우식 배우가 특유의 친화력으로 손님들과 소통하는 것처럼, 팀원들은 서로의 강점과 약점을 이해하고 '누가 무엇을 가장 잘할 수 있는지'를 자연스럽게 알게 됩니다. 그리고 이를 바탕으로 "이 부분은 A님이 전문가시니 믿고 맡겨도 될까요?", "B님, 이 자료를 보니 C님 프로젝트에 도움이 될 것 같아 공유 드립니다."처럼 '기꺼이 서로의 영역에 발을 들여놓는' 자발적인 지원과 정보 공유가 활발해집니다. 이때 중요한 것은, 단순히 업무 효율성을 위한 구조를 넘어, 서로의 감정을 살피고 지지하는 문화를 함께 만들어가는 것입니다.

● **4단계: 일과 생산성 (Work and Productivity)**
  - '우리'의 이름으로 함께 창조하는 시너지

마침내 팀은 최고의 시너지를 발휘하며 목표를 향해 거침없이 나아가는 단계에 이릅니다. 구성원들은 각자의 '자기다움'을 마음껏 펼치면서도, 동시에 '우리'라는 이름 아래 유기적으로 연결되어 놀라운 성과를 만들어냅니다.

이 단계에서 '함께 연결된 책임'은 더 이상 의식적인 노력이 아니라, 팀의 DNA처럼 자연스럽게 발현됩니다. 마치 최고의 기량을 갖춘 스포츠 팀이 경기장에서 각자의 포지션에서 최선을 다하면서도, 동시에 동료의 움직임을 예측하고 빈 공간을 메워주며 하나의 팀으로 움직이는 것처럼 말이죠. 영화 <어벤져스> 시리즈에서 각기 다른 개성과 능력을 가진 슈퍼히어로들이 지구를 구하기 위해 모였을 때, 처음에는 엄청난 갈등(2단계)을 겪지만 결국 서로를 이해하고 신뢰하며(3단계) 각자의 능력을 최대로 발휘하여 불가능해 보이는 임무를 완수해내는(4단계) 과정은 이를 잘 보여줍니다. 이때 '다름이 어우러진다'는 것은 단순히 서로를 방해하지 않는 것을 넘어, 서로의 다름이 새로운 아이디어를 촉발하고 예상치 못한 해결책을 만들어내는 창조적인 에너지원이 됩니다. '기꺼이 서로의 영역에 발을 들여놓는' 행동은 이제 서로에 대한 깊은 이해와 믿음 위에서 자연스럽고 효과적으로 이루어지며, 팀 전체의 목표 달성에 결정적인 기여를 합니다.

· · · · ·

'다름이 어우러져 기꺼이 서로의 영역에 발을 들여놓는 함께 연결된 책임'으로서의 협업은, 이처럼 팀이 발달 단계를 거치며 구성원들이 서로의 '자기다움'을 알아가고, 갈등을 통해 '우리'의 규칙을 만들며, 깊은 신뢰 속에서 각자의 책임을 기꺼이 연결해나가는 그 모든 여정 속에 녹아있습니다.

진정한 시너지란
무엇인가

Story Box

나를 위한 작은 시작이 혁신이 될 때

마케팅팀 민준은 매주 월요일 아침마다 지난주 광고 성과 데이터를 취합해 보고서를 만드는 단순 반복 업무가 영 못마땅했다. '이 시간에 차라리 새로운 광고 소재를 고민하는 게 훨씬 생산적일 텐데…' 그는 오로지 이 지루한 업무 시간을 줄이고자 하는 목적으로, 주말 내내 인터넷을 뒤져가며 데이터 자동 취합 및 정리 매크로를 만들었다.

월요일, 평소 세 시간은 족히 걸리던 보고서 작성을 단 30분 만에 끝낸 민준을 보고 동료들이 비법을 물어왔다. 그는 별생각 없이 자신이 만든 매크로를 팀에 공유했다. 그런데 그 작은 프로그램이 팀 전체에 예상치 못한 나비효과를 불러왔다. 동료들 역시 단순 보고 업무에서 해

방되어 각자의 핵심 업무에 더 많은 시간을 쏟게 되었고, 덕분에 팀의 전체적인 아이디어 질과 업무 추진 속도가 눈에 띄게 향상된 것이다.

민준은 단순히 자신의 불편함을 덜기 위해 시작한 일이었지만, 그 결과는 팀 동료들의 업무 효율을 높이고 나아가 팀 전체의 성과 향상이라는 결과로 이어진 셈이었다. 그의 작은 '꼼수'가 만들어낸, 누구도 예상치 못했던 결과였다.

> 가장 개인적인 동기에서 출발한 작은 행동이
> 모두를 위한 뜻밖의 선물이 되고,
> 조직 전체에 활력을 불어넣었다.
> 한 사람의 현명한 고집은
> 때로 팀 전체가 올라서야 할 새로운 기준이 되기도 한다.
> 시너지는 종종 '나'를 위한 똑똑한 이기심이
> '우리'를 위한 지혜로운 기여로 자연스레 확장될 때,
> 예고 없이 우리 곁을 찾아온다.

조직에서 프로로 인정받는 길에 대해, 삼성그룹 최초 공채 출신 여성 임원으로 지금은 책방 주인이 된 최인아 대표는 '나를 위해 일하고 결과로써 기여하라'고 강조합니다. 그는 먼저 '이곳에서 내가 원하

는 일을 내가 원하는 방식으로 할 수 있는가?'라는 질문에 대한 자신만의 답을 찾아야 하며, 이를 위해 각자의 기준으로 문제를 바라보고 해결의 틀(프레임)을 짜는 것이 중요하다고 역설합니다. 또한, 직장인이 흔히 하는 말인 '회사 일을 해준다'는 표현 대신 '나는 내 일을 한다'고 생각하는 것이 올바른 태도이며, 이러한 자세가 결국 스스로에게 더 많은 자산을 쌓게 해주는 동시에 조직에도 자연스럽게 기여하는 길이라고 이야기하죠. 이러한 최인아 대표의 말에서 문득, 심리학자 에이브러햄 매슬로우가 설명했던 '시너지(Synergy)'의 개념이 떠올랐습니다.

매슬로우는 개인과 사회, 혹은 타인의 이익이 어떻게 함께 증진될 수 있는지를 설명하며 시너지의 개념을 발전시켰는데요, 그는 이를 설명하기 위해 다음과 같은 하나의 예시를 듭니다.

**내가 만약 사랑하는 아이의 입 속에 딸기를 넣어주면서
더 많은 기쁨을 느낀다고 해보자.
딸기를 너무 좋아하는 아이는 딸기를 보면서 입맛을 다시고 있다.
나는 그런 아이 덕분에 멋진 시간을 보내고 있다.
분명 내가 먹어도 즐거울 테지만
아이가 딸기를 먹는 모습을 보면서 즐거움을 느낀다면
이 행동은 이기적인 것일까, 이기적이지 않은 것일까?**

이때 나는 무엇을 희생하는 것일까?

나는 이타적으로 행동하고 있는 것일까?

아니면 결국 나 자신이 즐거워하고 있으니 이기적인 것일까?

아이가 딸기를 맛있게 먹으며 환하게 웃는 모습을 보기 위해, 그 작은 입 속에 딸기를 넣어주는 이 행동. 이것은 과연 이기적인 행동일까요, 아니면 이타적인 행동일까요? 아마 어느 한쪽이라고 단정적으로 잘라 말하기는 어려울 겁니다. 아이에게 기쁨을 주는 일이 곧 나에게도 더없이 좋은 일이 되고, 나에게 큰 기쁨을 주는 그 행동이 동시에 아이에게도 더할 나위 없이 좋은 일이 되는 순간이니까요. 매슬로우의 표현을 빌리자면, 이때 '타인이냐 나 자신이냐 하는 말 사이에 그어졌던 경계가 허물어지고' 나와 아이가 기쁨 안에서 하나가 되는 것이죠.

그래서 매슬로우는 시너지를 '이기적인 것과 이기적이지 않은 것(이타적인 것) 사이의 이분법이 허물어지는 상태'라고 정의했습니다. 즉, 이기심과 이타심이라는 양극단의 구분이 더 이상 무의미해지며, 개인의 만족과 타인의 행복이 자연스럽게 하나로 통합되어 서로를 증진시키는 상태를 의미합니다. 이러한 의미가 최인아 대표가 말한 '나를 위해 일하는 것이 곧 조직에 기여하는 것'이라는 통찰과 맞닿아 있는 지점입니다. 나의 성장과 만족을 위한 일이, 결과적으로 우리 모두에게 이로운 결과를 가져오는 선순환. 이것이 바로 시너지가 넘치는 관계이자, 건강한 조직이 지향해야 할 모습이 아닐까요?

매슬로우가 제시한 이야기를 하나 더 같이 살펴보죠.

다섯 명 전원이 월등한 기량의 선수로 구성된 농구팀이 있다고 해보자.
선수들은 모두 자기의 이익을 위해 플레이를 하기에
득점 면에서 다른 선수와 자신의 이익이
상충할 수 밖에 없다고 생각한다.
이런 팀의 모습은 진정 팀다운 팀과는 배치된다.
진정 팀다운 팀이라면 팀의 이익이
특정 개인의 이익에 우선하기 때문이다.
사실 이런 식으로 표현하는 것조차 불가능하다.
정말로 팀의 이익이 우선시된다면
팀의 이익과 개인의 이익에 대립의 여지가 없기 때문이다.
팀의 이익이 곧 개인의 이익이 되어 둘 사이를 구별할 수가 없다.
따라서 누가 점수를 올리느냐는 그다지 중요한 문제가 되지 않는다.
다섯 명의 팀 멤버는 자신의 팀과 동료 선수와
그리고 자기 자신을 똑같이 자랑스럽게 여길 것이다.
나아가 농구에 조금이라고 감각이 있는 사람이라면

훌륭한 '슈터'에게 적절히 볼을 패스해주는 '볼 배급자'의 공로가
실제 득점을 올리는 선수의 공로만큼 크다는 사실을 잘 안다.
이런 식의 시너지가 무너져 내리면
종국에 팀은 형편없는 수준이 되고 말 것이다.

 매슬로우가 언급한 이러한 시너지가 우리 조직 안에서 일상적으로 피어나기 위해서는 어떤 조건들이 필요할까요? 그가 예시로 든 농구팀의 상황을 우리 조직의 모습에 비추어 함께 살펴보겠습니다.

 먼저, 개인 차원으로는 내가 무엇을 잘하고, 어떤 가치를 중요하게 여기며, 어떤 방식으로 기여할 때 가장 나다울 수 있는지를 아는 것이 필요합니다. 뛰어난 3점 슈터는 자신의 강점을 정확히 알고, 결정적인 순간에 주저 없이 슛을 던져 팀에 기여합니다. 반대로, 리바운드와 수비에 능한 선수는 궂은일도 마다치 않고 골 밑을 든든히 지키며 자신의 역할을 다하죠. 각자가 '나는 어떤 선수인가'를 명확히 알고, 팀의 승리를 위해 가장 '나다운' 방식으로 기여합니다.

 동료에 대한 신뢰와 존중, 공감 능력도 매우 중요합니다. 포인트가드가 슈터의 움직임을 예측하고 정확한 패스를 넣어주거나, 센터가 동료의 슛을 위해 스크린을 걸어주는 플레이는 서로의 역할과 능력에 대한 깊은 신뢰와 존중이 없다면 불가능합니다. 각자가 자신이 맡은 역할을

수행하면서 상대방에게 기회를 만들어주는 것은 동료의 실력과 헌신에 대한 믿음 때문이겠지요.

환경적으로는 개방적이고 투명하게 소통하며 심리적 안전감이 보장되는 분위기가 필요합니다. 경기 중 결정적인 실수를 한 선수라도, 라커룸에서 동료들이나 코치에게 심한 질책이나 비난을 받을 것이라는 두려움 없이 자신의 실수에 대해 솔직하게 이야기하고, 다음 기회를 모색할 수 있는 분위기가 있어야 이후에 선수들이 더 과감하고 창의적인 플레이를 시도할 수 있겠죠. 또한 경기 후에도 선수들끼리 자유롭게 경기 내용에 대해 이야기하며 서로의 생각을 공유하는 문화가 잘 갖춰져 있다면 팀은 전체적으로 함께 성장할 수 있을 겁니다.

구조적으로는 개인의 성장과 팀의 성공이 맞물리는 명확한 공동목표와 비전 공유가 필요합니다. 선수들이 코트 위에서 마음껏 최고의 기량을 발휘하려는 개인적인 열망이 팀의 승리에 직접적으로 기여하고, 그 팀의 승리가 다시 개인의 발전으로 이어지는 선순환의 구조를 만들어내는 것이 핵심이죠. 팀의 모든 훈련과 전략을 '챔피언십 우승'이라는 하나의 분명한 목표를 향해 정렬합니다. 그리고 팀의 우승 트로피가 선수 개인의 커리어에도 매우 의미있는 성과이자 또다른 성취의 발판이 된다는 것을 자연스럽게 인식시킵니다. 이러한 공동의 목표와 개인적 성장의 연결고리에 대한 이해는, 각 선수가 자신의 역량을 최대한 발휘하여 팀에 헌신하도록 이끄는 강력한 동기가 됩니다. 개인의 열정적인 헌신은 팀의 승리라는 구체적인 결과로 나타나고, 그 팀의 승리는 다시 개인에게 더 큰 성취감, 향상된 역량, 그리고 새로운 기회라는 값진 보상으로 되돌아오는 것이죠. 많은 스타트업들이 스톡옵션 등을 통해 회사의 성장이 개인의 보상으로 직접 연결되는 구조를 만드는 것은 이러한 공동 목표 의식을 강화하려는 시도로 볼 수 있겠습니다.

또한, 팀의 시너지를 위해서는 눈에 보이는 화려한 성과뿐 아니라 보이지 않는 다양한 기여까지 공정하게 인정하고 보상하는 시스템과 문화도 중요합니다. 예를 들어 농구팀에서, 가장 많은 득점을 올린 스타 선수뿐만 아니라, 궂은일을 도맡아 하며 팀의 수비를 헌신적으로 이끈 선수, 결정적인 순간에 동료에게 정확한 어시스트를 기록한 선수, 심지어 경기에 많이 출전하지 못하더라도 벤치에서 끊임없이 동료들을 응원하며 팀의 사기를 북돋우는 선수의 공로까지도 세심하게 인정하고 칭찬하는 시스템과 문화가 갖춰져 있다면 어떨까요? 아마도 팀원들은 각자의 자리에서 더욱 적극적으로 시너지 창출을 위한 행동에 집중할 수 있을 겁니다.

많은 조직이 시너지를 내기 위해 '얼라인먼트(Alignment, 정렬)'를 중요시 여깁니다. 방향을 통일하고, 생각의 결을 동기화하고, 사용하는 언어를 맞추려 하죠. 조직 안에서 방향에 대한 통일된 이해와 정렬은 물론 중요합니다. 하지만 진정한 시너지는 단순히 '하나로 통일된 상태'보다는 각기 다른 개성들이 서로 조화를 이루는 '조율된 다양성'에서 나옵니다. 즉, 각자의 고유성이 존중받으며 표현될 수 있는 충분한 기회와 공간이 마련되고, 자신의 역할을 넘어 동료의 다른 역할과 그 안에 담긴 역량에 대한 깊은 존중과 신뢰가 바탕이 될 때, 비로소 조직은 살아있는 시너지를 경험하게 됩니다. 우리가 지향해야 할 진정한 얼라인먼트는, 모두를 똑같은 방식으로 묶어 효율만을 추구하는 것이 아니라, 서로 다른 우리가 각자의 다채로운 빛깔을 내면서도 공동의 목표를 향해 아름답게 어우러지는 방법을 함께 찾아가는 과정 그 자체 아닐까요?

다양한 리듬이
함께 흐를 수 있을 때

Story Box

서로 다른 네 개의 리듬, 하나의 하모니

그 팀엔 네 명의 팀원들이 있었다.

번개처럼 아이디어가 떠오르면 즉시 행동으로 옮기는 사람이 있었고, 반대로 한참을 깊은 생각에 잠긴 뒤에야 조심스럽게 말문을 여는 사람도 있었다. 어떤 이는 날카롭게 자료를 분석하며 누구도 보지 못한 맥락을 짚어냈고, 또 다른 이는 흩어지려는 대화의 흐름을 차분히 정리하며 모두의 생각을 하나로 모으곤 했다.

일하는 속도도, 말투도, 피드백을 주고받는 스타일까지, 그들은 어느 것 하나 같은 구석이 없었다. 그래서인지 회의 시간에는 늘 치열했고 결론을 내리는 데까지는 더 많은 시간과 에너지가 필요했다.

하지만 신기하게도, 그들은 단 한번도 '팀워크가 부족하다'거나 '손발이 맞지 않는다'는 평가를 받은 적이 없었다. 그 비결은 무엇이었을까?

그 팀은, 가장 먼저 움직이는 사람 덕분에 멈춰있지 않고 '출발'할 수 있었고,

가장 신중한 사람 덕분에 함부로 나아가지 않고 잠시 '멈춰' 함께 돌아볼 수 있었으며,

의견이 넘쳐나는 사람 덕분에 더 많은 '질문'을 던지며 다양한 가능성을 탐색할 수 있었고,

말이 없는 사람 덕분에 복잡했던 생각의 실마리를 풀고 명쾌하게 '정리'할 수 있었다.

진짜 협업은 모두가 같은 속도와 포복으로
나란히 달리는 경주가 아니라
서로 다른 개개인의 고유한 리듬이 그 자체로 존중받으며
'하나의 살아있는 흐름'을
함께 만들어가는 여정일 것이다.
우리는 꼭 모든 면에서 같을 필요는 없다.
그저, 서로가 얼마나 어떻게 다르게 흐르고 있는지를
기꺼이 인지하고 따뜻하게 배려하며,
마침내 함께 흐를 줄 알면 되는 것이다.

> 바로 그때, 조직은 '속도'의 경쟁을 넘어,
> 깊고 넓은 '맥락'의 힘을 얻게 된다.

    조직이란 서로 다른 목표와 일정, 그리고 각기 다른 선택(의사결정)과 그에 따른 성과들이 쉴 새 없이 맞물려 돌아가는 복잡한 구조물과 같습니다. 그 구조 안에는 저마다 다른 속도와 일하는 방식, 고유한 감정과 신체의 리듬을 가진 사람들이 함께 모여있죠. 어쩌면 조직 내 많은 문제와 어려움은 바로 이 각기 다른 '리듬'들이 서로 조화롭게 흐르지 못하고 예기치 않게 충돌하는 지점에서 시작되는지도 모릅니다.

 어떤 사람은 마치 단거리 선수처럼 빠르게 결론을 내리고 즉각 실행에 옮기고 싶어 하는 반면, 어떤 사람은 마라토너처럼 충분한 대화와 세심한 확인, 그리고 꼼꼼한 정리의 시간을 필요로 합니다. 또, 어떤 사람은 끊임없이 새로운 아이디어를 쏟아내며 브레인스토밍하는 것을 선호하지만, 다른 누군가는 그 아이디어들을 차분히 문서로 옮기고 구체화하는 데 더 많은 시간과 에너지를 사용합니다. 관계를 맺는 방식 또한 마찬가지입니다. 어떤 사람은 외향적인 에너지로 스스럼없이 다가가며 관계를 만들어가는 반면, 어떤 사람은 내향적인 감각으로 조용한 침묵 속에서 관계의 의미를 곱씹으며 천천히 마음을 열기도 하죠.

조직 안에서 우리가 꿈꾸는 바람직한 협업과 시너지가 이루어지려면, 각기 다른 사람들이 가지고 있는 고유한 리듬을 그저 '존중한다'고 말하는 것만으로는 충분하지 않을 수 있습니다. 그 다양한 리듬들이 함께 어우러져 흐를 수 있도록 돕는 제도적, 환경적 설계가 반드시 뒷받침되어야 합니다. 다시 말해, 개인의 소중한 고유성(자기다움)과 우리가 함께 만들어가는 집단의 건강한 연대감(우리다움)이 서로를 침해하지 않고 조화롭게 공명할 수 있도록 돕는 장치가 필요합니다. 이번에는 이러한 고민을 풀어가는 데 도움을 주는 흥미로운 연구가 있어 여러분과 함께 살펴보겠습니다.

・ ● ・ ● ・

사회심리학자 브루어(Brewer)는 일찍이 최적특성론(Optimal Distinctiveness Theory, ODT)을 제시하며 인간이 상반되는 두 가지 욕구를 동시에 지니고 있다고 주장했습니다. 하나는 타인과 유사함을 추구하며 집단에 소속되어 안정감을 느끼고 싶어 하는 '소속감(belongingness)'의 욕구이고, 다른 하나는 그 집단 안에서도 자신만의 개별적인 존재로서 고유한 가치를 인정받고 싶어 하는 '고유성(uniqueness)'의 욕구입니다. 브루어에 따르면, 인간은 이 두 가지 욕구 사이에서 끊임없이 균형을 맞추며 자신의 사회적 정체성을 형성해나간다는 것이죠.

우리는 누구나 자신이 속한 공동체(가족, 친구, 회사 등)의 일원으로 따뜻하게 받아들여지기를 바랍니다. 그 안에서 소속감을 느낄 때 비로소 안정감을 느끼고, 그 공동체를 위해 기꺼이 협력하며 신뢰를 쌓아가죠. 하지만 동시에, 그 공동체 안에서 다른 사람들과 너무 똑같아져 나만의 색깔을 잃어버리고 마치 언제든 대체 가능한 부품처럼 여겨지는 것은 원치 않습니다. 오히려 자신만의 독특한 개성과 강점을 존중받고 드러내고 싶어 하죠. 이처럼 인간은 타인과의 연결을 통해 안정감을 느끼려는 소속감의 욕구와, 동시에 자신만의 특별함을 지키려는 고유성의 욕구라는, 어찌 보면 역설적인 두 마음을 함께 품고 살아가는 존재입니다.

린 쇼어(Lynn M. Shore)와 동료 연구자들은 브루어의 이론을 바탕으로 조직 내 구성원들이 경험하는 소속감과 고유성 욕구의 충족 정도가 어떻게 상호작용하는지를 탐구하여, 네 가지 상태를 보여주는 '포용성 프레임 워크(Inclusion Framework)'를 제시했습니다. 이 프레임워크는 소속감과 고유성이라는 두 가지 축을 기준으로, 개인이 조직에서 경험하는 상태를 다음과 같이 네 가지 유형으로 나누어 설명합니다. 이 네 가지 상태를 통해 우리 조직 안에서 다양한 개인들의 리듬이 얼마나 조화롭게 흐르고 있는지, 혹은 어떤 어려움을 겪고 있는지를 가늠해볼 수 있습니다.

	낮은 소속감 (Low Belongingness)	높은 소속감 (High Belongingness)
높은 고유성 (Low Value in Uniqueness)	차별화 (Differentiation)	포용 (Inclusion)
낮은 고유성 (High Value in Uniqueness)	배제 (Exclusion)	동화 (Assimilation)

※ 위 표에서 '고유성' 축은 개인이 자신의 고유성을 얼마나 중요하게 여기는지(Need for Uniqueness)와 조직이 개인의 고유성에 얼마나 가치를 두는지(Value in Uniqueness)를 복합적으로 고려할 수 있습니다. 쇼어의 원 연구에서는 조직이 개인의 고유성에 가치를 두는 정도(value in uniqueness)를 기준으로 설명하는 경우가 많습니다. 여기서는 이해를 돕기 위해 두 가지 측면을 함께 고려하여 설명을 풀어가겠습니다.

1) 포용 (Inclusion) : 높은 소속감, 높은 고유성

이곳에서는 개인이 팀의 핵심 멤버로 깊이 소속되어 있다고 느끼면서 동시에 자신의 독특한 생각이나 스타일, 배경이 가치 있게 여겨지고 존중받습니다. 다양한 악기가 각자의 아름다운 소리를 내면서도 멋진 하모니를 이루는 오케스트라와 같습니다. '자기다움'과 '우리다움'이 모두 빛을 발하는 이상적인 상태죠.

2) 동화 (Assimilation) : 높은 소속감, 낮은 고유성

이곳에서는 개인이 조직의 주류 문화나 방식에 자신을 맞춰야만 소속감을 느낄 수 있습니다. 마치 오케스트라에서 모든 악기가 지휘자가 정해준 단 하나의 해석과 방식으로만 연주해야 하는 것과 같습니다. '우리'라는 공동체에 속해 있다는 안정감은 있지만, 개인의 독특한 색깔(자기다움)은 희생되거나 억눌리는 상태입니다.

3) 차별화 (Differentiation) : 낮은 소속감, 높은 고유성

개인의 특별한 기술이나 지식, 혹은 남다른 성과(자기다움)는 조직에 필요하다고 인정받고 그 가치를 높이 평가받지만, 정작 개인은 조직의 핵심 멤버로 받아들여지지 못하고 겉도는 듯한 느낌을 받습니다. 뛰어난 연주 실력을 가진 객원 연주자가 초청되어 독주는 하지만, 오케스트라의 정식 단원들과는 잘 어울리지 못하는 모습과 비슷합니다. '자기다움'은 인정받지만, '우리다움'에서는 멀어져 있는 것이죠.

4) 배제 (Exclusion) : 낮은 소속감, 낮은 고유성

가장 안타까운 상태로, 개인은 조직의 내부자로 여겨지지 않을 뿐만 아니라 그들의 독특한 가치나 잠재력도 인정받지 못합니다. 오케스트라에서 어떤 악기가 아예 연주할 기회조차 얻지 못하고 방치된 것과 같습니다. '자기다움'도, '우리다움'도 찾기 어려운 상황입니다.

린 쇼어와 동료들은 나아가, 진정으로 '다양한 리듬이 함께 흐르는' 포용적인 조직문화를 만들기 위해 필요한 6가지 중요한 요소들을 제시합니다. 각각의 항목들이 우리 조직 안에서는 어떻게 실현될 수 있을지, 현실에 적용할 수 있는 실천 방안들을 함께 생각해보면 좋겠습니다.

1) 심리적 안전감 (Psychological Safety): "내 생각, 말해도 괜찮을까?"라는 물음에 대한 조직의 응답입니다. 구성원들이 자신의 생각이나 의견, 심지어 실수에 대해서도 솔직하게 말해도 처벌받거나 불이익을 당하지 않을 것이라는 믿음입니다. 각자의 다름을 안전하게 드러낼 수 있어야 진정한 포용이 시작됩니다.

- 실천방안 : 리더가 먼저 자신의 취약점이나 실수를 솔직하게 공유하는 모습을 보이고, 회의나 일상적인 대화에서 반대 의견이나 어려운 질문을 환영하는 태도를 일관되게 보여주는 것이 중요합니다. 또한, 모든 구성원에게 발언 기회가 공평하게 주어지도록 회의를 설계하고, 소수의 의견이라도 진지하게 경청하며 그 안에 담긴 가치를 발견하려는 노력이 필요합니다.

2) 업무 그룹 참여 (Involvement in the Work Group): "내가 이 팀의 진짜 일원이라고 느끼는가?"의 문제입니다. 단순히 조직에 소속된 것을 넘어, 중요한 정보에 접근하고 팀의 의사결정 과정에 참여하며 업무에 적극적으로 관여하고 있다는 느낌입니다. 누구도 소외되지 않고 '함께 일하고 있다'는 감각을 공유하는 것이죠.

- 실천방안 : 업무 관련 정보(예: 팀 목표, 진행 상황, 주요 이슈)를 특정인에게만 집중시키지 않고 모든 팀원에게 투명하게 공유하는 시스템을 갖추는 것이 중요합니다. 또한, 새로운 프로젝트나 중요한 의사결정 과정에 구성원들이 자신의 의견을 제시하고 기여할 수 있는 공식적, 비공식적 채널을 마련하고, 그 의견이 어떻게 반영되었는지 피드백하는 것이 좋습니다. 때로는 함께 프로젝트를 진행하는 다른 부서의 동료들과 교류하고 협력할 수 있는 기회를 만드는 것도 업무 그룹 참여감을 증진시키는 데 큰 도움이 됩니다.

3) 존중과 가치 인정 (Feeling Respected and Valued): "나의 존재와 기여가 의미 있다고 느끼는가?"에 대한 답입니다. 개인으로서, 그리고 자신이 속한 다양한 정체성 그룹(예: 특정 성별, 세대, 직군 등)의 일원으로서 차별 없이 존중받고 있으며, 자신의 존재와 기여가 조직 내에서 가치 있는 것으로 인정받고 있다는 느낌입니다.

- 실천방안 : 정기적인 1:1 면담이나 팀 미팅을 통해 개인의 작은 성과나 노력, 그리고 보이지 않는 기여까지도 구체적으로 언급하며 인정하고 칭찬하는 피드백 문화를 만들어가는 것이 좋습니다. 또한, 다양한 배경과 관점을 가진 구성원들의 아이디어가 실제로 조직에 어떻게 기여했는지 성공 사례를 발굴하고 적극적으로 공유함으로써, '다름이 우리 조직의 힘'이라는 인식을 확산시키는 것

이 중요합니다.

4) 의사결정 영향력 (Influence on Decision-making): "내 목소리가 실제 변화를 만들 수 있는가?"라는 믿음입니다. 자신의 아이디어나 관점이 단지 형식적으로 수렴되는 것을 넘어, 실제 조직의 중요한 의사결정에 실질적인 영향을 미칠 수 있다는 믿음입니다.

- 실천방안 : 구성원들의 의견을 수렴하기 위한 정기적인 설문조사, 익명 제안 채널, 타운홀 미팅 등을 운영할 수 있습니다. 하지만 의견을 묻는 것보다 더 중요한 것은, 그렇게 수렴된 의견과 아이디어가 실제 정책이나 업무 개선 과정에 어떻게 반영되었는지, 혹은 반영되지 못했다면 그 이유는 무엇인지를 투명하게 공유하고 설명합니다. 작은 의견 하나라도 실제로 존중받고 고려된다는 경험을 구성원들이 반복적으로 느끼도록 하는 것이 핵심입니다.

5) 진정성 (Authenticity): "이곳에서 나는 진짜 나로 존재해도 괜찮은가?"라는 물음입니다. 연구에서 말하는 진정성은, 조직 내에서 자신의 본래 모습(개인의 가치관, 성격, 고유한 업무 스타일, 다양한 정체성 등)을 굳이 숨기거나 포장하지 않고 자연스럽게 드러내도 괜찮다고 느끼는 것입니다. 더 이상 사회적 가면을 쓰지 않아도 되는 편안함과 자유로움을 의미하죠.

- 실천방안 : 조직 내 구성원들이 자발적으로 운영하는 다양한 사내 동호회나 스터디 그룹 활동을 적극적으로 지원하여, 공통의 관심사나 취향을 가진 사람들이 편안하게 교류하고 서로의 다양한 모습을 발견하며 소통할 수 있도록 돕는 것이 좋습니다. 또한, 유연근무제나 자율적인 업무 환경 조성을 통해 각자의 리듬과 스타일에 맞게 일할 수 있는 환경을 제공하고, 복장 규정이나 사무 공간 디자인 등에서도 개인의 개성을 존중하는 유연성을 보여주는 것도 도움이 될 수 있습니다.

6) 다양성의 인정, 존중, 발전 (Recognizing, Honoring, and Advancing of Diversity): "나의 다름이 여기서는 성장의 기회가 되는가?"에 대한 확신입니다. 구성원들 간의 다양한 차이(성별, 연령, 문화적 배경, 경험, 관점 등)를 문제나 갈등의 원인이 아니라, 오히려 조직 전체의 학습과 성장을 위한 소중한 기회로 삼습니다. 다양성을 단지 구호로만 외치는 것이 아니라, 실제 행동과 제도를 통해 가치 있게 여기며, 다양한 배경을 가진 인재들이 각자의 잠재력을 마음껏 펼치며 성장하고 성공할 수 있도록 적극적으로 지원하는 것을 의미합니다.

- 실천방안 : 다양한 배경을 가진 인재를 적극적으로 채용하고, 채용 및 승진 과정에서 발생할 수 있는 무의식적인 편견을 최소화하기 위한 객관적인 기준과 시스템을 구축하는 것이 중요합니다. 또

한, 조직 내 소수 집단 구성원들을 위한 멘토링 프로그램이나 스폰서십 프로그램을 운영하여 그들의 경력 개발을 적극적으로 지원하고, 다양한 문화적 배경을 가진 구성원들이 서로를 이해하고 존중할 수 있도록 다양성 및 포용 교육을 정기적으로 실시하는 것도 좋은 방법입니다.

이러한 6가지 요소들이 단지 개별적인 프로그램으로 흩어져 있는 것이 아니라, 조직의 핵심 가치와 리더십 원칙, 그리고 일상적인 업무 프로세스와 문화 속에 깊이 뿌리내리고 서로 유기적으로 작동할 때, 비로소 모든 구성원이 자신의 다양한 리듬과 색깔을 마음껏 펼치면서도 함께 아름다운 하모니를 만들어내는 진정한 포용적 조직, 건강한 '우리다움'이 실현될 수 있습니다.

'우리다움'이 자리 잡은 조직은 어떻게 다른가

Story Box

더 쉬운 길이 있었지만, 우리는 다른 길을 선택했다

친환경 소재로 제품을 만드는 우리 회사는 최근 큰 성장의 기회를 마주했다. 해외의 한 공급업체가 기존보다 30%나 저렴한 원단을 공급하겠다고 파격적인 제안을 해 온 것이다. 그 제안을 받아들이기만 하면, 회사의 이익은 극대화되고 제품 가격 경쟁력도 크게 높일 수 있는 상황이었다.

임원 회의에서는 당연히 열띤 토론이 오갔다. '이 기회를 놓치면 안 된다'는 현실적인 주장과, '우리가 지켜온 가치를 저버릴 수 없다'는 원칙적인 목소리가 팽팽하게 맞섰다.

그때, 회의에 참석한 한 젊은 실무자가 조심스럽게 입을 열었다.

"우리가 고객들에게 사랑받는 이유는, 단순히 제품이 예뻐서가 아니라 우리가 환경을 생각하는 방식과 그 진심에 공감하기 때문이라고 생각합니다. 만약 우리가 당장의 이익 때문에 그 약속을 저버린다면, 과연 고객들은 계속 우리 곁에 남아줄까요?"

그의 말은 회의의 방향을 바꾸었다. 논점은 '어떻게 하면 더 많은 이익을 낼까'에서 '우리는 어떤 회사로 기억되고 싶은가'로 옮겨갔다.

결국 회사는 그 파격적인 제안을 정중히 거절했다. 그리고 전 직원에게 메일을 보냈다.

"우리는 더 빠른 길 대신, 우리가 옳다고 믿는 길을 계속 가기로 결정했습니다."

그 메일을 읽는 순간, 나는 이 회사의 일원이라는 사실이 그 어느 때보다 자랑스러웠다.

'우리다움'이 깊이 자리 잡은 조직은,
때로 눈앞의 이익보다 더 중요한 것이 무엇인지 알고 있다.
그들은 '무엇을 할 것인가'를 결정하기 전에,
'우리는 누구인가'라는 근본적인 질문을 먼저 던진다.
이익은 숫자를 남기지만,
가치를 지키는 선택은 '우리'라는 자부심을 남긴다.

> 그리고 그 자부심이야말로,
> 조직을 가장 멀리, 그리고 가장 오래가게 만드는 진짜 힘이다.
> 이 선택의 과정 속에서 구성원들은
> 자신이 조직의 일부라는 정체감을 더 깊이 느끼게 된다.

    조직은 공동의 목표를 효과적으로 달성하기 위해 만들어진 하나의 구조입니다. 하지만 어떤 조직에서는 함께 일하는 과정 자체가 구성원들을 지치게 만들고 에너지를 소모시키는 반면, 어떤 조직에서는 오히려 일을 통해 구성원들이 살아있음을 느끼고 함께 성장하는 경험을 하기도 합니다. 그 결정적인 차이는 눈에 보이는 시스템이나 제도보다, 그 안을 채우는 '사람 사이의 공기', 즉 관계의 질에서 비롯되는 경우가 많습니다. 바로 이 공기를 다르게 만드는 핵심 요소가 '우리다움'일 텐데요. 진정한 '우리다움'이 자리 잡은 조직은 겉모습은 비슷해 보일지라도, 그 안에서 흐르는 관계의 방식, 일하는 리듬, 그리고 서로 연결되는 경험의 깊이가 근본적으로 다릅니다.

  그렇다면, '우리다움'이 건강하게 자리 잡은 조직은 기존의 위계적이고 통제 중심적인 조직 문화와 비교하여 구체적으로 어떤 다른 모습을 보여줄까요?

첫째, 조직의 존재 이유와 추구하는 가치, 즉 '목적과 철학'이 매우 명확하며 모든 구성원과 깊이 공유됩니다. 기존의 많은 조직이 '업계 최고 기업', '고객 만족 극대화' 혹은 '주주가치 최대화'와 같이 다소 일반적이거나 때로는 그 의미가 모호한 목표를 내세우는 경우가 많습니다. 그러다 보니 회사가 실제로 사회와 고객에게 어떤 고유한 가치를 제공하려 하는지, 구성원들이 하는 일이 그 큰 그림과 어떻게 연결되는지 명확히 설명하기 어려울 때가 있죠.

반면, '우리다움'이 살아 숨 쉬는 조직은 회사의 존재 이유(사명)와 미래의 꿈(비전), 그리고 구성원들이 매일의 업무와 의사결정 과정에서 길잡이로 삼아야 할 핵심 가치나 경영 이념, 일하는 방식에 대한 약속(철학)이 아주 분명하고 구체적입니다. 이러한 철학은 그저 보기 좋게 쓰인 선언문에 머무는 것이 아니라, 일상적인 업무와 중요한 의사결정의 순간마다 일관되게 드러나며 자연스럽게 조직 문화로 체화됩니다. 그 결과, 조직 구성원들은 자신의 직급이나 역할에 관계없이, 우리 회사가 사회에 어떤 특별한 가치를 더하기 위해 존재하는지, 그리고 지금 내가 하는 일이 그 큰 목적 달성에 어떻게 기여하는지를 자신 있게 설명할 수 있게 됩니다. 아웃도어 의류 기업인 파타고니아(Patagonia)는 "우리는 우리의 터전, 지구를 되살리기 위해 사업을 합니다"라는 명확한 사명을 가지고 있습니다. 이러한 철학은 단순히 마케팅 구호를 넘어, 제품 생산 방식, 환경 보호 활동, 심지어 2022년에는 회사 소유권을 환경 보호를 위한 비영리 재단에 이전하는 파격적인 결정으로까지 이어지며 그 진정성을 보여주었죠. 파타고니아의 창업주 '이본 쉬나드'는 회사가 추구하는 가치를 온전히 유지하기 위해 공개 기업(going public)이 되는 대신 목적 기업(going purpose)이 되는 것을 선택했다고 밝히며, 파타고니아의 유일한 주주는 '지구'라고 이야기했습니다. 그리고 이러한 변화가 직원들이 미션을 실행하면서 만들어내는 가치와 영향에 성공적인 연결방식이 될 수 있다고 설명했습니다. 조직의 명확한 목적과 철학이 외부 환경 속에서도 흔들리지 않고 나아갈 수 있게 하는 강력한 구심점이 된 것이죠.

둘째, 의사결정 구조가 유연하며 구성원의 자율성과 주도성이 깊이 존중됩니다. 기존의 전통적인 피라미드 조직이나 본사 중심의 관리 통제 시스템 하에서는, 보통 리더가 대부분의 중요한 결정을 내리고 지시하며, 구성원들은 정해진 규정과 방침의 틀 안에서 다소 소극적으로 움직이는 경향이 있습니다. 문제가 발생했을 때도 책임을 피하기 위해 상부의 지시를 기다리거나 여러 부서의 복잡한 승인 절차에 발이 묶여 시간을 허비하기도 하죠. 이러한 환경에서는 구성원들이 문제를 스스로 발견하고 창의적인 해결책을 모색하는 주도성을 발휘하기 어렵습니다. 반면, '우리다움'이 있는 조직은 마치 민첩한 탐험대처럼 '기민하고', '재빠르게', 그리고 '유연하게' 움직이기 위해 노력합니다. 이러한 자율과 주도성을 조직 운영의 핵심 철학으로 삼아, 구성원 중심의 문화를 선도적으로 만들어가고 있는 대표적인 국내 기업이 바로 금융 플랫폼 토스(Toss)를 운영하는 비바리퍼블리카입니다.

토스는 전통적인 위계 구조에서 벗어나, 각자가 맡은 일에 대해 명확한 책임과 그에 상응하는 완전한 권한을 갖는 DRI(Directly Responsible Individual, 직접 책임자) 제도를 핵심적인 일하는 방식으로 운영하는 것으로 잘 알려져 있습니다. 이는 단순히 업무 담당자를 지정하는 것을 넘어, 해당 과제나 서비스에 관한 최종 의사결정 권한을 한 사람에게 부여하고 그 결과에 대해 전적으로 책임지도록 하는 시스템입니다. DRI는 마치 자신이 맡은 영역의 '미니 CEO'처럼, 상사의 지시를 기다리거나 여러 단계의 결재를 거치는 대신, 동료들과 치열하게 토론하고 데이터를 기반으로 스스로 최선의 답을 찾아 빠르게 실행합니다. 이러한 DRI 제도의 바탕에는 토스가 조직 운영의 근간으로 삼고 있는 '공화주의(Republicanism) 정치철학'에 대한 깊은 이해가 자리 잡고 있습니다. 공화주의가 지향하는 핵심 가치 중 하나는 '지배받지 않는 자유(freedom as non-domination)', 즉 누구에게도 자의적인 권력에 예속되지 않고 스스로의 판단과 원칙에 따라 행동할 수 있는 상태를 보장합니다. 토스는 이러한 이념을 조직 문화에 접목하여, 구성원들이 불필요한 내부 정치나 상사의 눈치 보기에서 벗어나 오롯이 제품과 고객에게만 집중하며 자신의 역량을 최대한 발휘할 수 있도록 지원합니다. 각 DRI는 자신의 '공화국'에서 최고의 전문가가 되어 동료 시민(다른 DRI 및 팀원)들과 자유롭게 협력하고 때로는 건강하게 견제하며 공동의 목표를 향해 나아가는 것이죠. 물론 이러한 자율에는 그만큼의 투명한 정보 공유와 상호 신뢰, 그리고 결과에 대한 책임감이 뒤따릅니다. 토스에서는 중요한 정보가 최대한 모든 구성원에게 공개되고, 각 DRI는 자신의 의사결정 과정을 동료들에게 투명하게 설명하며 피드백을 구합니다. 이러한 과정을 통해 구성원들은 자신의 역할과 책임을 명확히 인지하는 동시에, 자신이 해야 할 행동을 스스로 판단하고 결정합니다. 이처럼 토스의 사례는 구성원의 자율성과 주도성을 단순한 구호가 아닌 실제 작동하는 시스템과 문화로 정착시킬 때, 조직 전체의 문제 해결 능력과 혁신 속도가 얼마나 비약적으로 향상될 수 있는지를 명확히 보여줍니다.

셋째, 실패를 '성장의 과정'으로 너그럽게 인식하고, 이를 통해 끊임없이 배우며 지속적인 발전을 추구합니다. '우리다움'의 조직이 심리적 안전감과 긴밀하게 연결된다는 점은 이전의 이야기들을 통해 충분히 이해하셨을텐데요. 심리적 안전감이 충만한 조직에서는 '실패'를 더 이상 두려움이나 피해야 할 낙인이 아닌, 소중한 배움과 성장의 과정으로 자연스럽게 받아들입니다. 새로운 도전에는 언제든 예상치 못한 실패가 함께할 수 있다는 것을 조직 전체가 이해하고, 실패를 통해 얻은 값진 교훈을 투명하게 공유하여 개인과 조직 모두의 중요한 자산으로 만듭니다. 물론, 정해진 규칙이나 절차를 명백히 어겨 발생하는 '예방 가능한 실패'와, 불확실한 환경 속에서 새로운 가치를 창조하기 위해 용기 있게 도전하다가 의도치 않게 겪게 되는 '창조적 실패(intelligent failure)'는 구분되어야 합니다. '우리다움'이 있는 조직은 특히 후자의 경우를 적극적으로 장려하고 그 시도 자체를 높이 평가합니다. 이는 변화의 속도가 매우 빠르고 불확실성이 높은 시대에 조직이 생존하고 혁신하기 위한 필수적인 전략이기도 합니다.

애니메이션 스튜디오 픽사(Pixar)는 창의적인 작품을 만들어가는 과정에서 수많은 내부적인 '실패'와 스토리 수정을 거치며 최고의 결과물을 만들어내는 것으로 유명합니다. 그들은 영화 한 편을 완성하기까지 수많은 아이디어를 폐기하고 다시 시작하는 것을 두려워하지 않으며, 이러한 반복적인 실험과 실패의 경험을 창작 과정의 필수적인 부분으로 받아들입니다. 에드 캣멀(Ed Catmull)의 저서 <창의성을 지휘하라(Creativity, Inc.)>에서도 이러한 문화가 잘 드러나는데, 솔직한 피드백을 주고받는 '브레인 트러스트(Braintrust)' 미팅 등을 통해 실패 가능성을 줄이고 아이디어를 발전시켜 나가는 모습은 실패를 성장의 동력으로 삼는 문화를 보여줍니다.

넷째, 반짝이는 단기 성과보다는 조직의 철학과 가치를 지키는 '일관성'과 그것을 꾸준히 실천해나가는 뚝심을 더 중요하게 여깁니다. 숨 가쁘게 변하는 경영 환경 속에서 단기적인 실적에 대한 압박은 종종 기업이 오랫동안 지켜온 철학을 약화시키고, 장기적인 관점에서의 일관성을 유지하기 어렵게 만듭니다. 또한, 경영 성과가 조금이라도 하락하면 리더를 쉽게 교체하는 경향은 경영의 연속성과 일관성을 심각하게 해칠 수 있습니다. 그러나 진정한 '우리다움'이 있는 강한 기업들은 당장 눈앞의 이익이나 유행에 흔들리기보다는, 자신들이 가장 잘할 수 있는 것, 그리고 가장 중요하다고 믿는 가치에 집중하는 묵직한 '고집'을 보여줍니다. 그리고 그렇게 선택한 자신들만의 방식을 아주 오랜 기간 동안 일관되게, 그리고 꾸준히 실천해왔다는 공통점을 가지고 있죠. 앞서 언급한 파타고니아가 수십 년간 환경보호라는 자신들의 핵심 가치를 일관되게 지켜온 것이나, 게임 회사 닌텐도가 시장의 유행을 따르기보다 자신들만의 독창적인 게임 철학을 바탕으로 혁신적인 즐거움을 꾸준히 만들어내는 모습은 좋은 예입니다. 이러한 '시간의 세례'를 받은 진정성 있는 일관된 실행이 결국 모방할 수 없는 강력한 조직 문화와 지속적인 성과를 만들어내는 튼튼한 토대가 됩니다.

이러한 내용들을 종합해서, 저희가 함께 살펴본 '우리다움'이 건강하게 자리 잡은 조직의 모습을, '자존감이 높은 조직'으로 설명하고 싶습니다. 사람에게 각기 다른 성격이 있듯, 조직에도 보이지 않는 '성격'과 '습관'이 존재할텐데요. 최근 여러 리더 및 구성원들과 조직문화를 이야기하며, 조직에서 일어나는 여러 현상들이 '자존심'이 강한 사람과 '자존감'이 높은 사람의 차이와 닮아있다는 것을 발견했습니다. 그리고 '자기다움'과 '우리다움'이 건강하게 조화를 이룬 조직이야말로, 진정한 의미의 '자존감 높은 조직'이라는 결론에 이르게 되었죠.

자존심이 높은 조직의 핵심 동기는 '불안과 방어'입니다. 이들은 약점을 감추고 완벽해 보이는 것에 집착합니다. 실패는 곧 '무능'의 증거로 여겨지며, 그 뒤에는 책임 추궁과 비난이 따르기 십상이죠. 피드백 또한 개인에 대한 '공격'으로 간주되기에, 구성원들은 방어적이거나 회피적인 태도로 자신을 보호하는 데 에너지를 소모합니다.

반면, 자존감이 높은 조직의 핵심 동기는 '성장과 학습'입니다. 이러한 태도는 안정과 신뢰, 깊은 심리적 안전감에 뿌리를 두고 있습니다.

실패는 학습의 기회로 여겨지며, 원인 분석과 개선에 집중합니다. 그리고 피드백은 서로의 성장을 돕는 '선물'로 여겨지며, 이를 바탕으로 개방적이고 건설적인 대화가 오고 갑니다.

여러분이 일하고 있는 조직은 이 두 가지 모습 중 어디에 더 가까울까요?

이 질문에 대한 답의 실마리를 찾고, 우리 조직의 성격과 습관을 동료들과 함께 이야기 나누어 볼 수 있도록, '자존심 높은 조직 vs. 자존감 높은 조직'의 구체적인 습관 50가지를 체크리스트로 정리했습니다. 그리고 여러 리더 및 구성원들과의 코칭과 워크숍에서 나눈 이야기, 그리고 저의 경험과 생각을 보태어 크게 6가지 범주로 구성했습니다. 다음의 체크리스트를 활용하여 여러분들이 계신 각자의 일터에서 동료나 팀원들과 함께 '우리다움'에 대해 더 깊은 대화를 시작해보세요.

Workplace P-E Checklist (P: Pride / E : Esteem)

1. 소통과 피드백 (Communication & Feedback)

번호	자존심이 높은 조직(P)	체크	자존감이 높은 조직(E)	체크
1	회의에서 침묵하고, 회의가 끝난 후 진짜 이야기를 한다.	☐	회의에서 자유롭게 의견을 내고, 그 자리에서 결론을 도출하려 한다.	☐
2	피드백을 개인에 대한 '비난'이나 '공격'으로 받아들인다.	☐	피드백을 성장을 위한 '데이터'이자 '선물'로 받아들인다.	☐
3	"누가 말했는가"가 "무엇을 말했는가"보다 중요하다.	☐	"무엇을 말했는가"가 "누가 말했는가"보다 중요하다.	☐
4	직접적인 질문이나 반대 의견을 내는 것을 꺼린다.	☐	건강한 논쟁과 건설적인 충돌을 장려한다.	☐
5	정보는 '힘'이라고 생각해 공유하지 않고 독점하려 한다.	☐	정보는 '함께 문제를 해결하기 위한 도구'라 생각해 투명하게 공유한다.	☐
6	리더의 의견에 반대하는 것을 '도전'으로 받아들인다.	☐	리더의 의견에 대한 건전한 비판을 '관심'과 '참여'로 받아들인다.	☐
7	칭찬은 인색하고, 질책은 공개적으로 하는 경향이 있다.	☐	칭찬은 공개적으로 하고, 개선을 위한 피드백은 조심스럽게 전달한다.	☐
8	중요한 소식이나 정보가 비공식적인 채널(소문)을 통해 퍼진다.	☐	중요한 정보는 공식적인 채널을 통해 신속하고 투명하게 공유된다.	☐

2. 문제 해결과 의사결정 (Problem Solving & Decision Making)

번호	자존심이 높은 조직(P)	체크	자존감이 높은 조직(E)	체크
9	문제가 발생하면 책임자를 찾아내 처벌하는 데 집중한다.	☐	문제가 발생하면 원인을 분석하고 재발 방지책을 마련하는 데 집중한다.	☐
10	"그건 제 책임이 아닙니다"라는 말을 자주 들을 수 있다.	☐	"우리가 함께 해결해 봅시다"라는 말을 자주 들을 수 있다.	☐
11	실패 가능성이 조금이라도 있으면 새로운 시도를 하지 않는다.	☐	실패하더라도 배울 점이 있다면 과감하게 시도한다.	☐
12	의사결정 과정에서 소수의 리더나 목소리 큰 사람의 의견만 반영된다.	☐	의사결정 과정에 실무자와 다양한 이해관계자의 의견을 적극 반영한다.	☐
13	잘못된 결정이라는 것을 알아도 체면 때문에 밀어붙인다.	☐	잘못된 결정은 신속하게 인정하고 방향을 수정하는 유연함을 보인다.	☐
14	문제를 제기한 사람에게 문제 해결의 모든 책임을 지운다.	☐	문제를 발견하고 제기한 사람을 칭찬하고, 팀이 함께 해결책을 찾는다.	☐
15	단기적인 성과나 눈앞의 문제를 해결하는 데 급급하다.	☐	장기적인 관점에서 문제의 근본적인 원인을 해결하려 노력한다.	☐

3. 협업과 팀워크 (Collaboration & Teamwork)

번호	자존심이 높은 조직(P)	체크	자존감이 높은 조직(E)	체크
16	부서 간에 보이지 않는 벽(사일로)이 존재하고, 서로 경쟁한다.	☐	부서 간의 경계를 넘어 공동의 목표를 위해 적극적으로 협력한다.	☐
17	도움을 요청하는 것을 '무능함을 드러내는 것'이라 생각한다.	☐	도움을 요청하는 것을 '목표 달성을 위한 가장 효율적인 방법'이라 생각한다.	☐
18	다른 팀의 성공을 시기하거나 평가절하하는 경향이 있다.	☐	다른 팀의 성공을 함께 기뻐하고, 그들의 노하우를 배우려 한다.	☐
19	"제 일이 아닙니다"라며 명확하게 선을 긋는다.	☐	"그 일을 더 잘할 수 있는 사람을 연결해 드릴게요" 라며 돕는다.	☐
20	협업의 결과물에 대한 공을 특정 개인이나 부서가 독차지하려 한다.	☐	협업의 성공은 참여한 모두의 공으로 돌리며 함께 축하한다.	☐
21	역할과 책임(R&R)을 '책임 회피'의 수단으로 사용한다.	☐	역할과 책임(R&R)을 '효율적인 협업'을 위한 가이드로 사용한다.	☐
22	갈등이 생기면 피하거나, 감정적인 싸움으로 번진다.	☐	갈등을 '더 나은 결과를 만들기 위한 과정'으로 보고, 건설적으로 해결한다.	☐

'우리다움' : 경쟁보다 신뢰, 속도보다 감각이 중심이 되는 구조

4. 성장과 동기부여 (Growth & Motivation)

번호	자존심이 높은 조직(P)	체크	자존감이 높은 조직(E)	체크
23	구성원의 성과를 '줄 세우기' 위한 평가에 집중한다.	☐	구성원의 '성장'을 돕기 위한 과정으로서 평가를 활용한다.	☐
24	실패한 구성원에게 "그럴 줄 알았다"는 식으로 반응한다.	☐	실패한 구성원에게 "괜찮다, 무엇을 배웠는가?"라고 물으며 격려한다.	☐
25	동기부여를 위해 '처벌'이나 '불이익' 같은 부정적 강화를 자주 사용한다.	☐	동기부여를 위해 '인정', '권한 위임', '성장의 기회' 등 긍정적 강화를 사용한다.	☐
26	새로운 기술이나 지식을 배우는 것에 소극적이고, 기존 방식을 고수한다.	☐	끊임없이 배우고 성장하며, 새로운 지식을 조직 전체에 공유한다.	☐
27	뛰어난 인재가 조직을 떠나는 것을 '개인의 문제'로 치부한다.	☐	인재 유출의 원인을 조직 내부에서 찾고, 시스템을 개선하려 노력한다.	☐
28	구성원들은 '생존'을 위해 일한다는 느낌을 받는다.	☐	구성원들은 '성장'하고 '기여'하기 위해 일한다는 느낌을 받는다.	☐
29	성공의 원인을 소수 리더의 '탁월함'으로 돌린다.	☐	성공의 원인을 팀의 '노력'과 '시스템'의 결과로 분석한다.	☐
30	"원래 그렇게 해왔다"는 말이 변화를 막는 가장 큰 장벽이다.	☐	"더 나은 방법은 없을까?"라는 질문이 가장 중요한 화두이다.	☐

5. 리더십과 조직 문화 (Leadership & Culture)

번호	자존심이 높은 조직(P)	체크	자존감이 높은 조직(E)	체크
31	리더는 '지시'하고 '통제'하는 역할을 주로 수행한다.	☐	리더는 '방향을 제시'하고 '지원'하는 역할을 주로 수행한다.	☐
32	리더가 모든 것을 알아야 한다고 생각하며, 약점을 보이지 않으려 한다.	☐	리더가 먼저 자신의 약점을 인정하고, 팀원들에게 도움을 구한다.	☐
33	실무에 대한 이해 없이 상위 리더의 지시만 전달하는 '메신저' 리더가 많다.	☐	리더가 실무의 어려움을 이해하고, 문제를 함께 해결하려는 의지가 강하다.	☐
34	'보여주기식' 업무나 불필요한 보고가 많다.	☐	일의 본질에 집중하고, 형식보다는 실질적인 결과물을 중요하게 생각한다.	☐
35	조직 내에 정치적인 행동이나 '라인 타기'가 존재한다.	☐	성과와 역량, 기여도를 기반으로 공정하게 평가받는 문화가 있다.	☐
36	새로운 멤버가 조직 문화에 적응하는 데 오랜 시간이 걸리고 힘들어한다.	☐	새로운 멤버가 빠르게 적응하고 역량을 발휘할 수 있도록 적극적으로 돕는다.	☐
37	조직의 가치(Core Value)가 벽에 걸린 액자일 뿐, 실제 행동으로 이어지지 않는다.	☐	조직의 가치가 구성원의 의사결정과 행동의 중요한 기준으로 작동한다.	☐

'우리다움' : 경쟁보다 신뢰, 속도보다 감각이 중심이 되는 구조

번호	자존심이 높은 조직(P)	체크	자존감이 높은 조직(E)	체크
38	퇴사하는 사람에 대해 부정적인 소문을 퍼뜨리거나 배신자 취급을 한다.	☐	퇴사하는 사람의 미래를 응원하고, 건강하게 이별하는 문화를 가지고 있다.	☐
39	'우리 회사'에 대한 비판적인 시각을 용납하지 못한다.	☐	'우리 회사'를 더 좋게 만들기 위한 애정 어린 비판을 환영한다.	☐
40	'하면 된다'는 식의 정신론을 강조하며, 현실적인 어려움을 무시한다.	☐	현실적인 제약과 어려움을 인정하고, 실현 가능한 계획을 세운다.	☐

6. 혁신과 변화 관리 (Innovation & Change Management)

번호	자존심이 높은 조직(P)	체크	자존감이 높은 조직(E)	체크
41	변화에 대한 저항이 심하고, 과거의 성공 방식에 안주하려 한다.	☐	변화를 당연한 것으로 받아들이고, 끊임없이 새로운 방식을 탐색한다.	☐
42	혁신은 특정 부서(예: 혁신팀)만의 일이라고 생각한다.	☐	혁신은 모든 구성원의 역할이자 책임이라고 생각한다.	☐
43	아이디어를 내도 "그게 되겠어?"라는 냉소적인 반응이 먼저 돌아온다.	☐	엉뚱한 아이디어라도 "재미있네요! 어떻게 발전시킬 수 있을까요?"라고 반응한다.	☐

44	경쟁사의 성공을 따라 하기에 급급하다.	☐	우리만의 강점과 철학을 바탕으로 시장을 선도하려 한다.	☐
45	작은 실패도 용납되지 않기 때문에, 리스크가 큰 혁신적인 시도를 피한다.	☐	'빠르게 실패하고, 빠르게 배우는 것'을 혁신의 중요한 과정으로 여긴다.	☐
46	고객의 불만이나 부정적인 피드백을 외면하거나 방어적으로 대응한다.	☐	고객의 불만을 '개선을 위한 가장 중요한 정보'로 여기고 적극적으로 수용한다.	☐
47	변화의 과정에서 구성원들에게 충분한 정보를 제공하지 않아 불안감을 키운다.	☐	변화의 목표와 과정을 투명하게 공유하여 구성원들의 참여를 유도한다.	☐
48	새로운 제도를 도입할 때, 그 이유나 배경에 대한 설명 없이 일방적으로 통보한다.	☐	새로운 제도를 도입하기 전에 구성원의 의견을 구하고 충분한 공감대를 형성한다.	☐
49	성공하면 리더의 공, 실패하면 실무자의 탓으로 돌린다.	☐	성공과 실패 모두 팀의 공동 자산으로 여기고 함께 학습한다.	☐
50	조직의 문제점을 알면서도 "어쩔 수 없다"며 방관하는 분위기가 팽배하다.	☐	조직의 문제점을 개선하기 위해 누구든 목소리를 낼 수 있는 분위기이다.	☐

'우리다움' : 경쟁보다 신뢰, 속도보다 감각이 중심이 되는 구조

조직에서 공동체로의 전환은
어떻게 일어나는가

Story Box

나의 책임이 아닌 우리의 문제로

핵심 고객사로부터 갑작스럽고 무리한 요구사항이 전달되었다. 마감일은 터무니없이 짧았다. 팀 안에서는 보이지 않는 책임 공방이 시작됐다.

"영업팀에서 처음부터 약속을 잘못한 거 아니야?"

"기획팀에서 내용을 명확하게 전달하지 않았잖아."

회의실에는 날 선 침묵과 미묘한 긴장감만이 가득했다. 각자의 역할 뒤에 숨어 서로를 탓할 준비만 하고 있는, 전형적인 '조직'의 모습이었다.

그때, 팀장이 입을 열었다.

"여러분, 지금 고객이 무리한 요구를 하는 건 맞습니다. 하지만 여기서 우리끼리 누구의 잘못인지를 따지는 건, 이 상황을 해결하는 데 아무런 도움이 되지 않아요. 이제 이건 더 이상 누구 한 사람의 실수가 아니라, 우리 팀 모두가 함께 풀어야 할 '우리의 문제'입니다. 어떻게 하면 우리가 이 위기를 멋지게 해결하고, 오히려 고객에게 우리 팀의 실력을 보여줄 수 있을지 함께 고민해봅시다."

그 한마디를 시작으로 점차 '나의 책임'이 아닌 '우리의 문제'로 관점이 전환되자, 팀원들은 비로소 각자의 방어막을 거두고 서로에게 손을 내밀기 시작했다. 누군가는 밤을 새워 데이터를 분석했고, 누군가는 자신의 인맥을 총동원해 해결의 실마리를 찾아왔다.

그 며칠간, 우리는 아마 회사 생활 중 가장 치열하게 일했다. 그리고 그 과정 속에서, 이전에는 미처 몰랐던 동료의 헌신적인 모습을 보았고, 서로의 연약함을 기꺼이 기대며 함께 밤을 새웠다.

결국 우리는 위기를 넘겼고, 그날 이후 우리 팀은 다시 예전으로 돌아갈 수 없었다. 우리는 단순한 '조직'을 넘어, 함께 역경을 이겨낸 '우리'라는 이름의 작은 공동체가 되어 있었다.

조직이 공동체로 전환되는 순간은
특정한 선언이나 제도로 오지 않는다.
공동체의 감각은 '이건 나의 일이야'에서

> '이건 우리의 일이야'로 관점이 전환될 때 찾아온다.
> 공동체로 전환되는 조직에서는
> 구성원에게 단지 효율적으로 일하는 능력만을
> 요구하지 않는다.
> 사람과 연결되는 감각,
> 어려움 속에서도 일의 의미를 발견하는 기술,
> 동료 간 서로를 돕고 지원하는 능력까지도 함께 성장시킨다.

저는 현재 경기도에 거주하고 있어서 종종 빨강색 광역버스를 타고 서울로 나갑니다. 광역버스는 배차 시간이 정해져 있어서 잘못하면 버스를 놓치거나 한참 동안 버스를 기다려야 하는데요. 어느 날은, 눈 앞에서 버스를 놓쳐서 꽤 긴 시간 동안 버스를 기다리다가 문득, 이런 생각을 한 적이 있습니다.

버스 정류장에서 함께 버스를 기다리고 있는 사람들, 이들을 과연 '공동체'라고 부를 수 있을까요? 아니면, '조직'이라고 할 수는 있을까요?

이러한 물음에 답하기 위해, 공동체 심리학자인 맥밀란(McMillan)과 차비스(Chavis)가 제시한 '공동체 의식(Sense of Community)'을 만드는 네 가지 핵심 조건을 먼저 살펴볼 필요가 있습니다. 그들은 진정한 공동체가 형성되기 위해서는 다음 요소들이 충족되어야 한다고 보았습니다.

- **멤버십 (Membership)**: 개인이 그 집단에 소속되어 있다는 느낌, 즉 안전하게 받아들여지고 개인적인 관계성을 공유하며 '우리'라는 경계를 인식합니다.

- **영향력 (Influence)**: 구성원이 공동체에 의미 있는 영향을 미칠 수 있다고 느끼는 동시에, 공동체 또한 자신에게 영향을 준다고 인식하는 상호적인 힘입니다.

- **욕구의 통합과 충족 (Integration and Fulfillment of Needs)**: 공동체를 통해 자신의 중요한 욕구나 가치가 실현될 수 있으며, 공동체의 자원을 통해 필요한 것을 얻을 수 있다는 믿음입니다.

- **정서적 연결 (Shared Emotional Connection)**: 구성원들이 함께 만들어온 역사, 공유된 경험이나 장소, 그리고 함께 보낸 시간과 역경을 통해 형성되는 깊은 정서적 유대감입니다.

이러한 네 가지 요소를 기준으로, 버스 정류장에 모인 사람들이 어떻게 단순한 '집단'을 넘어 '조직'으로, 그리고 마침내 '공동체'로 진화해 나갈 수 있는지 그 여정을 함께 살펴보겠습니다.

먼저, 아무런 사전 약속 없이 그저 버스를 기다리기 위해 정류장에 모인 사람들은 전형적인 '집단'의 모습을 보여줍니다. '서울행 버스를 탄다'는 각자의 개별적인 목표는 있지만, 그 외에는 특별한 연결고리가 없죠. 멤버십은 '지금 이 정류장에 있는 사람들'이라는 아주 느슨하고 일시적인 범주에 머뭅니다. 누가 새로 줄을 서거나 중간에 떠나가도 '우리'라는 경계는 쉽게 변하고, 그 안에서 감정적인 안전감을 느끼거나 서로에게 깊이 관여할 이유는 거의 없습니다. 영향력 또한 미미합니다. 개인이 버스 운행 시간에 영향을 줄 수도 없고, 다른 대기자들의 행동을 바꾸기도 어렵습니다. 마찬가지로, 정류장의 다른 사람들이 나에게 미치는 영향도 거의 없죠. 그저 각자의 스마트폰을 들여다보며 지루한 기다림을 견딜 뿐입니다. 욕구 충족의 측면에서 보면, '제시간에 버스를 타고 목적지에 도착하고 싶다'는 가장 기본적인 욕구조차 제대로 충족되지 못하고 있을 가능성이 큽니다. 버스가 지연되거나 만석으로 지나가 버리면 좌절감만 커질 뿐, 이 집단을 통해 얻을 수 있는 자원이나 도움은 상상하기 어렵습니다. 정서적 연결 역시 거의 부재합니다. 간혹 같은 처지에 대한 말 없는 동병상련의 눈빛을 주고받을 수는 있겠지만, 함께 나눈 추억이나 의미 있는 상호작용, 깊은 정서적 교감은 찾아보기 힘듭니다.

그런데 무슨 일인지, 버스가 한 시간이 지나도록 감감무소식 이라고 가정해보겠습니다. 사람들의 표정에는 초조함을 넘어 당혹감과 불안감이 서리기 시작합니다. "이거 대체 무슨 일이죠?" 누군가의 혼잣말 같은 질문에, 다른 누군가가 "그러게요, 사고라도 났나?" 하고 대답하며 침묵이 깨집니다. 이대로 하염없이 기다리는 것이 유일한 방법이 아니라는 생각이 스멀스멀 피어오르기 시작할 때, 이제 집단은 문제 해결을 위한 '조직'으로 변화할 가능성을 맞이합니다.

예를 들어, 한 사람이 용기를 내어 버스 회사에 전화를 걸어 상황을 파악하려 합니다(정보 탐색 역할). 또 다른 사람은 스마트폰으로 실시간 교통 정보와 대체 노선을 검색하기 시작합니다(대안 제시 역할). "혹시 서울 같은 방향으로 가시는 분들, 택시라도 같이 타고 갈까요?" 누군가가 제안하자, 몇몇이 고개를 끄덕입니다. 목적지가 비슷한 사람들끼리 그룹을 만들고, 비용을 분담하며, 가장 빠른 경로를 함께 논의하기 시작합니다(자원 배분 및 조정 역할). 멤버십의 측면에서, 이제 '함께 이 상황을 타개하려는 사람들'이라는 이전보다 훨씬 명확한 경계와 소속감이 생겨납니다. 공동의 문제에 대한 인식이 공유되면서, 비록 소극적일지라도 서로에게 자신의 시간, 정보, 아이디어를 투자하기 시작하고, 자신의 의견을 제시해도 괜찮다는 최소한의 심리적 안전감도 형성됩니다. 영향력 또한 눈에 띄게 발휘됩니다. 개인의 제안(택시 합승, 정보 공유)이 그룹 전체의 행동 방향에 직접적인 영향을 미치고, 그룹의 결정(특정 경로 선택, 비용 분담 방식)이 다시 개인의 선택에 영향을 주는 상호작용이 나타납니다. 욕구 충족의 측면에서도 변화가 일어납니다. '서울로 가야 한다'는 핵심 욕구를 충족시키기 위한 구체적인 행동들이 시작되고, 정보를 공유하고 비용을 나누며 함께 이동 수단을 모색하는 과정에서 개인의 욕구가 집단의 노력을 통해 해결될 수 있다는 기대감이 생겨납니다. 정서적 연결은 아직 깊다고 할 수는 없지만, 공동의 문제를 해결하기 위한 짧지만 강렬한 협력의 경험은 이전과는 다른 종류의 연결고리를 만들고, 함께 무언가를 해냈다는 작은 성취감이 싹틀 수 있습니다. 이처럼 버스 정류장의 사람들은 더 이상 수동적인 대기자가 아니라, 현 상황을 타개하기 위한 임시적이지만 목적 지향적인 '조직'을 형성한 것이죠.

함께 택시를 타고 서울로 향하며 이런저런 이야기를 나누었던 사람들, 혹은 각자의 방식으로 버스 문제를 해결하려 애썼던 그 경험은 단순한 해프닝으로 끝나지 않았습니다. 그들은 '오늘만 어떻게든 넘기자'는 소극적인 자세를 넘어, 이 불편한 상황을 근본적으로 바꿔보고 싶다는 열망을 공유하게 됩니다. 바로 이 지점에서, 일시적인 문제 해결을 위해 모였던 '조직'은 지속적인 변화를 추구하는 '공동체'로 한 걸음 더 나아갈 수 있습니다.

며칠 뒤, 우연히 다시 마주친 버스 정류장에서 누군가 이렇게 말문을 엽니다. "사실 그때 같은 일이 한두 번이 아니잖아요. 우리 동네 이 노선, 정말 문제가 많은 것 같아요. 매번 이렇게 개인적으로 고생할 게 아니라, 우리가 뭔가 근본적인 대책을 함께 요구해야 하지 않을까요?" 이 진지한 물음에 다른 사람들이 깊이 공감하며 고개를 끄덕입니다.

그들은 자발적으로 모임을 갖고, 버스 노선 시간표의 문제점, 배차 간격의 불합리함, 특정 시간대 만석 문제 등을 구체적으로 조사하고 자료를 수집하기 시작합니다. 어떤 사람은 민원 제기 경험을 살려 청원서 초안을 작성하고, 어떤 사람은 동네 온라인 커뮤니티에 이 문제를 공론화하여 더 많은 주민들의 참여를 이끌어냅니다. 또 다른 사람은 구청이나 버스 회사에 직접 연락하여 담당자와의 면담을 추진하기도 하죠. 그들은 더 이상 버스가 오기만을 수동적으로 기다리던 사람들이 아니었습니다. 자신들이 겪는 문제를 해결하기 위해 목소리를 내고, 함께 행동하는 주체적인 시민들이 됩니다. 이 단계에 이르면, 공동체 의식의 네 가지 요소는 더욱 강력하고 의미 있게 발현됩니다.

멤버십 측면에서, 이제 이들은 단순히 '같은 버스를 기다리던 사람들'을 넘어, '우리 동네 교통 문제 해결을 위해 함께 노력하는 사람들'이라는 훨씬 더 강력하고 의미 있는 정체성을 공유하게 됩니다. 이 공동의 목표는 그들 사이에 깊은 소속감을 만들어내고, 각자의 시간과 재능을 기꺼이 투자하게 만드는 동기가 됩니다. 새로운 아이디어를 제안하거나 반대 의견을 제시하는 것 역시 이 '우리' 안에서는 안전하게 받아들여집니다. 영향력 측면에서는, 개인의 작은 목소리가 모여 집단의 강력한 요구가 되고, 이 집단의 목소리가 실제로 버스 회사나 지자체의 정책 변화에 영향을 미칠 수 있다는 믿음이 생겨납니다. 또한, 공동의 목표를 향해 나아가는 과정에서 각자는 자신이 가진 정보나 기술, 혹은 설득력으로 그룹 전체의 방향 설정에 기여하며 상호 간의 영향력을 주고받습니다. '내가 이 일에 참여함으로써 무언가를 바꿀 수 있다'는 효능감이 커지는 것이죠. 또한 욕구 충족 차원에서도 '안전하고 편리하게 이동하고 싶다'는 기본적인 욕구는 물론, 더 나아가 '내가 사는 지역 사회에 기여하고 싶다', '부당한 상황을 개선하고 싶다', '다른 사람들과 의미 있는 관계를 맺고 싶다'와 같은 더 높은 차원의 욕구들이 이 공동체 활동을 통해 충족되기 시작합니다. 사람들은 자신의 노력이 실질적인 변화를 가져오는 것을 보며 큰 보람을 느끼게 됩니다. 함께 문제를 공론화하고, 자료를 준비하며 밤늦게까지 회의하고, 때로는 관계 기관의 무성의한 태도에 함께 분노하고, 작은 진전에도 함께 기뻐하는 그 모든 과정 속에서 이들의 정서적 유대는 상상 이상으로 깊어집니다. 그날 버스 정류장에서 느꼈던 막막함과 불편함을 공유했던 경험은, 이제 공동의 목표를 향해 함께 나아가는 과정에서의 뜨거운 연대감과 끈끈한 동료애로 승화됩니다. 그들은 함께 만들어가는 '우리만의 이야기'를 갖게 됩니다.

이처럼 '공동체'는 단순히 모여 있거나 함께 일하는 것을 넘어, 구성원들이 서로에게 깊은 소속감을 느끼고, 공동의 선(善)을 위해 긍정적인 영향을 주고받으며, 각자의 욕구를 넘어서는 더 큰 가치를 함께 실현하고, 무엇보다 강인한 정서적 연결을 공유하는 관계의 결정체입니다.

불편함에서 시작된 작은 움직임이 의미 있는 공동체로 발전하는 여정은, 어쩌면 우리 안의 가장 연약한 부분을 서로에게 기꺼이 드러내는 용기에서부터 그 깊이를 더해가는지도 모릅니다. 정신과 의사이자 영성가인 스캇 펙(M. Scott Peck)은 그의 저서에서 공동체가 진정한 의미를 찾아가는 과정, 그 현실에 대해 다음과 같이 이야기했습니다.

"한 사람 한 사람이 진심으로 거부나 상처의 위험성을 무릅쓰면,
집단은 상처를 두려워하지 않는 여린 마음과 정직성을 갖춘 집단으로
한 차원 높게 발전(혹은 퇴보)한다.
이것은 언제나 개인적이고,
언제나 일방적이며,
언제나 위험이 뒤따른다.
이것이 공동체의 현실이다."

  스캇 펙은 여기서 말하는 '여린 마음'을 단순히 감상적이거나 어리석음에 기인한 유약함과 분명히 구별합니다. 그가 말하는 진정한 여린 마음이란, 오히려 '상처받을 위험을 기꺼이 무릅쓰는 능력'이며, 이러한 능력은 흔히 우리가 애써 감추고 싶어 하는 각자의 상처와 때로는 망가진 모습, 그리고 스스로 부족하다고 느끼는 무능력함이나 약점, 과거의 실패와 현재의 미숙함까지도 솔직하게 드러내고 있는 그대로 수용할 때, 그리고 더 나아가 타인의 그러한 모습까지도 따뜻하게 포용

할 수 있을 때 비로소 길러진다고 보았습니다. 여린 마음이라고 표현했지만 어찌보면, 가장 강력하고 용기있는 마음의 또 다른 모습이라고 할 수 있겠죠.

결국, 버스 정류장의 사람들이 스쳐 지나가는 익명의 '집단'에서 서로의 필요를 위해 움직이는 '조직'으로, 그리고 마침내 공동의 문제 해결을 위해 연대하는 '공동체'로 나아갈 수 있었던 것도, 어쩌면 그 불편함과 막막함이라는 '상처받을 수 있는 상황' 앞에서 각자의 솔직한 마음을 조금씩 열고 서로에게 기대며 함께 행동했기 때문 아닐까요? 각자의 '자기다움' 속에 숨겨진 연약함까지도 서로에게 내보일 수 있는 용기가, 역설적이게도 그들을 더욱 단단한 '우리'로 묶어준 것이죠.

집단이 조직을 넘어 공동체로 진화할 수 있는 비밀은, 어쩌면 각자의 연약함과 불완전함을 어떻게 다루느냐에 달려있는 것인지도 모르겠습니다.

'우리다움'의 문화가 사회로 확장될 수 있는 가능성

Story Box

작은 소프트웨어 회사 '트루노트'와 그들을 살린 사용자들

'트루노트'(가칭)는 사용자의 복잡한 생각을 정리하는 데 도움을 주는 작은 노트 앱을 만드는 회사였다. 그들은 대규모 마케팅 대신, 제품 개발 과정을 블로그와 커뮤니티에 솔직하게 공유했다. 새로운 기능을 기획한 의도, 개발 중 마주친 어려움, 심지어 사용자의 비판에 대한 겸허한 고민까지도 가감 없이 드러냈다.

처음엔 몇몇 얼리어답터들만 관심을 보였지만, 시간이 지날수록 '트루노트'의 진솔한 소통 방식과 제품에 대한 순수한 열정에 공감하는 사용자들이 늘어갔다. 그들은 단순한 '고객'을 넘어, 버그를 함께 찾아내 제보하고, 새로운 기능을 적극적으로 제안하며, 자발적으로 사용 팁을 만들어 공유하는 '열정적인 지지자'가 되어갔다.

어느 날, 회사가 자금난으로 큰 위기에 처했다는 소식이 커뮤니티에 알려졌다. 놀랍게도, 사용자들은 자발적으로 '우리 앱 살리기' 펀딩을 조직하고, 주변에 '트루노트'의 가치를 알리기 시작했다. 그들에게 '트루노트'는 그저 하나의 소프트웨어가 아니라, 함께 소통하고 성장해온 소중한 '우리'의 이야기였기 때문이다.

> 조직이 자신의 가장 진솔한 얼굴(자기다움)을 세상에 드러내고,
> 고객과 함께 기꺼이 '우리'의 이야기를 써 내려갈 때,
> 그들은 단순한 소비자를 넘어,
> 위기의 순간에도 기꺼이 손을 내미는
> 가장 헌신적인 팬이자,
> 가장 강력한 공동체가 되어준다.
> 이것이 바로 '우리다움'이 가진,
> 경계를 넘어 확장되는 놀라운 힘이다.

우리는 평소, 가족과 함께 보내는 시간보다 더 긴 시간을 조직 안에서 보냅니다. 그 밀도 높은 공간에서 경험하는 관계의 방식, 서로를 대하는 태도, 그리고 무심코 주고받는 말의 습관들은 우리의 가치관과

행동 양식에 생각보다 깊은 영향을 미치죠. 그리고 이러한 영향은 단순히 조직의 문을 나선다고 해서 사라지는 것이 아니라, 우리가 살아가는 사회 속 다양한 상호작용 방식으로 자연스럽게 이어지기도 합니다. 어쩌면 조직 안의 문화는 단지 '일하는 방식'에 대한 규정을 넘어, 우리 사회 전체의 정보 교환 방식과 정서적 연결의 질에 영향을 미치는 가장 일상적이고도 현실적인 '삶의 모델'이 아닐까 싶습니다. 그런 의미에서 건강한 '우리다움'이 살아 숨 쉬는 일터는, 더 나은 사회를 만들어가는 가장 가까운 출발점일지도 모릅니다. 실제로, 이렇게 조직 안에서 체득된 다름에 대한 깊은 이해와 수용, 함께 결정하고 그 결과에 공동으로 책임지는 성숙한 감각, 그리고 단절보다는 연결을, 현상보다는 그 이면의 맥락을 중요하게 여기는 소통 방식은, 조직의 울타리를 넘어 우리가 관계 맺는 모든 사회적 공간에서도 긍정적인 변화를 가져올 수 있는 소중한 씨앗이 됩니다.

한국 사회는 최근 몇 년간 여러 사회적·정치적 격변을 겪으며, 이전과는 다른 방식의 연대와 관계 맺음의 가능성을 보여주고 있습니다. 특히 윤석열 정부의 비상 계엄 선포에서 탄핵 결정에 이르기까지의 과정은, 저에게 개인의 목소리가 어떻게 집단의 건강한 연대로 이어지며 '우리다움'의 새로운 의미를 만들어가는지를 생각하게 했습니다. 그 과정에서 가장 흥미로웠던 지점은, 흔히 MZ세대로 대변되는 젊은 세대들의 뚜렷한 개인주의적 성향이 역설적이게도 이전과는 전혀 다른 형태의 창의적이고 유연한 연대를 만들어내고 있다는 사실이었습니다.

2030 젊은 세대들은 거리로 나와 응원봉을 들고 거리로 나와 노래를 함께 부르며 그들만의 방식으로 시위를 이어갔죠. 이는 개인의 목소리를 내는 동시에, 공동의 목표를 향해 자발적으로 연결되어 시대의 변화를 이끌어내는 매우 상징적인 장면이었습니다. 과거의 조직화된 집회와는 사뭇 다른, 개인주의적으로 보였던 세대가 스스로의 필요와 가치에 따라 유연하게 연결되고 연대하며 사회적 변화를 주도하는 모습은 새로운 조직 모델에도 중요한 메시지를 던졌습니다. 이는 단순히 개인의 권리만을 주장하는 것을 넘어, 공동의 목표를 위해 기꺼이 협력하고 창의적으로 문제를 해결할 수 있는 새로운 세대의 능력을 보여주기 때문입니다. 당시 대통령 퇴진 촉구 집회 현장에는 '전국 집에 누워있기 연합', '제발 아무것도 안 하고 싶은 사람들의 모임', '스타워즈 저항군 서울지부' 등과 같이 이전에는 상상하기 어려웠던, 위트와 해학이 넘치는 다양한 시민 연대들의 깃발 문구가 등장하여 화제가 되기도 했죠. 젊은 세대들이 중심이 되어 무겁고 불안한 상황 속에서도 그들만의 방식으로 연대의 즐거움을 찾고, 그 유쾌한 상징들을 통해 더 많은 이들의 자발적인 참여를 이끌어내었습니다. 이러한 과정에서 개인주의와 연대의 건강한 경계를 만들어내는 데에는 SNS와 같은 디지털 플랫폼이 결정적인 역할을 했습니다. MZ세대는 디지털 공간을 놀이터처럼 활용하며 자신들의 의견을 거침없이 표현하는 동시에, 비슷한 생각을 가진 다른 이들과 국경이나 물리적 거리조차 초월하여 즉각적으로 연결되고 행동을 조직합니다. 이러한 디지털 기반의 유연한 연대는 전통적

인 집단행동의 경직된 한계를 넘어서는 강력하고도 새로운 변화의 동력을 만들어냈습니다.

이러한 시대적 흐름은 기업 조직의 문화와 운영 방식에도 깊은 영향을 미치고 있습니다. 과거의 조직은 경제적 교환 관계에 기반한 수직적인 구조로, 고용주는 급여와 일자리를 제공하고 직원은 노동력을 제공하며 상호 이익을 추구하는 모델이었죠. 하지만, 이제 젊은 구성원들은 조직을 단순히 돈을 벌기 위한 곳으로만 여기지 않습니다. 그들은 직장을 자신의 꿈을 탐색하고 실현하거나, 더 나은 미래를 준비하기 위한 하나의 '경험 플랫폼'으로 여기죠. 그들에게 조직은 더 이상 한번 들어가면 평생을 바치는 곳이 아니라, 잠시 머물며 배우고 성장하고, 또 다른 기회를 찾아 유연하게 이동하는 '삶의 정거장' 같은 공간입니다.

저는 이러한 변화 속에서 앞으로의 기업 조직이 점차 느슨하지만 의미 있는 연결을 중심으로 하는 '커뮤니티'와 같은 성격을 띠게 될 것이라 봅니다. 구성원들은 조직의 일원으로서 단순한 고용 관계를 넘어, 마치 자신이 선택한 커뮤니티의 멤버십처럼 조직 내에서 의미와 가치를 발견하고 동료들과 진정한 연결을 경험하며 함께 성장하기를 원합니다. 이는 조직이 구성원 각자의 자율성을 존중하면서도, 그들이 자발적으로 참여하는 건강한 연대를 통해 더 큰 목표를 함께 실현할 수 있는 방향으로 진화해야 함을 의미합니다.

그리고 이러한 변화의 흐름은 비단 조직 내부 구성원과의 관계에만 국한되지 않습니다. 기업과 고객과의 관계 역시, 이제는 단순히 제품이나 서비스를 일방적으로 제공하고 소비하는 관계를 넘어, 브랜드의 가치와 철학에 깊이 공감하고 적극적으로 지지하는 '팬(Fan)'과의 관계를 확보하는 것이 훨씬 더 중요해질 겁니다.

'인간적인 브랜드가 살아남는다'의 저자 마크 셰퍼(Mark W. Schaefer)는 오늘날 소비자들은 그 어느 때보다 진솔한 친밀감과 인간적인 경험에 목말라 있다고 설명하며, 브랜드는 과거의 권위적인 모습을 벗고 고객에게 훨씬 더 가까이 다가가야 한다고 주장합니다. 고객들이 쉽게 다가가기 쉬워야 하고 인간적인 매력과 호감을 주며, 때로는 완벽하지 않은 취약한 모습도 솔직하게 보여줄 수 있어야 한다는 것이죠. 그는 새로운 시대의 마케팅은 고객들이 자발적으로 브랜드와 제품에 대한 이야기를 만들어내고, 그 이야기가 마치 즐거운 대화처럼 사람들 사이에 퍼져나갈 수 있도록 돕는 것이라고 강조합니다. 최고의 브랜드는 고객을 '소유'하지 않으며, 고객이 브랜드 이야기의 중요한 일원으로서 깊은 소속감을 느끼도록 돕는다는 겁니다. 마크 셰퍼는 이러한 맥락에서, 영상 마케팅 솔루션 기업 위스티아(Wistia)의 CEO 크리스 새비지(Chris Savage)와의 인터뷰를 통해 일반적인 '고객(Customer)'과 열정적인 '팬(Fan)' 사이의 결정적인 차이를 다음과 같이 소개합니다.

"팬은 당신이 하는 일의 일부가 되고 싶어 합니다.

팬은 무슨 일이 일어나기 전에 먼저 그 소식을 알고 싶어 하고
우리는 이에 반응해야 합니다.
전통적인 의미에서의 '고객'은
여기저기 돌아다니며 비교 쇼핑을 하는 사람들이지,
당신의 팀과 기업 문화에 진정한 관심을 보이는 사람들이 아닙니다.
그러나 당신을 응원하는 '팬'들은
표면에 드러나는 일 말고도
그 뒤에 무엇이 있는지 알고 싶어하며,
거기에 참여하길 원합니다.
우리가 마땅히 배려해야 할 강력한 요구지요.
진정한 공동체를 운영한다는 말은
장기적인 관계에 지속적으로 투자하는 것을 의미합니다."

 이처럼 조직 내부의 '우리다움'이 외부로까지 선명하게 확장될 때, 기업은 단순한 상품 구매자를 넘어 브랜드의 열정적인 지지자이자 동반자인 '팬'과의 강력한 관계를 형성할 수 있습니다. 바로 이러한 팬들과의 끈끈한 유대가, 예측 불가능한 시장 환경 속에서도 지속 가능한 성장을 이룰 수 있는 힘이 되어줍니다. 실제로, 팬이 또 다른 팬을 자발적으로 불러 모으고, 그들 스스로 브랜드의 이야기를 만들고 확산시키는

이른바 '소셜 코드(Social Code)' 현상은 이제 BTS로 대표되는 케이팝 산업뿐만 아니라, 우리가 즐겨보는 영화나 드라마, 웹툰과 같은 다양한 콘텐츠 영역, 나아가 일상에서 사용하는 화장품이나 즐겨 찾는 음식과 같은 소비재 영역에 이르기까지 광범위하게 확장되고 있습니다. 소비자들은 더 이상 수동적으로 정보를 받아들이는 존재가 아니라, 자신이 지지하는 브랜드의 가치에 깊이 공감하고 그 성장에 적극적으로 참여하며 함께 기뻐하는 '팬'이 되기를 주저하지 않는 것이죠.

그리고 이러한 흐름 속에서, AI기술의 급진적인 발달과 우리 일상으로의 확대는 조직 안에서의 일하는 방식과 기업이 고객(또는 팬)과 관계를 맺는 방식 모두에 변화를 더욱 빠르게 가져오고 있습니다.

먼저, 조직 내 일하는 방식에서는 AI가 반복적이고 분석적인 업무를 상당 부분 대신하게 되면서, 인간 구성원들은 이전보다 본질에 집중한 문제해결, 정서적 공감, 그리고 동료들과의 깊은 유대감을 통한 협업과 같이 인간만이 할 수 있는 고유한 역할에 더욱 집중하게 될 것입니다. 기술 활용 능력의 차이에서 비롯될 수 있는 생산성의 격차 또한 건강한 '우리다움'을 바탕으로 한 시너지로 극복해야 할 중요한 과제가 되겠지요.

그리고 AI는 정교한 데이터 분석을 통해 고객에게 놀라운 수준의 맞춤형 경험을 제공할 수 있겠지만, 이는 결국 브랜드의 진솔한 '자기다움'과 인간적인 교감이 더해질 때 비로소 고객을 단순 구매자가 아닌 열정적인 '팬'으로 만들 수 있을 겁니다. 기술이 아무리 발전해도 모방할 수 없는 진정성과 인간적인 손길이 브랜드가 더 높은 가치를 지니는 핵심이 되는 것이죠.

AI 시대의 도래는 기술을 활용하여 생산성과 효율성을 극대화하는 동시에, 조직 내외부에서의 깊이 있는 인간적 연결과 두터운 신뢰, 진솔한 가치 공유를 조직의 또다른 과제로 제시하고 있기도 합니다. 어쩌면 역설적이게도 우리에게 '인간 고유의 역량'이 무엇인지, 그리고 '진정한 연결'의 가치가 어디에 있는지를 더욱 절실히 묻고 있는 것이지요.

Bridge

이제,
우리들의 실험을 시작할 시간

•

　우리는 지금까지 조직 안에서 한 개인이 자신의 고유한 색깔을 되찾는 '자기다움'의 여정에서부터, 그 다름이 서로에게 힘이 되어주는 건강한 '우리다움'의 가능성에 이르기까지, 꽤 길고도 깊은 이야기를 함께 나누었습니다.

　자기다움이 단단한 개인은 자신의 일을 통해 의미를 찾고 기꺼이 주도성을 발휘하며, 우리다움이 살아있는 조직은 그 안에서 관계의 온도를 높이고 협력의 시너지를 통해 지속 가능한 성과를 만들어냅니다. 우리는 머리로는 이것이 얼마나 중요한지, 그리고 우리가 가야 할 방향이라는 것을 이제 어렴풋이 알고 있습니다.

　하지만 바로 지금, 우리가 발 딛고 서 있는 현실의 조직은 어떤가요?

　우리는 거대한 전환의 한복판에 서 있습니다. 한쪽에서는 AI가 인간의 지적 노동을 대체하며 비교 불가능한 효율성을 약속하고, 다른 한쪽에서는 경기 침체의 그늘 아래 '권고사직'과 '취업 한파'라는 단어가 일상의 불안을 파고

듭니다. 기술은 우리에게 초인적인 생산성을 요구하는 동시에, 바로 그 기술 때문에 우리의 자리가 위태로워지는 역설. 이 모순적인 '퍼펙트 스톰(Perfect Storm)' 속에서, 과거의 성공 공식이었던 통제 중심의 위계질서와 효율성 제일주의는 점점 더 힘을 잃어가고 있습니다.

이처럼 거대한 변화 앞에서, '우리다움'을 회복하는 것이 더 이상 선택이 아닌, 조직의 생존과 지속 가능성을 위한 유일한 길이라고 감히 말씀드렸습니다. 왜냐하면 AI가 결코 흉내 낼 수 없는 진실된 표현과 충만감, 예측 불가능한 문제에 대한 유연한 대처, 그리고 고객의 마음을 움직이는 진정한 연결은, 결국 서로를 깊이 신뢰하고 심리적 안전감을 느끼는 사람들 사이의 관계 속에서만 피어날 수 있기 때문입니다. 또한, 극심한 불안의 시대에 뛰어난 인재들이 기꺼이 머무르고 자신의 잠재력을 마음껏 펼치고 싶게 만드는 힘 역시, 높은 연봉이나 좋은 복지를 넘어, '나는 이곳에서 온전한 나로서 존중받고 있다'는 강력한 소속감과 안정감에서 나옵니다.

하지만 이 모든 것을 머리로는 이해한다고 해도, 막상 우리가 무엇을 어떻게 시작해야 할지 막막하게 느껴지는 것이 현실입니다.

"우리 조직은 이미 너무 경직되어 있어서,
이런 이야기는 통하지 않을 거예요."

Bridge

"매일매일의 성과 압박 속에서
관계나 문화를 챙길 여유가 어디 있겠어요?"

"리더인 저부터가 어떻게 해야 할지 모르겠는데,
누구를 이끌 수 있을까요?"

"괜히 새로운 시도를 했다가 실패하면,
그 책임은 누가 지나요?"

이러한 두려움과 냉소주의, 그리고 무력감은 너무나 현실적이기에, 우리는 '자기다움'과 '우리다움'을 그저 책 속에나 존재하는 아름다운 이상으로 치부해버리고, 익숙하지만 나를 지치게 만드는 방식으로 다시 돌아가곤 합니다.

그래서 Part 3에서는 더 이상 이를 막연한 이상으로만 남겨두지 않고 여러분들과 함께 우리 조직의 현실 속에서 지금 당장 시도해볼 수 있는, 작지만 의미 있는 실험들에 대해 이야기하고자 합니다. 여기서 '실험'이라는 단어를 쓰는 이유는, 완벽한 정답이나 모든 조직에 통용되는 만능 열쇠는 없다는 것을 인정하기 때문입니다. 모든 조직은 저마다 다른 역사와 문화, 그리고 사람들을 가지고 있으니까요.

이제 우리는 조직이라는 살아있는 유기체를 대상으로, '어떻게 하면 우리 안의 자기다움을 깨우고 우리다움을 꽃피울 수 있을까?'에 대한 가설을 세우고, 용기 있게 실험하며, 그 결과를 함께 배우고, 또다시 새로운 실험으로 나아가는 여정을 시작하려 합니다. 이 책에서는 아래와 같은 실험들을 제안합니다.

- 먼저, '직무기술서'라는 낡은 지도를 버리고, 각자의 '자기다움'이 담긴 '역할 정의서'를 함께 써 내려가는 구체적인 방법을 살펴봅니다.
- 리더가 쥐고 있던 권한을 그저 빌려주는 '위임'을 넘어, 실무자에게 결정권을 나누어주는 '권한 분배' 시스템을 어떻게 설계할 수 있을지 탐색합니다.
- 에너지를 소모하던 회의를, 목적에 따라 재규정하여 소통의 리듬을 되찾는 기술에 대해 이야기합니다.
- 부서 간의 높은 벽을 허물고 공동의 미션을 향해 달리는 작은 탐험대,'미션 중심 TF'를 효과적으로 조직하는 방법을 알아봅니다.
- 평가와 두려움의 대상이었던 피드백과 보상을, 서로의 성장을 지지하는 격려와 약속으로 바꾸는 길을 모색합니다.
- 조직을 '플랫폼'으로 바라보고 그 안에서 '내부 인재 시장'을 구축하는 과감한 시도에 대해서도 논의합니다.
- 그리고 이 모든 변화를 이끌어가는 리더가, 외로운 '영웅'이 아니라 지혜로운 '

Bridge

'정원사'로 거듭나는 길을 함께 찾아봅니다.

이 모든 탐색의 중심에는 단 하나의 단단한 믿음이 있습니다. 바로, 조직의 가장 위대한 자산은 시스템이나 자본이 아닌, 그 안에 있는 '사람'이라는 믿음입니다.

자 이제, 우리들의 일터에서 '자기다움'과 '우리다움'을 위한 첫 번째 실험을 시작할 시간입니다.

'자기다움'과 '우리다움'이 살아있는 조직을 위한 실험

Part 3.

*인생 후반기의 최대 임무는
자신의 개인적인 이야기를 쓰는 책임을 떠맡고
세상 속에서 그 이야기를 사는 용기를 획득하는 것이다.*

제임스 홀리스 *(James Hollis)*

['자기다움'과 '우리다움'이 살아있는 조직을 위한 실험 1]
: 직무 기술서에서 역할 정의서로

여러분은 회사에서 새로운 동료가 들어오기 전후에 그가 지원한 포지션의 직무기술서(Job Description)를 본 적이 있나요? 아마 'SNS 채널 관리', '소비자 보고서 작성', '고객 데이터 분석' 같은 업무 내용이 빼곡히 적혀 있었을 겁니다. 저 역시 그랬습니다. 그리고 생각했죠. '그래서 이 사람이 우리 팀에 왜 필요한 거지? 이 사람이 만들어낼 진짜 가치는 뭐지?' 우리가 수십 년간 당연하게 여겨온 '직무기술서'는 사실 조직의 잠재력을 가두는 가장 큰 걸림돌 중 하나입니다. 이제는 우리는 사람을 '정해진 업무 리스트'가 담긴 상자 안에 가두지 말고, '가야 할 목적지'를 알려주는 나침반을 쥐여주어야 합니다.

우리가 흔히 접하는 전통적인 '직무기술서'는 조직이라는 잘 짜인 기계 속에서 개인이 수행해야 할 과업(task)들을 나열한 체크리스트와 같습니다. 이는 사람들에게 '당신은 이 상자 안에서만 일하면 됩니다. 상자 밖의 일은 당신 일이 아닙니다'라고 말하는 것과 같습니다. 결과적으로 '그건 제 일이 아닌데요?'라는 보이지 않는 벽을 만들고, 결국 조직 전체의 유연성과 시너지를 저해하는 원인이 되기도 합니다. 그에 반해, 역할 정의서는 GPS와 같습니다. 세상이 변하면 길을 새로 알려주듯, 상황에 따라 유연하게 움직입니다. 역할 정의서는 개인의 전문성과 고유한 강점(자기다움)을 존중하는 동시에, 조직의 공동 목표에 어떻게 기여해야 하는지에 대한 책임과 권한을 명확히 함으로써, 구성원 스스로 '이 일의 주인은 바로 나'라는 건강한 주인의식을 깨우는 것을 목표로 합니다.

한번 상상해볼까요? 여러분이 선장인데 선원에게 "가서 닻을 내려"라고 지시만 하는 것과, "우리의 목적지는 저기 보이는 보물섬이야. 안전하게 정박하는 걸 책임져줘"라고 말하는 것 중 언제가 더 동기부여가 될까요? 당연히 후자일 겁니다. 역할 정의서는 바로 이 '왜'를 알려줍니다. 내가 하는 일이 조직 전체의 어떤 그림에 기여하는지를 보여주죠. 그리고 그 그림을 완성하기 위해 필요한 책임과 권한을 명확히 부여합니다. 이렇게 되면 개인은 더 이상 회사의 부속품이 아니라, 자신의 전문성(자기다움)을 발휘해 미션을 수행하는 주체가 됩니다. 시키는 일만 하던 사람이, 스스로 문제를 찾고 해결책을 고민하기 시작하는 놀라운 변화가 바로 이 지점에서 시작됩니다.

그럼 역할 정의서는 어떻게 작성하면 될까요? 팀원들과 함께 화이트보드 앞에 모여 아래 내용을 참고해 딱 3가지만 이야기 나누어보세요.

1단계 : 이 역할이 왜 존재하나요? (목적, Purpose 찾기)
- 질문: "만약 OOO님의 이 역할이 우리 팀에 없다면, 어떤 문제가 생길까요? 어떤 중요한 가치를 놓치게 될까요?"
- 예시 (콘텐츠 마케터 역할):
    - 나쁜 목적(업무 나열): 블로그 글쓰기, 카드뉴스 만들기
    - 좋은 목적(가치 중심): "우리의 잠재 고객들에게 유용한 정보를 제공하여, 그들이 우리 브랜드를 신뢰하고 팬이 되도록 만든다."

2단계 : 그래서 구체적으로 무엇을 책임지나요? (핵심 책임, Accountabilities 찾기)
- 질문: "그 목적을 달성하기 위해, OOO님이 지속적으로 책임지고 신경 써야 할 활동들은 무엇인가요?"
- 설명: 한번 하고 끝나는 일이 아니라, 계속해서 책임져야 할 영역들을 이야기합니다.
- 예시:
    - "매월 콘텐츠 주제 발굴 및 기획 실행"
    - "블로그 및 SNS 채널 댓글 모니터링 및 소통"
    - "콘텐츠별 주요 지표(조회수, 반응)를 정기적으로 분석 및 공유"

3단계 : 어디까지 내 마음대로 할 수 있나요? (자율적 영역, Domain 찾기)

- 질문: "이 일들을 할 때, 누구한테 물어보거나 허락받지 않고 OOO 님이 최종 결정을 내릴 수 있는 영역은 어디까지인가요?"
- 설명: 이 부분이 바로 '자기다움'을 깨우는 핵심이자, 리더의 마이크로매니징을 막는 가장 강력한 장치입니다.
- 예시:
    - "블로그에 올라가는 모든 글의 최종 문구와 톤앤매너"
    - "월 30만 원 이내의 콘텐츠 제작 관련 외주 비용 집행"
    - "회사의 공식 인스타그램 계정 운영 정책"

이 세 가지 질문에 대한 답을 함께 정리하고, 모두가 볼 수 있도록 공유하세요. 그리고 조직 상황에 따라 3개월이나 6개월에 한 번씩 다시 꺼내보며 상황에 맞게 업데이트를 하시면 서로의 역할에 대해 쉽게 공감대를 형성할 수 있을 겁니다. 이 작업은 단순히 직무 기술서를 역할 정의서로 문서 양식을 바꾸는 일이 아닙니다. 구성원을 '신뢰하고 함께하는 파트너'로 바라보는 중요한 관점의 전환입니다.

['자기다움'과 '우리다움'이 살아있는 조직을 위한 실험 2] : 권한 위임을 넘어 권한 분배로

지금 이 책을 읽고 계신 분이 리더시라면, 혹시 팀원에게 이런 말을 자주 하시나요?

"그건 일단 저한테 보고하고 결정하시죠."

"좋은 생각이네요. 제가 검토하고 알려드릴게요."

우리 조직의 속도가 느리다고 느껴진다면, 범인은 바로 리더인 당신일 확률이 높습니다. 팀의 모든 의사결정이 당신이라는 단 하나의 통로를 거쳐야 한다면, 그 병목 현상은 조직 전체의 동맥경화를 일으킵니다. 고객의 반응을 보고 빠르게 마케팅 문구를 바꿔야 하는데, 팀장, 실장 결재를 기다리다 황금 같은 타이밍을 놓치는 일이 비일비재하죠.

이 문제를 해결하기 위해 많은 리더가 '권한 위임'을 이야기하지만, 이제는 그 단어부터 바꿔야 합니다. 우리는 '위임'을 넘어 '분배'로 나아가야 합니다.

많은 리더들이 "저는 직원들을 믿고 권한을 위임합니다"라고 자신 있게 말합니다. 하지만 우리가 일상에서 경험하는 '권한 위임'은 종종 리더가 가진 권한을 잠시 빌려주는 형태에 그칠 때가 많습니다. 결정의 최종 책임은 여전히 리더에게 있고, 실무자는 위임받은 범위 안에서 일을 처리한 뒤 다시 리더의 승인을 구해야 하는 구조이죠. 이는 마치 부모가 자녀에게 자동차 열쇠를 빌려주며 "밤 10시까지는 꼭 돌아와야 한다!"고 말하는 것과 같습니다. 운전할 자유는 잠시 주어졌지만, 자동차의 소유권(최종 권한)은 여전히 부모에게 있는 셈입니다.

하지만 이제 우리는 권한을 잠시 빌려주는 위임을 넘어, 권한 자체가 시스템적으로 각 역할에 주어지는 '분배'를 지향해야 합니다. 이는 리더가 쥐고 있던 의사결정 권한을 특정 역할과 그 역할을 맡은 실무자에게 구조적으로 나누어주는 것을 의미하죠. 더 이상 리더 개인의 허락이나 기분에 따라 권한이 주어지거나 회수되지 않고, 조직의 약속(시스템)에 따라 권한이 투명하게 작동하는 겁니다.

권한 분배의 핵심은 '신뢰'입니다. '이 영역에 대해서는 당신이 나보다 더 전문가이니, 당신의 판단을 믿겠습니다' 라는 선언이죠. 이 신뢰가 바로 조직의 속도를 결정합니다. 팀원이 모든 일에 허락을 구하지 않아도 될 때, 조직은 몇 배나 더 빨라집니다. 현장에서 고객의 목소리를 들은 담당자가 바로 해결책을 실행할 수 있습니다. 리더의 결재를 기다리느라 지체되는 '시간 비용'이, 실무자가 가끔 저지를 수 있는 '실수 비용'보다 훨씬 크다는 사실을 인정해야 합니다. 당신의 똑똑한 팀원들, 즉 그들의 '자기다움'을 믿어주는 것이 가장 확실한 속도 향상 전략입니다.

"좋은 건 알겠는데, 그럼 뭘 어떻게 해야 하죠?"

이 질문에 대한 아주 간단하고 실용적인 방법을 소개합니다. 팀원들과 함께 딱 1시간만 투자해서 우리 팀의 '의사결정 매트릭스(Decision Making Matrix)'를 그려보는 겁니다.

[1단계 : 우리 팀의 모든 '결정' 목록 만들기]

일단 시작은 단순하게, 지난 몇 달간 우리 팀이 결정을 내렸거나, 리더에게 요청했던 모든 결정 사항들을 포스트잇에 적어봅니다. 거창할 필요 없습니다. 예를 들면 이런 것들이죠.

- **"신규 채용 면접자 결정"**
- **"프로젝트 A 일정 변경"**
- **"10만 원짜리 사무용품 구매"**
- **"고객에게 보낼 이메일 문구 최종 결정"**
- **"협력업체 B와 계약 연장"**

[2단계 : '전략적 결정' vs '실행적 결정'으로 분류하기]

위의 활동에서 공유된 포스트잇들을 그 성격과 영향력의 범위를 고려하여 두 그룹으로 나눠봅니다.

- **전략적 결정 (배의 항로를 정하는 일)**: 장기적인 영향을 미치거나, 되돌리기 어렵거나, 회사 전체에 큰 영향을 주는 결정입니다. (예: 내년도 팀 예산 편성, 핵심 서비스 가격 정책 변경 등) 이런 결정은 주로 리더나 팀 전체가 함께 논의해야 합니다.
- **실행적 결정 (배의 키를 조종하는 일)**: 전략을 실행하는 과정에서 일어나는 구체적인 결정입니다. 비교적 수정이 쉽고, 특정 역할에 한정된 영향을 줍니다. (예: SNS 광고 소재 결정, 앱 버튼 디자인, 주간 업무 우선순위 등) 이 결정들이 바로 '분배'해야 할 핵심 대상입니다.

[3단계 : 의사결정 매트릭스 표 그리기]

분류된 내용을 바탕으로 각 사안에 대한 결정권자를 명시하고 아래와 같은 표를 만들어보세요.

결정 사안	결정권자 (누가 최종 결정하나?)	조언을 구해야 할 사람 (누구와 상의해야 하나?)	결과를 알려줄 사람 (누구에게 공유해야 하나?)
SNS 광고문구 /이미지	소셜 미디어 담당자	콘텐츠 디자이너	마케팅팀 전체
50만원 이하 SW 구매	각 파트장	(필요시) IT지원팀	팀장
신규입사자 OJT 계획	OJT 멘토	-	팀 전체
주간 업무 우선순위	각자 자신의 업무	업무 관련 동료	팀 주간회의 때 공유

완성된 의사결정 매트릭스는 모든 구성원이 언제든 쉽게 찾아볼 수 있도록 투명하게 공유되어야 합니다. 조직 내에서 의사결정이 어떻게 이루어지는지에 대한 모두의 약속이기 때문이죠. 또한 한번 만들면 끝나는 문서가 아니라, 조직이 진화하고 역할이 변화함에 따라 정기적으로 함께 검토하고 수정·보완해나가는 살아있는 원칙이 되어야 합니다. 이러한 논의를 기반으로 분배된 자율과 책임의 수행 경험이 모여, 조직 전체의 속도와 경쟁력을 높이는 강력한 '우리다움'의 힘이 됩니다.

['자기다움'과 '우리다움'이 살아있는 조직을 위한 실험 3] : 목적에 따라 달라지는 회의

혹시 '주간 회의'라는 단어만 들어도 한숨부터 나오지 않으신 가요? 딱히 중요한 안건도 없는데 한 시간 넘게 이어지고, 몇몇 사람만 이야기하다 끝나고, 정작 중요한 결정은 또 다음으로 미뤄지는 '영혼 없는 회의'. 이런 비효율적인 회의만큼 '우리'라는 감각을 좀먹는 것도 없습니다. '우리는 함께 모여도 아무것도 해결하지 못하는구나'라는 집단적 무력감을 학습하게 되기 때문이죠.

문제의 원인은 단순합니다. 우리는 김치찌개, 파스타, 샐러드를 하나의 냄비에 넣고 끓이려는 실수를 저지르고 있습니다. 즉, 정보 공유, 중요한 의사결정, 새로운 아이디어 탐색이라는 전혀 다른 세 가지 활동을 '회의'라는 이름 아래 마구 뒤섞고 있는 겁니다.

이제 이 엉망이 된 냄비를 깨끗하게 비우고, 각 요리에 맞는 3개의 다른 냄비를 준비해야 합니다. 모든 회의를 목적에 따라 명확히 분리하고, 그에 맞는 규칙을 적용하는 것. 이것이 바로 죽어가는 협업에 리듬과 활력을 불어넣는 기술입니다.

모든 회의를 시작하기 전, 단 하나의 질문만 던지면 됩니다.

"우리는 이 회의를 통해 무엇을 얻으려고 하는가?"
- 서로의 진행 상황을 빠르게 공유하고 싶은가?
    → 택티컬(tactical) 회의
- 중요한 규칙이나 정책을 결정하고 싶은가?
    → 거버넌스(governance) 회의
- 새로운 가능성을 자유롭게 탐색하고 싶은가?
    → 브레인스토밍(brainstorming) 회의

이 세 가지를 명확히 분리하기만 해도, 회의는 놀랍도록 투명하고 효율적으로 바뀝니다. 명확한 규칙이 생기면 더 이상 목소리 큰 사람의 의견에 좌우되지 않고, 모두가 공평하게 기여하며 시너지를 내는 '우리다움'을 경험할 수 있습니다.

* * * * *

1. 택티컬 회의 (정보 공유): "그래서 우리, 지금 어디쯤 가고 있죠?"
- 목적: 팀의 현재 상황을 빠르게 동기화하고, 업무의 장애물을 신

속하게 파악합니다.
- 특징: 매일 또는 매주 진행, 15~30분 내외로 짧게, 가능하면 서서 진행할수록 좋습니다. 속도감이 생명입니다.
- 진행 방식 & 팁:
  - 라운드 로빈 체크인: 모든 참석자가 돌아가며 딱 두 가지만 공유한다. "지난 회의 이후 완료한 일", "다음 회의까지 할 일".
  - 장애물 주차장 만들기: 각자의 업무 진행을 가로막는 장애물(Tension)이 있다면, 화이트보드의 '장애물 주차장' 칸에 적기만 한다. 절대 그 자리에서 해결책을 길게 토론하지 않는다.
  - 오프라인 액션 지정: 회의가 끝나기 전, 주차장에 있는 장애물들을 보며 "이 이슈는 A님과 B님이 회의 끝나고 10분만 따로 이야기해서 해결해주세요"처럼 담당자를 지정하고 마무리한다.
- 이것만은 제발!: 이 회의에서 새로운 아이디어를 내거나, 중요한 정책을 결정하려고 하지 마세요. 그건 다른 회의의 몫입니다.

2. 거버넌스 회의 (의사결정): "우리 팀의 규칙을 이렇게 바꿉시다"

- 목적: 팀의 역할, 정책, 프로세스 등 중요한 '규칙'을 공식적으로 결정하거나 변경합니다.
- 특징: 필요할 때만 소집(월 1회 등), 60~90분, 감정을 배제하고 정해진 절차에 따라 진행한다. 진지함과 명확성이 생명입니다.
- 진행 방식 & 팁:

- 사전 안건은 필수: 회의 전, '무엇을 어떻게 바꾸고 싶은지'에 대한 명확한 제안이 담긴 안건이 반드시 공유되어야 합니다. '일단 모여서 얘기하죠'는 절대 금물.
- 구조화된 발언 순서: 안건 제안 → 이해를 위한 질문 → 돌아가며 의견 말하기(반박 없이) → 수정 및 최종 결정. 이 순서를 따르면 모두가 공평하게 발언하고, 논점이 흐려지지 않습니다.
- 사람이 아닌 '안건'을 비판하기: 퍼실리테이터(회의 진행자)는 "○○님의 의견에 반대합니다"가 아니라, "그 제안은 이러이러한 우려가 있습니다"처럼 사람과 의견을 분리하도록 계속 유도해야 합니다.
- 이것만은 제발!: 이 회의에서 각자의 업무 진행 상황을 보고하지 마세요. 그건 택티컬 회의의 몫입니다.

3. 브레인스토밍 회의 (창의적 탐색): "일단, 황당한 상상부터 해봅시다!"

- 목적: 당장의 결론이나 비판 없이, 새로운 아이디어나 가능성을 자유롭게 탐색하고 펼쳐놓습니다.
- 특징: 창의력이 필요할 때 별도로 시간 확보, 2시간 이상 길게, 즐겁고 자유로운 분위기. 확산적 사고가 생명입니다.
- 진행 방식 & 팁:
  - '네, 그리고(Yes, and…)' 규칙: 어떤 아이디어가 나와도 절대 "아니요", "하지만"이라고 말하지 않습니다. 무조건 "네, 좋은 생각이

네요. 그리고…"라며 아이디어를 덧붙여 발전시킵니다.
- 질보다 양으로 승부: 완벽한 아이디어 하나보다, 쓸모없어 보이는 아이디어 100개를 목표로 합니다. 포스트잇, 그림 등 모든 수단을 동원해 아이디어를 쏟아냅니다.
- '발산'과 '수렴'은 반드시 분리: 이 회의는 아이디어를 '펼쳐놓는 (발산)' 시간입니다. 어떤 아이디어가 좋은지 '평가하고 선택하는 (수렴)' 작업은 나중에, 다른 회의에서 진행합니다.
- 이것만은 제발!: 이 회의에서 아이디어의 현실성이나 예산을 따지지 마세요. 좋은 아이디어를 죽이는 가장 빠른 방법입니다.

자, 이제부터 회의를 소집할 때, 동료에게 이렇게 물어보세요.

"우리, 지금 동기화가 필요한가요?
결정이 필요한가요?
아니면 상상력이 필요한가요?"

조직에서 이러한 관점으로 회의를 운영하는 습관은 구성원들의 소중한 시간과 에너지를 존중하고, 각자의 '자기다움'이 가장 잘 발휘될 수 있는 소통의 장을 마련해줍니다. 또한 신뢰 기반의 건강한 '우리다움'을 만들어가는 매우 구체적이고 실천적인 노력이 되지요.

['자기다움'과 '우리다움'이 살아있는 조직을 위한 실험 4] : 미션 중심 TF 활용하기

혹시 여러분의 조직은 이런 모습 아닌가요? 마케팅팀은 "개발팀이 제품을 제대로 못 만들어서 문제"라고 말하고, 개발팀은 "영업팀이 말도 안 되는 기능을 요구해서 문제"라고 불평합니다. 고객의 문제는 그 중간 어디에선가 둥둥 떠다니는데, 책임은 핑퐁 게임처럼 오고 갑니다.

이것이 바로 부서라는 높은 담벼락, 즉 '사일로(Silo)'에 갇힌 피라미드 조직의 슬픈 자화상입니다. 각 부서는 자신의 영역을 지키는 데는 뛰어나지만, 벽 너머의 문제에는 무관심해집니다. 이 견고한 벽을 부수는 가장 효과적이고 현실적인 방법은, 벽을 잠시 허물고 함께 일할 수밖에 없는 '판'을 깔아주는 것입니다. 바로 '미션 중심의 태스크포스(TF)'를 활용하는 것이죠.

여기서 제가 말하는 TF는 과거의 지지부진한 위원회와는 다릅니다.

일주일에 한 번 모여서 각자 부서의 입장을 이야기하다 끝나는 그런 팀이 아닙니다. 미션 중심 TF는 마치 '특공대'와 같습니다. 명확한 단 하나의 임무를 부여받고, 그 임무를 완수하기 위해 각 부서에서 최고의 전문가들이 차출되어 모인 소수 정예 팀입니다. 이들은 임무가 완수되면 해산하는 한시적인 조직입니다.

많은 기업에서 사내에서 TF를 운영할 때, TF멤버들의 기존 팀의 소속과 역할을 그대로 유지한 채 TF에 겸직으로 참여시키는 경우가 많은데요. 하지만 이런 방식으로는 조직이 당면한 최우선 과제를 해결하기 어렵습니다. TF 멤버들은 새로운 팀에 소속감을 느끼기 힘들고, 도전적인 미션은 그저 추가적인 '업무 부담'으로만 여기게 되기 때문입니다. 각자의 본업으로 시간을 내기 어렵다 보니, 겨우 어렵게 만들어진 회의 자리에서도 뚜렷한 결론이 나지 않고 제자리 걸음만 반복됩니다. 상황이 이렇다 보니, 본래 소속 팀의 리더는 우수한 인재가 TF에서 시간을 낭비한다고 생각하게 될 수 있습니다. 결국 다음번에는 팀에 영향이 적은 멤버를 TF로 보내는 악순환이 시작되기도 합니다. 수많은 조직이 바로 이런 이유로 변화와 혁신에 실패하곤 합니다. 진정으로 성공하는 TF는 멤버들이 일시적으로나마 기존의 '마케팅팀'이나 '개발팀'이 아닌, '우리 TF팀'으로 소속을 옮겨 미션에 완전히 몰입할 때 만들어집니다. 그 순간, 부서를 가로막던 보이지 않는 벽에 균열이 생기며 진정한 협업이 시작되는 겁니다.

그러므로 이러한 TF가 단순한 이벤트로 끝나지 않고, 조직 전체에 긍정적인 변화를 가져오기 위해서는 설계 단계부터 몇 가지 원칙을 반드시 지켜야 합니다.

1. 미션을 아주 '선명하게' 부여하라

모호한 미션은 실패의 지름길입니다. '앱 사용성 개선' 같은 두루뭉술한 목표 대신, "3개월 안에 우리 앱의 재방문율을 15% 높일 수 있는 새로운 사용자 경험을 설계하고 프로토타입을 완성한다"처럼, 누가 봐도 명확하고, 측정 가능하며, 시간제한이 있는 미션을 주어야 합니다. 목표가 선명할수록 팀은 방황하지 않고 속도를 낼 수 있습니다.

2. '한가한 사람'이 아닌 '드림팀'을 구성하라

TF를 각 부서에서 시간이 남거나 힘없는 사람들을 보내는 곳으로 만들면 절대 안 됩니다. 오히려 조직의 핵심 인재들이 가장 참여하고 싶어 하는 선망의 대상으로 만들어야 합니다. 다양한 부서의 에이스들을 모아 '어벤져스' 팀을 꾸리세요. 그들이 TF에 참여하는 동안 기존 업무 부담을 줄여주는 배려는 필수입니다.

3. '책임'만 주지 말고, '진짜 칼'을 쥐여줘라

이것이 가장 중요합니다. 권한 없는 TF는 토론 클럽일 뿐입니다. 리더는 TF에게 진짜 권한을 주어야 합니다.
- 예산: 정해진 범위 내에서 자유롭게 쓸 수 있는 예산을 미리 승인해주세요.
- 의사결정권: 미션과 관련된 의사결정은 TF 내부에서 완결할 수 있도록 해주세요. 사사건건 팀장, 실장에게 보고하고 허락받게 해서는 안 됩니다.
- 리더의 공개적 지지: 전사 회의 같은 공식적인 자리에서 "이 TF는 회사의 전폭적인 지지를 받고 있습니다. 모두 적극적으로 도와주십시오."라고 선언해주세요.

4. '보호막'을 쳐주고, '시끄럽게' 축하하라

TF가 활동하는 동안, 리더는 기존 조직의 불필요한 간섭이나 비협조로부터 이들을 지켜주는 '보호막'이 되어주어야 합니다. 그리고 TF가 끝나면, 성공이든 실패든 그들의 노력을 '시끄럽게' 칭찬하고 축하해주세요. 그들이 어떻게 협력했고 무엇을 배웠는지를 전사에 공유하여, 그들이 조직의 새로운 영웅이자 롤모델이 되게 하세요.

'미션 중심 TF'는 단순히 특정 과제의 해결이라는 역할을 넘어, 거대하고 경직된 조직의 몸에 새로운 피를 수혈하고, 변화의 근육을 키우는 '문화적 실험실'과도 같습니다. 이 작은 성공의 경험들을 통해, 조직은 구성원 각자의 '자기다움'이 얼마나 소중한 자원인지, 그리고 공동의 목표 아래 뭉쳤을 때의 '우리다움'이 얼마나 강력한 힘을 발휘하는지를 직접 체험하게 됩니다.

['자기다움'과 '우리다움'이 살아있는 조직을 위한 실험 5] : 피드백을 '성장을 위한 데이터'로 만들기

"OO님, 잠깐 이야기 좀 할까요?"

리더에게서 이 말을 듣는 순간, 심장이 덜컥 내려앉는 경험, 다들 한 번쯤 있으시죠? 우리는 '피드백'이라는 단어를 '지적', '평가', '질책'과 같은 부정적인 단어와 동의어로 사용해 왔습니다. 주는 사람은 판사가 된 것 같아 불편하고, 받는 사람은 피고인이 된 것 같아 방어적이 됩니다. 이런 식의 피드백은 절대 개인과 조직을 성장시킬 수 없습니다.

변화의 근본적인 초석은, 바로 이 피드백에 대한 우리의 생각과 방식을 완전히 리셋하는 것에서 시작됩니다. 가장 먼저 해야 할 일은 피드백에 대한 정의를 다시 내리는 겁니다.

- **잘못된 정의**: 피드백은 상대방의 잘못을 바로잡아주는 '판단' 또는 '평가'이다.

- **새로운 정의**: 피드백은 나의 행동이 다른 사람에게 어떤 영향을 미쳤는지 알려주는 객관적인 '데이터'이자, 내가 보지 못하는 나의 모습을 비춰주는 '거울'이다.

아침에 거울을 봤는데 얼굴에 뭐가 묻어 있다고 해서 거울이 나를 비난하는 건 아니잖아요? 그저 사실을 보여줄 뿐이죠. 덕분에 우리는 얼굴을 닦고 더 나은 모습으로 집을 나설 수 있습니다. 건강한 피드백은 동료가 나에게 건네는 바로 이 '거울'과도 같습니다. 내가 성장하길 바라는 마음으로 주는 고마운 '선물'인 셈이죠.

피드백은 '자기다움'과 '우리다움'을 위한 필수 영양소라고 할 수 있습니다. 그렇다면 어떻게 하면 피드백에서 비난과 평가의 날카로운 가시를 걷어내고, 성장을 돕는 데이터만을 담백하게 전달할 수 있을까요? 이를 위한 매우 구체적이고 효과적인 대화의 기술로, '상황-행동-영향(Situation-Behavior-Impact, SBI)' 모델을 제안합니다. 이는 미국의 비영리 리더십 교육 기관인 창의적 리더십 센터(Center for Creative Leadership)에서 개발한 피드백 모델로, 감정적인 공격이나 주관적인 해석 대신 객관적인 사실에 기반하여 소통하도록 돕는 강력한 도구입니다. 핵심은 나의 '판단'이나 '해석'을 빼고, 관찰한 '사실'에만 집중하는 겁니다.

1단계 : S (Situation) - 상황을 구체적으로 짚어주기

피드백은 '당신은 항상…', '당신은 늘…'과 같은 모호하고 일반화된 비난으로 시작될 때 가장 큰 반감을 삽니다. SBI 모델은 반드시 피드백의 배경이 되는 구체적인 시간과 장소를 먼저 명확히 언급하며 대화를 시작하라고 제안합니다.

- (나쁜 예) "OO님은 평소에 좀 공격적으로 말하는 경향이 있어요."
  (X - 막연하고 판단적)
- (좋은 예) "OO님, 어제 오후 3시에 있었던 우리 팀 주간 회의에서, 새로운 마케팅 슬로건에 대해 논의할 때 말이에요…"
  (O - 구체적이고 사실적)

2단계 : B (Behavior) - 관찰한 '행동'만 묘사하기

상대방의 의도를 추측하거나 평가하지 말고, CCTV에 찍힌 것처럼 눈에 보이는 객관적인 행동만 이야기합니다.

- (나쁜 예) "제 의견을 일부러 무시하시더라고요."
  (X - 의도를 추측함)
- (좋은 예) "제가 A안에 대해 의견을 냈을 때, OOO님께서 별다른 답변 없이 바로 다음 주제로 넘어가셨어요."
  (O - 눈에 보이는 행동만 묘사)

3단계 : I (Impact) - 그 행동이 '나'에게 미친 영향 말하기

가장 중요한 부분입니다. '너는 잘못했다'가 아니라, '나는 이렇게 느꼈다'는 '나 전달법(I-Message)'으로 이야기합니다. 나의 느낌은 비난할 수 없는 사실이기 때문입니다. 상대방에게는 그의 행동이 미친 결과를 이해하고 스스로 변화의 필요성을 느끼도록 돕는 겁니다.

- (나쁜 예) "그래서 회의 분위기를 망치셨어요."
  (X - 상대를 비난함)
- (좋은 예) "그렇게 하시니, 제 의견이 중요하지 않게 여겨진다는 느낌을 받았고, 다음부터는 새로운 아이디어를 내기가 조금 망설여질 것 같아요."
  (O - 나에게 미친 영향을 솔직하게 전달)

물론 이러한 피드백 모델을 조직에 도입한다고 해서 하루아침에 문화가 바뀌지는 않겠지요. 구성원들이 이 새로운 소통 방식을 안전하게 느끼고 적극적으로 활용하기 위해서는, 리더가 먼저 꾸준히 모범을 보이는 것이 무엇보다 중요합니다.

리더가 먼저 피드백을 구해보세요. 예를 들어, 이렇게 한 번 팀원들에게 요청을 해보면 어떨까요?

*"여러분, 지난 3개월 동안
제가 팀을 이끌고 여러분들과 소통하면서
제가 좀 더 잘했으면 하는 부분이 있을까요?
SBI 방식으로 편하게 피드백 주시면
정말 큰 도움이 될 것 같아요."*

다소 불편한 내용의 피드백을 전달받았다면,

*"그렇게 느꼈군요. 제가 미처 생각하지 못했네요.
어떤 지점에서 그렇게 느끼셨는지
좀 더 자세히 이야기해줄 수 있을까요?
알려줘서 정말 고맙습니다."*

이와 같이 리더가 먼저 자신의 취약성을 드러내고, 피드백을 성장의 기회로 삼는 모습을 일관되게 보여줄 때, 비로소 팀원들도 안심하고 서로에게 '성장을 위한 데이터'를 주고받는 용기를 낼 수 있습니다.

긍정 피드배에도 SBI를 적극 활용하세요. 피드백은 잘못을 지적할 때만 쓰는 게 아닙니다. 칭찬할 때 SBI를 사용하면 그 효과가 배가 됩니다.

"아까 회의에서(S), 모두가 망설일 때 제일 먼저 아이디어를 내주신 행동(B) 덕분에, 딱딱했던 분위기가 풀리고 다른 사람들도 용기를 낼 수 있었어요. 정말 고마웠습니다(I)."

이런 구체적인 칭찬은 어떤 행동이 좋은 행동인지 명확히 알려주는 최고의 학습 도구입니다.

피드백을 1년에 한두 번 하는 두려운 '평가 면담'이 아니라, 수시로 주고받는 '성장을 위한 대화'로 만드세요. 동료에게 "피드백 좀 줄래?"라고 말하는 것이 "커피 한잔할래?"처럼 자연스러워질 때, 여러분의 조직은 그 어떤 위기에도 흔들리지 않는 건강하고 지속 가능한 문화를 갖게 됩니다.

['자기다움'과 '우리다움'이 살아있는 조직을 위한 실험 6] : 플랫폼으로서의 조직, 내부 인재 시장

지금까지 우리는 역할 정의서, 권한 분배, 회의 분류, 미션 중심 TF, 그리고 성장을 위한 피드백 문화에 이르기까지, '우리다움'을 만들기 위한 여러 구체적인 방법들을 이야기 나누었습니다. 그렇다면, 이 모든 노력의 조각들이 하나로 맞춰졌을 때, 우리 조직은 어떤 모습으로 진화하게 될까요? 바로 구성원 각자가 자신의 잠재력을 마음껏 펼치며 성장하는 드넓은 '플랫폼'의 모습입니다.

이는 단순히 '수평적인 조직'을 넘어, '회사에 나를 맞추는' 시대에서 '회사가 나를 위한 무대가 되어주는' 시대로의 근본적인 전환을 의미합니다. 마치 유튜브나 앱스토어 같은 플랫폼이 창작자들에게 인프라와 기회의 '판'을 깔아주고, 그 위에서 각 창작자들이 자신의 고유한 콘텐츠(자기다움)로 활동하며 성장하는 것처럼 말이죠. 조직 역시 구성원들에게 명확한 비전과 성장 기반이라는 판을 제공하고, 구성원들은 그 위에서 자신의 전문성과 성장 욕구에 따라 기꺼이 역할을 선택하고 도전하며 조직과 함께 성장합니다.

직원들은 더 이상 수동적으로 업무를 기다리지 않습니다. 자신의 전문성과 성장 욕구라는 무기를 들고, 회사가 제시한 전략적 방향 안에서 가장 흥미롭고 임팩트 있는 프로젝트(앱)를 직접 찾아 나서거나, 심지어 새로운 프로젝트를 제안하기도 합니다. 이러한 컨셉으로 조직 안에서 인력을 운용하는 방식이 내부 인재 시장(Internal Talent Market)인데요. 조직의 전략적 목표 달성을 위해 필요한 다양한 프로젝트와 역할을, 전통적인 상명하달식의 업무 배정이 아닌, 시장의 원리처럼 투명하게 공개하고 구성원들이 자율적으로 선택하고 참여할 수 있도록 하는 시스템을 의미합니다.

내부 인재 시장에서 프로젝트는 시장의 '기회(상품)'가 됩니다. 리더들은 더 이상 팀원에게 일방적으로 일을 할당하는 사람이 아니라, 조직의 전략과 비전에 부합하는 매력적인 프로젝트를 기획하고, 함께할 동료들을 설득하고 모으는 '프로젝트 오너'가 됩니다.

구성원은 자신의 재능을 파는 '전문가(공급자)'가 됩니다. 구성원들은 자신의 전문성과 경험, 그리고 열정(자기다움)을 바탕으로, 자신의 성장에 가장 도움이 되거나 가장 크게 기여할 수 있다고 믿는 프로젝트에 자발적으로 참여합니다.

조직은 이 둘을 연결하는 '활기 넘치는 시장'이 됩니다: 이 시장 안에서 조직은 최고의 인재를 적재적소에 배치하여 시너지를 극대화하고,

개인은 자신의 커리어를 주도적으로 설계하며 만족도 높은 성장을 경험하게 됩니다. 이것이야말로 개인의 '자기다움'이 가장 존중받으며 극대화되는 단계라고 할 수 있습니다.

이러한 내부 인재 시장을 현실에서 어떻게 구축할 수 있을까요?

1단계 : 스킬셋 데이터베이스 구축 – "우리 안에 어떤 전문가가 있는지 지도를 그리자"

시장을 열려면, 무엇을 팔 수 있는지부터 알아야 합니다. 우리 회사 안에 어떤 인재들이 숨어있는지 '인재 지도'를 만드는 것이 첫걸음입니다. 거창한 HR 시스템이 아니어도 좋습니다. 먼저, 간단한 사내 위키나 공유 스프레드시트로 시작하세요. 각 직원의 이름 옆에 공식적인 직책뿐만 아니라, 그가 가진 진짜 기술, 경험했던 프로젝트, 심지어 개인적인 관심사까지 태그(#)를 붙여보는 겁니다. 여기에는 공식적인 업무 역량뿐 아니라, 개인이 가진 숨겨진 재능이나 미래에 성장하고 싶은 분야에 대한 열망까지도 포함될 수 있습니다.

예시) #영상편집가능 #글쓰기능력자 #고객인터뷰전문 #헬스케어산업이해 #파이썬개발

2단계 : 프로젝트 공모 제도 – "시장을 열고, 기회를 전시하자"

인재 정보가 갖춰졌다면, 이제 본격적으로 인재와 프로젝트가 만날 수 있는 '시장'을 열어야 합니다. 사내 게시판이나 별도의 플랫폼에 '프로젝트 마켓'을 열고, 누구나 프로젝트 정보를 열람하고 지원할 수 있도록 합니다. 해당 프로젝트의 미션과 목표, 필요한 역량과 스킬, 예상 기간 등을 사내에 투명하게 공모하여 구성원들이 자발적으로 지원하도록 하는 겁니다. 프로젝트 리더는 마치 스타트업 대표가 투자자들에게 자신의 비전을 발표하듯, 자신의 프로젝트를 매력적으로 '피칭(Pitching)'하여 최고의 동료들을 모으게 됩니다. 그리고 마치 영화감독이 배역에 맞는 최고의 배우를 캐스팅하듯, 지원자들 중에서 미션에 가장 적합한 드림팀을 구성합니다.

3단계 : 역할 기반의 유연한 보상 시스템으로의 진화 – "직급이 아닌, 역할의 가치에 보상하자"

고정된 직급 중심의 연봉 체계에서 벗어나, 개인이 수행하는 역할의 중요도와 난이도, 전문성, 그리고 프로젝트의 성공에 기여한 정도에 따라 보상이 유연하게 결정됩니다. 예를 들어, 6개월간 회사의 명운이 걸린 고위험 프로젝트의 리더 역할을 맡은 사람은 그 기간 동안 더 높은 보상을 받고, 안정적인 유지보수 역할을 맡은 사람은 그에 맞는 보상을 받습니다. 직급은 낮더라도 핵심 프로젝트에서 중요한 책임자 역할을 맡는다면, 그에 상응하는 보상을 받을 수 있는 구조입니다. '자리에 대한 보상'이 아닌, '실질적인 기여에 대한 보상'으로 전환되는 것이지요. 또한 성공적으로 프로젝트를 완수한 팀에게는 그 성과를 함께 나누는 팀 기반의 인센티브를 제공하여, 개인의 성공뿐 아니라 '우리'의 성공을 위해 헌신하도록 동기를 부여할 수도 있습니다.

• • • •

 구성원들이 스스로 자신의 가치를 높이고 더 중요한 역할에 도전하도록 독려하는 내부 인재 시장은 먼 미래의 이야기가 아닙니다. 실제로 글로벌 소비재 기업 유니레버(Unilever)는 '플렉스 익스피리언스(Flex Experience)'라는 내부 플랫폼을 통해 구성원들이 자신의 현재 역할을 유지하면서도 다른 부서의 프로젝트에 20%의 시간을 할애할 수 있도록 지원합니다. 이를 통해 50만 시간의 유휴 시간을 활용하고, 부서 간 프로젝트가 70% 증대되는 정량적인 성과를 거두었죠. 에너지 관리 기업 슈나이더 일렉트릭(Schneider Electric)은 오픈 탤런트 마켓(Open Talent Market)이라는 플랫폼을 구축하여 구성원들이 자신의 경력 목표에 맞춰 새로운 프로젝트, 멘토링 기회, 새로운 직무까지 자유롭게 탐색하고 지원할 수 있도록 돕고 있습니다. 도입 2개월 만에 60%이상의 직원 참여율을 달성하고 이를 통해 1,500만 달러의 생산성 향상과 채용 비용을 절감하는 성과를 만들어내었습니다. 마스터카드(Mastercard)또한 구성원들의 기술과 경력 목표에 적합한 교육 기회와 프로젝트, 멘토를 추천하는 언락트(Unlocked) 플랫폼으로 높은 생산성을 창출하고 있습니다.

물론, 내부 인재 시장의 구축 과정에서 예상되는 제약과 한계점도 있습니다. 우리 팀의 에이스를 빼앗기고 싶지 않은 관리자의 저항과 누구나 스포트라이트를 받고 싶어하는 인기 프로젝트에 대한 쏠림 현상, 상대적으로 정적이고 반복적인 핵심 업무를 담당할 사람이 부족해져 조직의 안정성을 해칠 수 있는 점 등은 리스크로 지적되지요. 그럼에도 불구하고, 이는 조직과 개인이 관계를 맺는 방식에 대한 근본적인 철학의 전환으로서 큰 의미가 있습니다. 조직이 구성원을 고용 관계에 입각한 자원으로 보는 대신, 각자의 '자기다움'을 가진 독립적인 전문가로 신뢰하고 그들에게 성장할 수 있는 무대(플랫폼)를 제공하겠다는 가치 교환 관계로의 전환입니다. 이러한 전환을 기꺼이 선택하는 조직만이, 앞으로 다가올 예측 불가능한 시대 속에서 최고의 인재들과 함께 지속 가능한 혁신을 만들어 나갈 수 있지 않을까요?

['자기다움'과 '우리다움'이 살아있는 조직을 위한 실험 7] : 성과관리와 보상의 원칙

매년 연말이 다가오면 직장인들의 마음속에 자연스럽게 떠오르는 단어가 있습니다. 바로 '인사 평가'죠. 지난 1년간의 기록을 뒤적이며 자신의 성과를 방어할 논리를 만들고, 리더와의 면담 자리에서는 혹시나 약점을 잡힐까 노심초사합니다. 리더 역시 마음이 편치 않습니다. 한정된 예산 안에서 팀원들을 S, A, B, C 등급으로 나누고, 그들의 1년을 하나의 등급으로 재단해야 한다는 사실에 큰 부담을 느낍니다. 이 고통스러운 연례행사는 대체 무엇을 위해 존재하는 걸까요? 이 시스템은 정말 개인과 조직의 성장을 돕고 있을까요?

어쩌면 가장 민감하고 어려운 문제이지만, '자기다움'과 '우리다움'이 살아있는 조직을 만들기 위해서는 지금과는 다른 철학으로 성과관리와 보상 시스템을 들여다보며 재설계하는 용기가 필요합니다.

저는 먼저, 많은 리더 분들에게 성장 대화와 보상 대화를 분리하라고 말씀드립니다. 많은 조직에서 평가 결과는 연봉 인상률이나 성과급과 직접적으로 연동됩니다. 이러한 구조 속에서, 리더와 구성원 간의 대화는 솔직한 성장의 논의가 아닌, '더 좋은 등급을 받기 위한 협상'으로 변질되기 쉽습니다. 구성원은 자신의 부족한 점이나 실패 경험을 솔직하게 털어놓기보다 최대한 자신을 방어하고 포장하려 하고, 리더 역시 객관적인 피드백을 주기보다 관계의 불편함을 피하려 하거나, 혹은 정해진 등급 분포에 맞춰 평가를 끼워 맞추게 되죠.

이 딜레마를 해결하기 위해서 성장을 위한 대화와 보상을 위한 대화를 의도적으로, 그리고 물리적으로 분리합니다. 개인의 성장과 성과에 대한 대화는 1년에 한두 번의 이벤트가 아니라, 분기별 1:1 면담이나 주간 체크인 등을 통해 연중 수시로, 그리고 비공식적으로 진행합니다. 이 시간에는 오로지 구성원의 성과와 어려움, 그리고 성장에 초점을 맞춥니다. 리더는 여기서 코치의 역할을 하며, 앞서 이야기했던 SBI(상황-행동-영향) 모델 등을 활용해 성장을 위한 구체적인 데이터를 함께 나눕니다. 지속적인 성장 대화는 이후의 보상 대화가 원활하게 진행될 수 있는 토양이 됩니다.

보상 대화 즉, 연봉이나 성과급에 대한 결정과 소통은 연말이나 정해진 시점에 별도의 시간으로 진행합니다. 이때 보상은 단순히 지난 평가 등급 하나만으로 결정되는 것이 아니라, 지난 1년간 꾸준히 나누었던 성과 리뷰 결과들을 종합적으로 참조하여 결정됩니다. 즉, 'A등급, 몇 프로 인상'과 같은 기계적인 공식을 깨고, 개인의 성장 과정, 팀에 대한 기여도, 회사의 전반적인 상황 등을 함께 고려하는 것이죠. 이러한 분리를 통해, 구성원들은 비로소 평가의 압박에서 벗어나 자신의 성장에 대해 솔직하고 안전하게 이야기할 수 있는 심리적 공간을 확보하게 됩니다.

우리는 흔히 '보상'이라고 하면 오직 '돈'(급여, 보너스 등)만을 생각하는 경향이 있습니다. 물론 공정한 금전적 보상은 매우 중요하지만, 그것만으로는 구성원들의 다양한 동기를 충족시키고, 특히 창의적이고 주도적인 행동을 이끌어내는 데 한계가 있습니다. 진정한 '우리다움'을 지향하는 조직은, 돈만큼이나, 혹은 때로는 돈보다 더 강력한 동기부여가 되는 다양한 방식의 인정과 보상 체계를 세심하게 갖춥니다. 개인의 '자기다움'이 존중받으며 성장하는 경험과, 팀의 '우리다움'에 기여하는 즐거움을 모두 만족시키는 방향으로 설계되어야 합니다. '자기다움'과 '우리다움'을 살리는 조직을 위한 인정과 보상의 설계 원칙으로 다음 세 가지 원칙을 강조하고 싶습니다.

첫째, 가치 정렬의 원칙으로, 무엇을 했는가를 넘어서 '어떻게' 했는가를 보상해야 합니다. 보상은 조직이 추구하는 핵심 가치와 철학에 명확하게 정렬되어야 합니다. 단순히 매출 목표를 달성했거나 프로젝트를 기한 내에 끝냈다는 결과(What)만을 보상하는 것이 아니라, 그 과정에서 동료들과 어떻게 협력하고, 고객에게 어떤 진심을 전했으며, 회사의 핵심 가치를 어떻게 실현했는지(How)를 함께 인정하고 보상합니다. 보상은 '우리 조직에서는 바로 이런 행동이 존중받는다'는 강력한 문화적 메시지가 되도록 해야 합니다. 이런 의미에서 성과관리제도는 조직 안에서 존중받을만한 행동을 장려하고 강화하기 위한 장치라고 할 수 있죠.

가치 정렬의 인정과 보상 원칙을 잘 보여주는 좋은 사례로, 제가 경험한 글로벌 의료기기 기업인 메드트로닉(Medtronic)의 'Recognize' 프로그램을 꼽고 싶습니다. 구체적인 운영 방식은 이렇습니다. 직원은 도움을 준 동료에게 사내 Recognize 홈페이지를 통해 감사를 표현합니다. 이때, '어떤 핵심가치를 실천하는 모습을 보여주었기에' 감사한지를 선택하고, 그에 맞는 온라인 엽서에 구체적인 내용을 작성합니다. 즉, 핵심가치를 기반으로 한 피드백을 작성하는 것이죠. 그리고 감사의 표시로 소정의 현금성 마일리지(포인트)를 함께 보낼 수 있습니다.

이 제도가 정말 잘 설계되었다고 느끼는 부분은, 이 칭찬과 감사 메시지가 당사자에게 전달되기 전에 그 사람의 상위 직책자(매니저)에게 먼저 전달된다는 것입니다. 이를 통해 리더는 공식적인 성과 평가에서는 미처 발견하기 어려웠던 팀원의 숨은 기여나 긍정적인 영향력을 구체적으로 파악하고, 이를 다시 1:1 면담이나 다른 인정의 기회로 활용할 수 있게 됩니다. 뿐만 아니라, 이 모든 인정의 내용은 전 세계 모든 메드트로닉 구성원들이 실시간으로 볼 수 있도록 공유됩니다. 긍정적인 행동과 메시지가 계속해서 전사에 노출되면서, 구성원들은 '우리 회사가 중요하게 생각하는 행동은 바로 이런 것이구나'라는 사실을 자연스럽게 학습하게 됩니다. 금전적 비용은 크지 않지만, 협력 문화를 강화하고 '우리다움'을 고취하는 데는 그 어떤 값비싼 보상보다 강력한 효과를 발휘합니다.

둘째, 균형의 원칙으로, 개인의 '자기다움'과 팀의 '우리다움' 모두를 인정해야 합니다. 보상 시스템은 종종 개인의 성과와 팀의 성과 사이에서 균형을 잃기 쉽습니다. 개인의 탁월한 기여만을 강조하면 팀 내에 불필요한 경쟁을 유발하고 협업을 저해할 수 있으며, 반대로 팀의 성과만을 강조하면 뛰어난 개인의 노력이 제대로 인정받지 못해 동기를 잃게 될 수 있겠지요. 프로젝트 성공 시 팀 전체에게 주어지는 특별 휴가나 워크숍 기회, 혹은 성공 이익의 일부를 팀에게 배분하는 방식 등을 통해, 개인의 성장이 곧 팀의 성공이고 팀의 성공이 다시 개인의 기쁨이 되는 선순환 구조를 만들어야 합니다.

셋째, 적시성의 원칙으로, 인정과 칭찬은 가능한 빠르게 전달되어야 합니다. 1년이 지난 뒤 연말에 한꺼번에 받는 성과급보다, 동료의 작은 도움에 대해 "덕분에 정말 큰 힘이 되었어요. 고맙습니다."라고 즉시 건네는 말 한마디가 더 큰 감동과 동기를 부여할 때가 많습니다. 인정과 칭찬은 그 행동이 일어난 시점에 가까울수록 효과가 극대화됩니다. 금전적 보상은 분기나 반기 단위로 주기를 단축하고, 비금전적 인정과 칭찬은 훌륭한 행동이 일어난 즉시 이루어지는 게 좋습니다. 슬랙(Slack)과 같은 협업 툴에 칭찬 채널을 만들거나, 주간 회의 시간에 '동료 칭찬 릴레이'와 같은 간단한 코너를 마련하는 것도 좋은 방법입니다.

이 외에도 보상에 있어서 기본적으로 강조되는 투명성과 공정성의 원칙도 매우 중요하겠지요.

'자기다움'과 '우리다움'을 살리는 성과관리는 구성원들을 통제하고 경쟁시키며 그저 적절한 보상을 주기 위한 것이 아닙니다. 성과관리는 '이 조직에서는 당신의 고유한 재능이 존중 받으며, 팀과 조직을 위한 당신의 헌신 또한 반드시 보상받는다'는 믿음을 설계하는 것으로, 조직의 철학과 가치를 함께 나누고 서로의 성장과 기여를 이끌어내며, 건강한 공동체를 함께 만들어가는 소통의 방식입니다.

['자기다움'과 '우리다움'이 살아있는 조직을 위한 실험 8]
: 리더, 영웅에서 정원사로

앞에서 우리는 조직의 문화를 바꾸고, 시스템을 재설계하며, 구성원들이 진정한 '우리다움'을 경험하게 하는 여러 구체적인 방법들을 이야기 나누었습니다. 하지만 이 모든 변화의 여정은 결국 한 사람의 근본적인 역할 변화 없이는 완성될 수 없습니다. 바로 리더입니다.

과거 우리가 이상적이라고 여겼던 리더의 모습은 '영웅(Hero)'에 가까웠습니다. 뛰어난 통찰력으로 모든 것을 꿰뚫어 보고, 카리스마로 조직을 장악하며, 결정적인 순간에 나타나 모든 문제를 해결하는 외로운 천재. 스티브 잡스나 수많은 위인전 속 인물들처럼, 리더 한 사람의 위대함이 조직 전체의 운명을 좌우하는 것처럼 보였죠.

현재, 위태롭고 외로운 영웅의 시대는 저물고 있습니다. 왜 영웅적인 리더는 더 이상 조직에 필요 없는 존재가 되었을까요?

먼저, 영웅은 조직을 '느리게' 만듭니다. AI가 인간의 지적 노동을 대체하고, 시장의 변화는 한치 앞을 내다볼 수 없는 오늘날, 더 이상 리더 한 사람이 모든 정답을 알 수는 없습니다. 모든 결정이 영웅 한 사람의 두뇌를 거쳐야 한다면, 조직은 필연적으로 변화의 속도를 따라가지 못하는 '병목현상'에 시달리게 됩니다.

영웅은 구성원을 '바보'로 만듭니다. 리더가 모든 문제를 해결해 주면, 팀원들은 스스로 생각하는 법을 잊게 됩니다. 그들은 질문하고 도전하는 대신, 영웅의 지시를 기다리는 수동적인 팔로워로 전락합니다. 개인의 잠재력과 주인의식, 즉 '자기다움'은 질식하고 조직의 창의성과 회복탄력성은 서서히 메말라가죠.

무엇보다, 영웅은 결국 지쳐 쓰러집니다. 모든 짐을 혼자 짊어지고 완벽해야 한다는 압박감은 결코 지속 가능하지 않습니다. 영웅 리더의 번아웃은 조직 전체의 붕괴로 이어집니다. 영웅 한 명에게 의존하는 조직은 세상에서 가장 취약한 조직입니다.

'자기다움'과 '우리다움'을 살리는 조직에서 바람직한 리더십의 모습은 '정원사'입니다. 정원사형 리더는 자신이 직접 모든 꽃을 피우고 열매를 맺으려 하지 않습니다. 대신, 식물들이 스스로 잘 자라날 수 있는 최적의 환경을 만드는 데 집중합니다. 그들은 더 이상 해결사가 아니라, 건강한 '우리다움'이라는 생태계를 설계하고 가꾸는 사람입니다.

1. 정원사로서의 리더: 비전을 제시하고 토양을 일군다 (문화 설계)

훌륭한 정원사는 어떤 꽃과 나무를 심을지 결정하기 전에, 먼저 어떤 정원을 만들고 싶은지에 대한 분명한 그림(비전)을 그립니다. 그리고 그 비전이 실현될 수 있도록 땅부터 정성껏 갈고 일구어 비옥한 토양(문화)을 만듭니다. 리더는 "우리는 무엇을 위해 존재하는가?", "우리가 함께 만들어갈 미래는 어떤 모습인가?"라는 질문을 던지며 조직의 명확한 목적과 비전을 제시합니다. 그리고 그 비전이 뿌리내릴 수 있도록, 구성원들이 서로를 깊이 신뢰하고 어떤 의견이든 안전하게 나눌 수 있는 심리적 안전감이라는 건강한 토양을 만드는 데 가장 많은 시간과 에너지를 쏟습니다.

2. 정원사로서의 리더 : 햇빛과 물을 주고, 서로 돕도록 연결한다
(자원 제공 및 시스템 구축)

정원사는 각각의 식물이 필요로 하는 햇빛과 물이 무엇인지 세심하게 살피고, 그것을 아낌없이 공급합니다. 또한, 서로에게 도움을 주는 식물들(예: 해충을 쫓아주는 허브와 채소)을 함께 심어주어 정원 전체가 더 건강해지도록 돕습니다. 리더는 구성원들이 자신의 역량을 마음껏 펼치는 데 필요한 예산과 도구, 기회(햇빛과 물)를 적극적으로 제공하고 연결해줍니다. 또한, '내부 인재 시장'이나 '미션 중심 TF'와 같은 환경을 구축하여, 서로 다른 전문성을 가진 구성원들이 자연스럽게 만나 협력하며 시너지를 낼 수 있도록 돕습니다. 그들은 사람들을 직접 '관리'하기보다, 사람들이 서로 연결되어 스스로 문제를 해결해나갈 수 있는 '구조'를 만드는 데 집중합니다.

3. 정원사로서의 리더: 잡초를 제거하고, 믿음으로 기다린다
(장벽 제거 및 권한 분배)

정원사는 식물의 성장을 방해하는 잡초나 해충을 부지런히 제거해줍니다. 그리고 일단 좋은 환경을 만들어준 뒤에는, 각 식물이 가진 고유한 속도와 방식으로 자라날 것을 믿고 조급해하지 않으며 인내심을 갖고 지켜봅니다. 리더는 구성원들의 자율성과 주도성을 가로막는 의미 없는 보고 절차, 비효율적인 회의, 혹은 해결되지 않는 동료 간의 갈등, 조직의 사기를 갉아먹는 부정적인 태도 등(잡초와 해충)을 과감하게 제거합니다. 그리고 앞서 이야기한 '권한 분배'를 통해 구성원들에게 진정한 주인의식을 심어주고, 그들의 판단을 신뢰하며 스스로 길을 찾아 나설 수 있도록 믿고 기다려줍니다. 마이크로매니징은 정원사가 매일같이 식물의 줄기를 잡아당기며 빨리 자라라고 재촉하는 것과 같습니다. 이는 오히려 식물의 뿌리를 상하게 할 뿐이죠.

이처럼 '영웅'에서 '정원사'로의 리더십 전환은, 리더의 역할과 행동에 대한 근본적인 변화를 의미합니다. 과거의 영웅적 리더가 '이거 왜 아직 안됐죠? 뭐가 문제입니까?'라고 묻는다면, 정원사형 리더는 '제가 어떻게 도와드리면, ○○님이 자신의 최고의 역량을 발휘할 수 있을까요?' 라고 묻지요.

에미상을 수상한 영국의 스포츠 코미디 드라마 테드 래소(Ted Lasso)의 주인공 래소 감독은 축구에 대한 전문 지식은 부족하지만, 선수 개개인의 이야기에 진심으로 귀 기울이고 그들이 서로를 믿고 지지하는 팀(우리다움)을 만드는 데 모든 노력을 쏟습니다. 그는 선수들에게 전술을 주입하기보다, 그들이 더 나은 '사람'이 될 수 있도록 돕습니다. 그리고 놀랍게도, 바로 그 과정 속에서 선수들은 잠재력을 폭발시키고 팀은 놀라운 성과를 만들어내죠. 그의 리더십이야말로 우리에게 필요한 '정원사'로서의 모습을 잘 보여주는 예시가 아닐까 싶습니다.

이제 조직의 리더들은 더 이상 모든 해답을 가진 해결사가 될 필요도, 그렇게 될 수도 없습니다. 대신, 우리 조직이라는 정원에 어떤 씨앗(사람)들이 있는지, 그들이 각자 어떤 가능성(자기다움)을 품고 있는지, 그리고 그들이 함께 어우러져 어떤 아름다운 숲(우리다움)을 이룰 수 있을지를 상상하고, 그저 묵묵히 땅을 갈고 물을 주며 햇빛을 비춰주는 정원사의 역할을 받아들일 때, 비로소 조직은 지속 가능한 생명력을 지닌 건강한 생태계가 될 수 있습니다.

조직 패러다임의 전환 : '자기다움'과 '우리다움', 시대를 건너는 조직의 새로운 힘

우리는 지금 거대한 전환의 한복판에 서 있습니다. 팬데믹을 기점으로 익숙해진 VUCA(변동성, 불확실성, 복잡성, 모호성) 라는 단어는 이제 비즈니스와 경제 전반을 설명하는 일상적인 용어가 되었고, 최근 국내외 다수의 기업이 시행하는 권고사직과 유례없는 고용 한파는 우리 모두의 현실이 되었습니다. 이러한 상황은 조직에게 단순한 비용 절감이나 단기적인 생존 전략을 넘어, 조직의 운영 방식과 구성원을 대하는 패러다임에 대한 근본적인 성찰을 요구합니다.

경제적 불확실성이 지속될수록 구성원들은 단순히 금전적 보상을 넘어 자신의 일에서 존중, 목적의식, 그리고 깊은 소속감과 같은 비금전적 가치를 더욱 갈망하게 됩니다. 하지만 안타깝게도 많은 기업들은 어려운 시기에 가장 먼저 조직문화 조성이나 직원 몰입 증진과 같은 '사람에 대한 투자'를 축소하는 경향을 보입니다. 권고사직과 구조조정의

칼바람이 부는 조직에서는 '신뢰'라는 가장 소중한 자산이 가장 먼저 사라지고, 구성원들은 혁신적인 도전을 하기보다 자신의 자리를 지키기 위한 소극적이고 방어적인 태도에 집중하게 됩니다. 혹시라도 실수하면 다음 차례는 내가 될지 모른다는 깊은 불안감, 즉 실패에 대한 두려움은 조직 전체의 활력을 앗아가고, 결국 서서히 침몰하게 만드는 보이지 않는 닻이 됩니다.

하지만, 바로 지금의 이 위기 상황이 역설적으로 '자기다움'과 '우리다움'에 기반한 새로운 조직 패러다임으로 전환할 수 있는 가장 중요한 변곡점이 될 수 있다고 믿습니다. 기존의 피상적이고 거래적인 고용 관계의 취약성이 드러난 지금이야말로, 우리가 무엇을 붙잡고 어디로 나아가야 할지를 가장 진지하게 고민해야 할 때이기 때문입니다.

우리가 오랫동안 정답이라고 믿어왔던 전통적인 조직 운영 방식, 즉 피라미드 형태의 관료 조직은 이제 그 한계를 명확히 드러내고 있습니다. 본래 관료제는 산업화 이후 대규모화된 조직을 효율적으로 운영하기 위해 등장했습니다. 위에서 내린 지시가 아래로 한 치의 오차 없이 전달되고, 정해진 규율에 따라 일사불란하게 움직이는 조직. 이 견고한 피라미드 구조는 한때 외부의 위협으로부터 조직을 지키는 튼튼한 요새와도 같았죠.

하지만 하루가 다르게 기술이 판도를 바꾸는 지금의 시대에, 이 낡은 요새는 세상의 속도를 따라잡지 못하며 곳곳에서 균열을 보이고 있습니다. 피라미드 모델은 속도, 지성, 동기라는 세 가지 핵심 경쟁력을 모두 잃어버린 과거의 유물이 되어가고 있습니다.

첫째, 속도의 문제입니다. 현장에서 감지된 중요한 정보는 수많은 중간 관리자의 필터를 거쳐 최고 경영진에게 보고되기까지 몇 주, 때로는 몇 달까지도 걸립니다. 그 과정에서 정보는 왜곡되거나 희석되고, 어렵게 내려온 의사결정은 다시 아래로 전달되는 과정에서 시간을 허비합니다. 마침내 현장에 도착했을 때는 이미 시장의 기회는 사라져 버린 뒤입니다.

둘째, 지성의 문제입니다. 피라미드 모델은 조직의 가장 중요한 정보와 지혜가 피라미드 꼭대기에 있는 소수의 리더에게만 집중되어 있다는 낡은 전제 위에 세워졌습니다. 하지만 지금은 다릅니다. 가장 중요한 정보는 오히려 고객과 가장 가까운 최전선, 새로운 지식과 기술을 직접 다루는 실무자, 시장의 미묘한 흐름을 피부로 느끼는 현장 직원들의 손에 있습니다. 전통적인 조직 모델은 이들의 눈과 귀, 그리고 두뇌를 효과적으로 활용하지 못하고, 조직 전체의 집단지성을 질식시킵니다. 현장의 목소리는 무시되고, 때로는 지위가 높은 사람의 의견이 모든 것을 압도하기도 합니다.

셋째, 동기의 문제입니다. 전통적인 피라미드 조직은 본질적으로 구성원들의 자발적인 '참여'가 아닌, 위계에 대한 '순응'을 요구하도록 설계되었습니다. 구성원들은 '왜'를 질문하기보다 '무엇을', '어떻게' 하라는 지시를 충실히 따르는 역할에 머물게 됩니다. 정해진 상자 안에서 주어진 과업만을 수행하는 것에 익숙해지면서, 개인의 고유한 생각과 창의성, 즉 '자기다움'은 거세됩니다. '괜히 새로운 제안을 했다가 일이 복잡해질 뿐이야', '어차피 내 의견은 반영되지 않을 거야.' 이러한 냉소와 무기력은 조직 전체에 전염병처럼 퍼져나갑니다. 시키는 일만 하는 수동적인 존재로 전락한 구성원들에게서 주인의식을 기대하기란 불가능하며, 이는 조직의 가장 중요한 자산인 사람들의 잠재력을 스스로 내다 버리는 것과 같습니다.

이와 같이 피라미드로 대표되는 전통적인 조직 모델은 속도, 지성, 동기라는 세 가지 핵심 경쟁력을 모두 잃어버린 낡은 유물이 되었습니다. 사방에서 예측 불가능하게 밀려오는 파도 앞에서 속절없이 균열하고 무너질 수 밖에 없는 것이죠. 따라서, 이제 우리의 과제는 이 낡은 피라미드를 수리하고 보강할 것이 아니라, 그 자리에 완전히 새로운 패러다임의 조직 운영 방식을 수립해야 합니다.

우리가 이 책을 통해 함께 탐색한 '자기다움'이란, 개인이 지닌 고유한 특성, 진정성, 자기표현, 그리고 잠재력 실현과 관련된 개념입니다. 이는 개인이 자신의 흥미, 강점, 그리고 지향점을 명확히 인식하고, 이를 일과 삶 속에서 적극적으로 발현하고자 하는 상태를 의미하죠. 조직 내에서 '자기다움'이 존중받는다는 것은 구성원이 자신의 생각과 감정을 솔직하게 표현하고, 자신만의 독특한 방식으로 업무에 기여하며, 이를 통해 개인적인 성장과 만족을 경험하는 것을 포함합니다.

또한, 우리가 이야기 나눈 '우리다움'이란, 다양한 배경과 특성을 가진 개인들이 서로 깊이 연결되어 있다고 느끼며, 효과적으로 협업하고 시너지를 창출하는 공동체성을 의미합니다. 이는 단순한 집단을 넘어, 구성원 간의 신뢰와 심리적 안전감을 바탕으로 공동의 목표와 정체성을 공유하는 상태를 지칭하지요. '우리다움'이 잘 형성된 조직에서는 구성원들이 서로 지지하고 협력하며, 다양성이 존중받는 가운데 긍정적인 상호작용이 활발하게 일어납니다.

이제 우리의 과제는 명확합니다.

> *'어떻게 하면*
> *각 개인의 '자기다움'이라는 반짝임이 존중받고,*
> *그 반짝임들이 모여*
> *조직 전체의 '우리다움'이라는 위대함으로*
> *이어지게 할 것인가.'*

> *'어떻게 하면 조직의 성공(우리다움)이*
> *다시 개인의 의미 있는 성장(자기다움)으로 돌아오는*
> *건강한 선순환을 만들어낼 것인가.'*

이 어려운 질문 앞에서, 우리에게 필요한 것은 더 이상 완벽한 정답이나 기성복처럼 잘 맞는 성공 사례를 찾는 것이 아닙니다. 중요한 것은, 이러한 질문에 우리 조직만의 답을 찾아가려는 의지와, 그 과정에서 기꺼이 시행착오를 감수하겠다는 용기 있는 태도입니다. 즉, 고성과 몰입

조직의 선순환 원리를 우리 조직 안에서 다양한 방식으로 실험해 보겠다는 약속과 용기가 필요합니다.

이 책의 긴 여정을 마무리하며, 결국 다시 가장 작고도 본질적인 질문으로 돌아옵니다.

*'나는, 그리고 우리는
어떤 모습으로 함께 일하며 살아가고 싶은가?'*

그 해답은 아마도 거창한 구호나 완벽한 시스템에만 있지 않을 겁니다. 동료의 조용한 목소리에 한 번 더 귀 기울이는 세심함, 보이지 않는 기여에 진심 어린 박수를 보내는 따뜻함, 그리고 서로의 성장을 위해 기꺼이 쓴소리를 건네고 또 그것을 기꺼이 받아 안는 용기… 우리가 매일의 관계 속에서 정성껏 가꾸어 나가는 작고 소중한 지금의 순간들에 집중하세요. 바로 그 순간들이 모여, 비로소 조직이라는 정원은 풍요로워지고, 그 안에서 각자의 '자기다움'과 건강한 '우리다움'은 함께 어우러져 아름다운 모습으로 꽃피울 테니까요.

이제, 당신의 조직이라는 정원에 그 첫 번째 씨앗 하나를 심을 시간입니다.

그 용기 있는 시작을 진심으로 응원합니다.

에필로그

어느덧 저의 네 번째 책을 마무리하며 에필로그를 씁니다. 한 권의 책을 세상에 내놓을 준비를 할 때면, 늘 같은 질문을 던지게 됩니다.

'과연 이 책이 독자들에게 충분히 사유할 수 있는 새로운 질문을 던져주고 있는가? 그리고 그 사유의 결과로 발견된 작은 깨달음이, 각자의 삶에 의미 있는 변화를 만드는 데 조금이나마 도움을 주고 있는가?'

이 책이 독자 여러분의 삶에 작은 변화의 시작점이 되기를 바라는 만큼, 저 역시 이 책을 통해 제 삶의 중요한 화두를 다시 한번 정리하고 넘어서야만 했습니다. 그래서 이번 책을 쓰는 내내, 유독 이 질문을 더 자주, 그리고 더 깊이 곱씹게 되었죠.

'왜 나는 굳이 '조직문화'라는 주제로 네 번째 책까지 쓰게 되었는가.'
'조직, 다시 말해 '일터'라는 공간은
왜 내 삶의 가장 중요한 화두가 되었는가.'

곰곰이 생각해보면, 저에게 일터란 단순히 돈을 벌고 역할을 수행하는 공간을 넘어, 제 삶의 가장 치열한 '성장 실험실'이었기 때문입니다. 그곳은 가장 먼저, 낯선 과업과 관계의 거울 앞에서 이전에는 몰랐던 제 자신(자기다움)의 모습을 발견하는 공간이었습니다. 제가 무엇에 기뻐하고, 어떤 말에 상처받으며, 언제 당당해지고 혹은 가장 연약해지는지를 처절하게 깨닫게 해준 곳이었죠.

그리고 동시에, 나와는 너무도 다른 생각과 리듬을 가진 타인을 알아가고, 그 다름 속에서 함께 살아가는 법(우리다움)을 배우는 공간이기도 했습니다. 이처럼 내 자신을 발견하고 타인을 알아가며, 그 관계 속에서 서툴지만 조금씩 성숙을 향해 나아가는 과정이야말로 일이 우리에게 주는 가장 큰 선물이 아닐까 싶습니다.

어쩌면 책을 쓰는 과정은 이 모든 성장과 성숙의 여정을 가장 압축적으로 경험하는 일인지도 모르겠습니다. 보이지 않는 독자와의 관계 속에서 끊임없이 저의 부족함을 발견하고, 때로는 짧은 문장 한 줄에 잠시 우쭐해지기도 하다가, 이내 더 나은 표현을 찾지 못하는 자신 앞에서 깊은 낙담과 좌절을 연이어 경험합니다. 그리고 그 과정을 묵묵히 통과하며 아주 조금씩, 한 걸음씩 나아가지요. 이러한 지난한 과정을 겪으며 저는 고든 맥도날드가 묘사한 '생각하는 사람'의 모습을 마음속에 품었습니다.

"생각하는 사람은 묵은 것을 새로운 시각으로 보고,
가설을 분석해서 거짓으로부터 참을 가려낼 줄 안다.
생각하는 사람은 때로 오래된 진리를
새로운 언어와 형식으로 기술하고,
다른 사람들이 진리를 삶에 적용하도록 도와준다.
그들은 또한 대담한 결정을 내리고,
우리로 하여금 새로운 비전을 보도록 하며,
이전에는 알지 못했던 방법으로 장애를 극복해 낸다."

이 책을 통해, 바로 그 '생각하는 사람'의 역할을 감당하고 싶었습니다. '자기다움'과 '우리다움'이라는, 어쩌면 낡고 익숙하게 들리는 주제를 새로운 시각으로 함께 바라보고, 그 오래된 진리를 이 시대의 언어와 형식으로 다시 기술하여 독자 여러분과 함께 나누고 싶었습니다. 그리고 이 책을 읽는 여러분이 저에게, 제가 여러분에게, 서로가 서로에게 바로 그런 '생각의 동료'가 되어주기를 진심으로 바랐습니다.

이 책을 통해 궁극적으로 나누고 싶었던 이야기는 결국 '연결'과 '확장'에 대한 것입니다. 고립된 '나'는 결코 스스로 온전해질 수 없습니다. 우리는 나와는 전혀 다른 세계관을 가진 타인이라는 거울을 통해 비로소 더 넓은 나를 발견하고, 나의 '자기다움'은 또 다른 누군가에게 새로운 영감을 주며 그의 세계를 확장시킵니다. 이처럼 서로가 서로에게 기꺼이 영향을 주고받으며 함께 성장해나가는 과정, 그것이 바로 우리가 이 책에서 함께 탐색한 우리다움의 본질이 아닐까요?

우리는 모두 연결되어 있고 각자가 가지고 있는 세계관으로 서로를 확장시킬 수 있습니다.

부록

자기다움과 우리다움에 따른 조직(팀)유형 모델 :
팀 시너지 매트릭스 (Team Synergy Matrix)

조직 안에서 구성원들이 경험하는 '자기다움'과 '우리다움'의 수준은, 그 팀의 일하는 방식과 관계의 온도를 결정짓는 가장 중요한 두 축이라고 할 수 있습니다. 여기서 자기다움이란 각 구성원이 얼마나 독립적으로 생각하고 행동하며 자신의 고유한 색깔을 발휘할 수 있는지를 의미하는 '개인의 자율성과 고유성'을, 우리다움이란 구성원들이 얼마나 유기적으로 협력하며 깊은 유대감을 느끼는지를 의미하는 '집단의 연결성과 연대감'을 말합니다. 업종이나 규모와 관계없이, 이 두 축이 어떤 균형을 이루고 있느냐에 따라 그 조직만의 독특한 문화와 리더십, 그리고 상호작용의 방식이 만들어집니다.

(우리다움)
Y축 : 집단 연결성/연대감
높음

획일적 군무형	조화로운 앙상블형	자율적 생태계형
온화한 팔로워형	안정적 밸런스형	자유로운 연합형
정체된 호수형	개별 최적화형	각자도생형

높음
X축 : 개인 자율성/고유성
(자기다움)

1. 정체된 호수형 (자기다움 L / 우리다움 L)

 개인의 자율성과 집단의 연대감이 모두 낮은 상태입니다. 구성원 각자의 독립적인 사고나 주도적인 행동은 거의 찾아보기 어렵고, 공동의 목표 의식 또한 희미하여 서로가 의미 있는 연결 없이 분절되어 있습니다. 조직의 분위기는 전반적으로 수동적이고 무기력하며, '내 의견을 내봤자 바뀌는 건 없어'라는 체념이나 '그냥 시키는 일이나 하자'라는 안전 지향적 태도가 강하게 나타납니다. 상사의 '명령' 위주로 업무가 움직이고, 회의에서는 새로운 의견이 거의 나오지 않으며 서로 간의 교류도 미흡하여, 겉으로는 조용하지만 사실상 성장이 멈춘 정체 상태에 빠져있습니다.

2. 온화한 팔로워형 (자기다움 L / 우리다움 M)

개인의 자율성이 낮아 소수의 리더나 기존의 방식을 따르는 분위기가 강하며, 구성원 간 연대감은 중간 정도로 유지됩니다. 이로 인해 자발적인 아이디어나 개인의 고유성은 잘 드러나지 않지만, 기본적인 협조와 소통은 원만하게 이루어집니다. 하지만 깊은 유대감이나 강력한 팀워크로 이어지지는 않습니다. 구성원들은 스스로 무언가를 주도하기보다, 리더의 추종자 역할에 만족하거나 수동적인 태도를 취하기 쉽습니다. 회의에서는 리더가 의견을 말하면 대부분 별다른 토론 없이 동의하며, 팀의 분위기는 모험보다는 무난한 합의를 이끌어내는 쪽으로 흘러갑니다.

3. 획일적 군무형 (자기다움 L / 우리다움 H)

구성원 간의 결속력과 연대감이 매우 높은 상태입니다. '우리는 하나다'라는 강력한 집단 의식을 바탕으로 일사불란하게 움직이는 데서 안정감과 편안함을 느낍니다. 반면, 집단의 규범과 동질성을 유지하려는 압박이 강하게 존재하여, 개인의 자율성이나 독특한 색깔을 가진 사고와 행동은 '팀워크를 해치는 것'으로 여겨지기 쉽습니다. 단기적인 목표 달성이나 위기 상황에서의 실행력은 뛰어날 수 있지만, 내부의 다른 의견이나 창의적인 시도는 잘 받아들여지지 않는 경직성을 보일 수 있습니다.

4. 개별 최적화형 (자기다움 M / 우리다움 L)

개인의 자율성은 중간 정도로, 자기 분야의 전문성이나 맡은 역할에 대한 자부심은 어느 정도 갖추고 있습니다. 하지만 조직 전체를 위한 협업이나 연대의식은 낮아, '나는 내 일만 잘하면 된다'는 태도가 강하게 나타납니다. 이로 인해 부서 간 협력이 필요한 과제 앞에서 시너지를 내지 못하고, 중복 업무나 자원 낭비, 보이지 않는 갈등이 발생해도 이를 해결하기 위한 조정 기능이 제대로 작동하지 않습니다. 부서간 소통이나 협업이 거의 없어서 조직 전체로 봤을 때 '통합적 시너지'가 부족합니다.

5. 안정적 밸런스형 (자기다움 M / 우리다움 M)

개인의 자율성과 집단의 연대감이 모두 중간 정도로, 큰 갈등 없이 안정적으로 운영되는 상태입니다. 구성원들은 조직 생활에 대한 스트레스가 크지 않고, 기본적인 역할 수행과 협업이 원만하게 이루어집니다. 전반적으로 '무난함'이 특징이지만, 이 안정감이 때로는 변화의 가장 큰 저항이 될 수 있습니다. 혁신이나 대담한 도전이 필요한 상황에서 '지금도 괜찮은데 굳이?'라는 보수적인 성향이 드러나며, 급변하는 환경에 대처할 동력을 잃기 쉽습니다.

6. 조화로운 앙상블형 (자기다움 M / 우리다움 H)

구성원들은 비교적 열린 자세로 협업하며, 내 의견도 어느 정도 펼칠 수 있다는 만족감이 있습니다. 서로 돕는 분위기가 좋아 조직 생활의 긍정적 에너지가 크고, 집단 내 합과 팀워크가 살아있어 더 적극적인 자율성이 부여되면 혁신 잠재력이 커질 수 있습니다. 구성원들은 각자 자기 전문성을 발휘하고, 협업 시에는 적극적으로 의견을 교환하며 시너지를 만듭니다. 다만, 아직은 '위에서 정한 목표 안에서 최적화'를 하는데 익숙하여 기존의 판을 깨는 대담한 혁신이나 완전한 자율성을 발휘하는 데는 다소 주저함이나 제약이 있을 수 있습니다.

7. 각자도생형 (자기다움 H / 우리다움 L)

개인의 자율성이 높아 구성원 개개인이 자기 일에 대한 자부심과 책임이 높고 독립적으로 행동합니다. 반면 연대감이 낮아 협력적 문화나 상호 지원 체계가 약하고 종종 경쟁과 견제의 분위기가 형성됩니다. 유능한 개인이 많아도 조직 전체 시너지가 부족해 갈등이나 파편화가 생기기 쉽습니다. 개인별로 높은 전문성을 발휘하기 쉽고 빠른 의사결정과 성장이 가능하다는 장점이 있지만, 협업 부재로 중장기 과제나 복잡한 문제 해결에서 한계를 보이며 내부 정치나 알력 다툼이 발생하기도 합니다.

8. 자유로운 연합형 (자기다움 H / 우리다움 M)

구성원들의 자율성과 의욕이 높고, 각자 자신만의 목표를 가지고 주도적으로 움직입니다. 집단의 연대감은 중간 수준으로, 필요에 따른 협업과 연대에는 호의적이지만 굳이 하나의 목표 아래 긴밀하게 뭉쳐야 할 필요성은 크게 느끼지 않습니다. 때로는 '조직적으로 하나가 되자'는 요구가 개인의 자율성을 침해하는 것처럼 느껴질 수도 있죠. 자유로운 분위기는 큰 장점이지만, 통일된 비전이나 구심점이 부족하여 집단적 역량이 분산되거나 조직 전체의 방향성이 모호해지기 쉽습니다.

9. 자율적 생태계형 (자기다움 H / 우리다움 H)

구성원 각자가 주도적으로 일하고 자신의 색깔을 마음껏 발현하며 고유성을 충분히 발휘합니다. 동시에 동료들 간에 서로 긴밀히 연결되어 자발적으로 협력하고 문제 해결이나 혁신을 위해 집단지성을 발휘합니다. 상호신뢰와 투명한 정보 공유 속에서 서로 도전과 협력을 즐기고, 갈등은 성장의 재료가 됩니다. 일종의 '자기조직화(self-organization)'가 일상적으로 이루어지며 조직의 목적과 개인의 성장이 선순환되며 빠른 혁신과 창의적 아이디어가 폭발합니다. 매우 이상적인 상태이지만, 유지하려면 문화와 리더십, 제도가 지속적으로 뒷받침되어야 합니다.

제가 이 책을 통해 궁극적으로 제안하고 싶은 조직의 모습은 바로 '자율적 생태계'의 모습입니다.

사람들이 가지고 있는 조직에 대한 착각 중 하나는 조직이 시스템(system)이라고 가정하는 겁니다. 이 관점에서는 정해진 투입물(input)을 넣으면, 우리가 원하는 시기에 예측 가능한 결과물(output)이 정확하게 나올 것이라 기대하죠. 하지만 조직 생활을 해본 여러분들은 모두 알고 있습니다. 일이 늘 그렇게 뜻대로 되던가요?

조직에서는 1+1=2가 되기는커녕 0이나 마이너스가 되기도 하고 어쩔 때는 기대 이상으로 5나 6 혹은 10이 되기도 합니다. 그리고 일주일이면 충분할 것

같던 일이 한 달 넘게 걸리기도 하고, 혹은 불가능해 보였던 일이 단 며칠 만에 해결되기도 하죠. 불가피한 변수로 인해 일의 진행 자체가 완전히 틀어지는 일도 부지기수입니다.

조직의 성장을 식물을 기르는 것으로 생각해봅시다. 조직을 '기계적 시스템'으로 간주하는 곳은 이 식물의 줄기는 몇 센티미터가 되어야 하며 잎은 무슨 색을 띠어야 하고 과실은 언제쯤 열려야 하는지 정교하게 '관리'하려 들 겁니다. '목표'와 '성과'라는 이름으로 이상적인 결과를 예측하고 그에 합당한 결과물을 얻어내기 위해 '전략'이라는 이름으로 식물을 가꾸는 정원사의 행동을 독려합니다. 정원사는 식물의 키와 잎의 넓이, 과실을 수확해야 하는 시기 등 목표를 더욱 빠르게, 그리고 손쉽게 이루어내기 위해 인위적으로 갖은 방법을 연구하고 실행하지만(온실 하우스, 자동 습도 조절기, 공기 청정기 등 식물을 키우는 데 도움이 된다는 최신의 도구 활용), 결국 생각지도 못했던 기후 변화나 다른 동식물과의 상호작용 같은 예측 불가능한 변수들 앞에서 원하는 결과를 얻지 못하고 맙니다.

사실 조직은 기계적 시스템보다는 에코 시스템(ecosystem, 생태계)에 가깝습니다. 숲에서 각각의 식물은 스스로 잠재력을 발현하며 각자의 형상대로 자라납니다. 태양과 토양, 그리고 온도와 습도에 따라 식물들은 각자의 생존 방식대로 다른 동식물과 상호작용하고 적응해나가며 성장합니다. 크기와 모양이 제각각인 생물들은 하나씩 보면 조금은 못나 보이고 삐뚤빼뚤해 보이지만, 전체적으로 보면 조화롭게 아름다운 숲을 이루지요. 이때 숲을 아름답게 가꾸고자 하는 정원사의 역할은, 모든 나무를 똑같은 모양으로 만드는 것이 아닙니다. 숲에 있는 나무들이 어떤 환경에서 가장 잘 자라는지를 세심하게 파악하고 그에 맞게 토양을 관리하며, 필요할 때는(어떤 나무가 다른 나무의 성장에 방해가 될 정도로 자리를 잡고 과대 성장하고 있을 때) 가지치기를 해줍니다.

조직을 에코 시스템으로 가정한다고 하면, 아무것도 하릴없이 알아서 식물들이 자라도록 방치하는 것만 같은 느낌이 들어 왠지 모르게 불편해집니다. 게다가 '정말 식물들이 알아서 잘 자랄 수 있을까'하는 의구심은 자꾸만 뭐라도 나서서 해야 할 것만 같은 의무감을 재촉하죠. 그런데, 조직을 시스템보다 에코 시스템으로 여기고 가꾸는 것은 실은 더 많은 노력과 관심을 필요로 합니다. 각기 다른 식물의 고유한 특성을 이해하고 있어야 하고 서로가 어떻게 상호작용을 주고받는지도 알고 있어야만, 꼭 필요한 순간에 적절한 자원을 제공해 줄 수 있기 때문입니다. 식물의 특성을 잘못 이해하여 적시에 필요한 자원을 공급해 주지 못해도 문제이지만, 자원을 적게 주거나 지나치게 많이 공급해도 식물의 건강한 성장에 문제가 발생하죠. 거의 매일같이 숲을 산책하며 그날 하루 동안 일어난 숲 안에서의 미세한 변화(조직 안에서의 사람들이 나누는 이야기, 협업 장면에서의 행동 등)를 살피고 눈에 보이지 않는 나무들의 표정(동기와 욕구, 스트레스, 감정, 정서 등)을 살피는 일이 정원사의 루틴이어야 합니다.

학습조직의 대가 피터 센게(Peter Senge)는 학습조직의 실천을 위해 시스템 사고(System Thinking)를 중요한 핵심 요인으로 꼽았는데 그가 정의한 시스템 사고란 다음과 같습니다.

**사물을 전체적인 맥락으로 파악하고,
다양한 요소들이 어떤 상호작용을 하며,
이런 상호작용이 전체 시스템에 어떤 영향을 주는지를 알아내
전체적으로 최적화하는 것.**

어때요? 그동안 우리가 생각해왔던 시스템의 정의나 이미지, 그 느낌과는 사뭇 다르지 않나요? 피터 센게가 말한 진정한 시스템 사고는, 기계적 시스템이 아니라 에코 시스템적 관점에 훨씬 더 가깝습니다. 피터 센게는 나아가 시

스템 사고의 정수는 '사고방식의 전환'에 있다고 강조하며 직선적인 인과관계 사슬보다는 상호 연관성을 봐야 하며, 스냅사진 같은 단편보다는 변화의 과정을 보라고 역설하였습니다.

지금 현재 우리가 생각하는 - 다시 말해 투입물을 넣으면 반드시 예상하는 기간 안에 원하는 결과물을 손에 얻어야 한다는 관념 - 시스템 사고는 어디서부터 온 것일까요? 이러한 사고와 가정은 현재 우리 조직문화에 그리고 사회에 어떠한 영향을 주고 있을까요? 점점 더 개인화 되어가고 있는 사회에서 '다양성(Diversity)'이 조직의 창의성과 성장에 필수 조건으로 거론된지는 이미 몇 년이 지난 것 같습니다. 하지만, 다양성과 함께 붙어 다녀야 하는 수용성(Inclusion)에 대해 우리는 어떤 준비가 되어 있을까요?

만일, 조직의 지속적인 성장을 위한 핵심역량이 다양성과 창의성이라고 한다면 우리가 조직을 보는 관점은 에코 시스템이어야 하지 않을까 싶습니다. 아니, 정확히 이야기해서 피터 센게의 정의를 따르자면 '조직을 시스템이다'라고 정의해도 큰 무리나 논란이 없어야 합니다.

**<팀 시너지 매트릭스 Team Synergy Matrix>를
활용한 워크숍을 소개합니다.**

이 책을 통해 '우리다움의 시너지'에 공감하고, 우리 조직(팀)의 실질적인 변화를 고민하는 리더와 구성원들을 위해 <팀 시너지 매트릭스>를 활용한 참여형 워크숍을 제공합니다. 이 워크숍은 우리 조직(팀)의 현주소를 진단하는 것을 넘어, 구성원 각자의 '자기다움'을 존중하고 '우리다움'의 연결을 강화하는 구체적인 소통 기술과 협업 방식을 함께 실습합니다.

참가자들은 막연했던 조직문화의 문제를 해결할 현실적인 도구를 얻게 되며, 조직은 구성원의 몰입과 심리적 안전감을 높여 시너지를 창출하는 선순환의 토대를 마련할 수 있습니다. 또한 개인 차원과 팀 차원에서 할 수 있는 시도, 리더십의 역할과 보완점, 조직 차원에서 가능한 실험과 제도적 개선 포인트 등을 얻어 가실 수 있습니다.

워크숍에 대한 자세한 문의는 아래 이메일 또는 QR코드를 통해 연락 주시기 바랍니다.

※ 워크숍 문의 : 1slide1message@naver.com

참고문헌

[the SYNERGY, 자기다움에서 우리다움으로] 이야기를 정리할 수 있도록 제게 좋은 영감과 힌트를 준 참고문헌을 공유합니다.

| 영문 참고문헌

- Albert, M. N., Lazzari Dodeler, N., & Ohin, A. Y. (2022). How organizations can develop solidarity in the workplace? A case study. Humanistic Management Journal, 7(2), 327–346.
- Ashkanasy, N. M., & Dorris, A. D. (2017). Emotions in the workplace. Annual Review of Organizational Psychology and Organizational Behavior, 4(1), 67–90.
- Avey, J. B., Avolio, B. J., Crossley, C. D., & Luthans, F. (2009). Psychological ownership: Theoretical extensions, measurement, and relation to work outcomes. Journal of Organizational Behavior, 30(2), 173–191.
- Bolino, M. C., Turnley, W. H., & Anderson, H. J. (2017). The dark side of proactive behavior: When being proactive may hurt oneself, others, or the organization. In S. K. Parker & U. K. Bindl (Eds.), Proactivity at work: Making things happen in organizations (pp.

517–547). Routledge.
- Cangiano, F., Parker, S. K., & Ouyang, K. (2021). Too proactive to switch off: When taking charge drains resources and impairs detachment. Journal of Occupational Health Psychology, 26(2), 142–155.
- Chang, C. H., Ferris, D. L., Johnson, R. E., Rosen, C. C., & Tan, J. A. (2012). Core self-evaluations: A review and evaluation of the literature. Journal of Management, 38(1), 81–128.
- Chung, B. G., Ehrhart, K. H., Shore, L. M., Randel, A. E., Dean, M. A., & Kedharnath, U. (2020). Work group inclusion: Test of a scale and model. Group & Organization Management, 45(1), 75–102.
- Chung, B. G., Shore, L. M., Wiegand, J. P., & Xu, J. (2024). The effects of inclusive psychological climate, leader inclusion, and workgroup inclusion on trust and organizational identification. Equality, Diversity and Inclusion: An International Journal.
- Crant, J. M. (2000). Proactive behavior in organizations. Journal of Management, 26(3), 435–462.
- Erez, A., & Judge, T. A. (2001). Relationship of core self-evaluations to

goal setting, motivation, and performance. Journal of Applied Psychology, 86(6), 1270–1280.

- Gloat. (2021a). How Unilever uses AI to retain, engage, and develop employees. https://gloat.com/wp-content/uploads/How-Unilever-Uses-AI-to-Retain-Engage-and-Develop-Employees.pdf

- Gloat. (2021b). Seagate customer success story. https://resources.gloat.com/wp-content/uploads/seagate-case-study.pdf

- Gloat. (2022a). Mastercard unlocks the potential of its people with an internal talent marketplace. https://resources.gloat.com/wp-content/uploads/TM-22_11-Mastercard-Unlocks-the-Potential-of-Its-People-with-an-Internal-Talent-Marketplace-Case-Study-2.pdf

- Gloat. (2022b). Schneider Electric pioneers the talent marketplace. https://resources.gloat.com/wp-content/uploads/TM-22_10-Schneider-Electric-Pioneers-the-Talent-Marketplace-Case-Study-3.pdf

- Grant, A. M., & Ashford, S. J. (2008). The dynamics of proactivity at

work. Research in Organizational Behavior, 28, 3–34.
- Griffin, M. A., Neal, A., & Parker, S. K. (2007). A new model of work role performance: Positive behavior in uncertain and interdependent contexts. Academy of Management Journal, 50(2), 327–347.
- Griffin, M. A., Parker, S. K., & Mason, C. M. (2010). Leader vision and the development of adaptive and proactive performance: A longitudinal study. Journal of Applied Psychology, 95(1), 174–187.
- Johnson, R. E., Rosen, C. C., & Levy, P. E. (2008). Getting to the core of core self-evaluation: A review and recommendations. Journal of Organizational Behavior, 29(3), 391–413.
- Judge, T. A., Erez, A., Bono, J. E., & Thoresen, C. J. (2003). The Core Self-Evaluations Scale: Development of a measure. Personnel Psychology, 56(2), 303–331.
- Lebel, R. D., Yang, X., Parker, S. K., & Kamran-Morley, D. (2023). What makes you proactive can burn you out: The downside of proactive skill building motivated by financial precarity and fear. Journal of Applied Psychology, 108(7), 1207–1226.

- McMillan, D. W., & Chavis, D. M. (1986). Sense of community: A definition and theory. Journal of Community Psychology, 14(1), 6–23.
- Parker, S. K., Bindl, U. K., & Strauss, K. (2010). Making things happen: A model of proactive motivation. Journal of Management, 36(4), 827–856.
- Parker, S. K., & Collins, C. G. (2010). Taking stock: Integrating and differentiating multiple proactive behaviors. Journal of Management, 36(3), 633–662.
- Parker, S. K., Wang, Y., & Liao, J. (2019). When is proactivity wise? A review of factors that influence the individual outcomes of proactive behavior. Annual Review of Organizational Psychology and Organizational Behavior, 6(1), 221–248.
- Parker, S. K., Williams, H. M., & Turner, N. (2006). Modeling the antecedents of proactive behavior at work. Journal of Applied Psychology, 91(3), 636–652.
- Pierce, J. L., Kostova, T., & Dirks, K. T. (2001). Toward a theory of psychological ownership in organizations. Academy of Management Review, 26(2), 298–310.

- Pierce, J. L., Kostova, T., & Dirks, K. T. (2003). The state of psychological ownership: Integrating and extending a century of research. Review of General Psychology, 7(1), 84–107.
- Shore, L. M., Cleveland, J. N., & Sanchez, D. (2018). Inclusive workplaces: A review and model. Human Resource Management Review, 28(2), 176–189.
- Shore, L. M., Randel, A. E., Chung, B. G., Dean, M. A., Holcombe Ehrhart, K., & Singh, G. (2011). Inclusion and diversity in work groups: A review and model for future research. Journal of Management, 37(4), 1262–1289.
- Van Dyne, L., & LePine, J. A. (1998). Helping and voice extra-role behaviors: Evidence of construct and predictive validity. Academy of Management Journal, 41(1), 108–119.
- Wheelan, S. A., Davidson, B., & Tilin, F. (2003). Group development across time: Reality or illusion?. Small Group Research, 34(2), 223–245.
- Wu, C. H., Parker, S. K., Wu, L. Z., & Lee, C. (2018). When and why people engage in different forms of proactive behavior: Interactive

effects of self-construals and work characteristics. Academy of Management Journal, 61(1), 293–323.

한글 참고문헌

- 고든 맥도날드. (2013). 내면 세계의 질서와 영적 성장 (홍화옥 역). IVP.
- 도복늠 외. (2018). 인간관계와 커뮤니케이션. 정담미디어.
- 로버트 E. 퀸. (2018). 딥체인지 (박제영·한주환 역). 늘봄.
- 마르케, L. 데이비드. (2020). 턴어라운드 (김동규 역). 세종서적.
- 마크 W. 셰퍼. (2021). 인간적인 브랜드가 살아남는다 (김인수 역). RHK.
- 모건 스캇 펙. (2012). 마음을 어떻게 비울 것인가: 절망을 극복하는 유일한 길 마음 비우기 (박윤정 역). 율리시즈.
- 브라이언 J. 로버트슨. (2017). 홀라크라시 (홍승현 역). 흐름출판.
- 비비안 디트마. (2023). 느낌은 어떻게 삶의 힘이 되는가 (정채현 역). 한국NVC출판사.
- 사이먼 사이넥. (2014). 리더는 마지막에 먹는다 (이지연 역). 36.5.
- 세스 고딘. (2024). 린치핀 (윤영삼 역). 필름.
- 스탠리 맥크리스털 외. (2016). 팀오브팀스 (고영훈 역). 이노다임북스.
- 에크하르트 톨레. (2024). 삶으로 다시 떠오르기 (류시화 역). 연금술사.

- 유니타스브랜드. (2011). 유니타스 브랜드: Vol. 21. 스마트브랜딩. 모라비안유니타스.
- 유니타스브랜드. (2012). 유니타스 브랜드: Vol. 24. 휴먼브랜딩. 모라비안유니타스.
- 유설화. (2014). 슈퍼 거북. 책읽는곰.
- 이진우. (2022). 개인주의를 권하다. 21세기북스.
- 임경선. (2017). 태도에 관하여. 한겨레출판.
- 임경선. (2023). 나 자신으로 살아가기. 마음산책.
- 제임스 홀리스. (2021). 나를 숙고하는 삶 (노상미 역). 마인드빌딩.
- 조쉬 버신. (2023). 최고 직장의 비결 (송보라 역). 매일경제신문사.
- 최인아. (2023). 내가 가진 것을 세상이 원하게 하라. 해냄출판사.
- 킴 스콧. (2019). 실리콘밸리의 팀장들 (박세연 역). 청림출판.
- 페터 비에리. (2015). 자기결정 (문항심 역). 은행나무.
- 프레데릭 라루. (2016). 조직의 재창조 (박래효 역). 생각사랑.
- 피터 센게. (2014). 학습하는 조직 (강혜정 역). 에이지 21.
- 허문구, 김원경. (2023). 상사 없는 완전한 자율경영조직 실험: 홀라크라시 사례. Korea Business Review, 27(2), 49-75.

추천의 글

 이 책을 통해 제가 던진 질문들에 자신만의 관점으로 기꺼이 화답해 준 분들을 소개합니다. 이들은 저와 생각의 끈이 연결되어 있고, 새로운 질문들을 통해 대화의 영역을 확장시켜 준 이들입니다. 우리가 살아가는 세상에 대한 진지하면서도 가벼운 질문들을 함께 나눌 수 있는, 제게 더없이 소중한 분들이기도 합니다. 만날 때면 늘 이전과는 다른 방식으로 존재하며 서로의 세계관을 넓히고 긍정적인 영향을 주고받는, 진정으로 고마운 인연들이죠. 감사의 마음을 담아, 지금까지 저의 세계관에 깊은 영향을 준 소중한 분들이 이 책에 대해 전해주신 생각을 독자 여러분과 함께 나눕니다. 늘 덕분입니다.

조금 더 멀리 바라보며 한 걸음 더 나아간 사유와 실험의 결과물을 마주하는 것은 언제나 경이로운 경험이다. 이 책에 담긴 '자기다움'과 '우리다움'의 공명에 대한 깊이 있는 정반합의 통찰과 실질적인 가이드는 **현재 모든 조직이 잠재적으로 갖고 있는 이슈들을 지혜롭게 해결해 나갈 수 있는 열쇠 같다.** 마치 서로의 발이 묶인 2인3각 달리기를 하듯, 결국 각자가, 그리고 우리가 '함께 연결된 책임'을 지고, 해낼 수 있다는 믿음으로 힘차게 뛰어가는 '조직'이라는 운동회에서, 그 누구보다 가장 큰 소리로 북을 치며 모두를 위해 응원해주는 작가의 따뜻한 마음이 느껴진다.

강윤정, 더플레이컴퍼니 대표

세상의 많은 책이 눈에 보이는 성과와 방법론을 이야기하지만, 이 책은 우리가 쉽게 지나치는 고유성의 감각, 공존의 연결감 등을 섬세하게 짚어냅니다. **깊이있는 사유와 실천 가능한 제안을 모두 제안**하기에, 요즘처럼 '같이 일하지만 함께 일하지 못하는 시대'에 더욱 값진 책입니다.

강정욱, 레몬베이스 People&Culture Team Lead

시 : 대가 요구하는 개인과 조직문화의 본질을 꿰뚫고 있다!

너 : 무 소중한 개인(자기다움)과 조직(우리다움)의 의미와 가치를 균형있게 성찰한다!

지 : 금 여러분의 직장생활이 좀 더 나아지기를 원한다면 이 책을 꼭 읽어보시기를!

이 책의 주제는 개인은 행복하고 조직문화는 성숙해지기를 간절히 바라는 저자의 소망이 담긴 나와 우리의 '시너지'다!

권준용, 루트컨설팅 수석 컨설턴트

이토록 정교한 어울림이 있을까? 자기다움과 우리다움에 관한 이야기 끝엔 늘 개인과 조직사이 좁힐 수 없는 간극, 동상이몽, 무력감만이 남기 마련이었다. 그 둘의 **본질을 꿰뚫고 유의미한 연결고리와 가슴 뛰는 공명의 가능성을 제시한 책은 처음이었다.** 작가는 특유의 따뜻한 시선으로 조직 내 수많은 '나의 존재'를 살피면서도 '함께하는 우리'를 품어낸다. 나아가 섬세한 감각으로 새로운 실험에 도전할 수 있는 '희망과 용기'를 심어준다.

김세은, MYSC 인사위원회 Chief of Staff

그 중요성에도 불구하고 '시너지'라는 말이 너무 손쉽고 식상한 구호처럼 들릴 때가 있다. 개인주의가 강해진 시대, 아직 준비되지 못한 조직 안에 진정한 시너지가 자리잡을 수 있을까? 이 책은 그 식상함과 의구심을 뚫고 '진짜 시너지'란 무엇인지, 그 본질과 가능성에 대한 통찰을 제시한다. **'나'와 '우리'의 충돌을 성숙하게 넘어서려는 모든 사람들이 필독해야 할 단 하나의 책이다.**

김원효, SK하이닉스 TL / 경영철학 내재화 담당자

자기다움은 내가 세상에 존재하는 이유, 우리다움은 내가 세상에 살아가는 이유다. 자연에 나가보면 우리는 안다. 자연 생태계는 자기다움과 우리다움이 공존하기에 아름답다는 것을. 저자는 자기다움과 우리다움이 서로 상충되지 않고 함께 어울려 '더' 시너지를 낼 수 있음을 최신작 '더 시너지'에서 소개한다. 자기다움과 우리다움 사이에서 고민하는 모든 직장인들에게 'Don't Worry, Be Happy' 노래와 같은 명곡이 될 것이다.

김정태, 사회혁신 임팩트투자사 MYSC 대표

조직 내 일상에서의 탁월한 통찰이 엿보이는 최지훈 작가가 이번에는 '자기다워야 우리다울 수 있다, 우리다워야 조직으로서의 시너지를 낼 수 있다'는, 언뜻 모순된다고 생각되는 명제가 그렇지 않을 수 있다는 시각을 공유한다. **파편화되어 가고 있는 개인의 시대에서 연결과 확장의 의미를 생각해보게 된다.**

김태형, HD한국조선해양 Learning&Development팀 팀장

일하면서 자꾸만 나를 숨기게 된다면, 그 조직은 결국 누구의 마음도, 책임도 오래 붙잡지 못한다. 이 책은 '일'과 '나다움'이 공존하는 조직을 어떻게 만들 수 있을지에 대한 깊고 단단한 안내서다.

김현미, 브랜드 디렉터 / 창업가

우리는 정말 연결되어 있을까? 조직 안에서 자기다움을 지키며 일할 수 있을까? 그리고 자기다움과 우리다움은 함께 공존할 수 있을까? 이 책은 그 질문들에 대한 실행의 언어를 담고 있습니다. 조직 안에서 진짜 '함께' 일하는 방법을 고민하는 사람이라면, 반드시 마주해야 할 이야기들이죠. 답을 찾고 있다면, 망설이지 말고 이 책을 펼쳐보세요.『더 시너지(the SYNERGY), 자기다움에서 우리다움으로』는 일을 더 '나답게' 잘하고 싶은 사람에게 꼭 필요한 나침반이 되어줄 책입니다. 나와 동료, 나와 조직 사이의 연결이 어떻게 시너지가 될 수 있을지, 그 감각을 어떻게 살릴 수 있을지 현실적인 언어로 풀어냅니다. 일터라는 공동체에서, 우리는 어떻게 연결되어야 하는지를 고민하는 모든 이들에게 이 책을 진심으로 추천합니다.

나하나, 우아한형제들 피플실

뜨거운 아이스 아메리카노는 불가능하다고 생각했다. 이 책을 읽고 생각이 바뀌었다. 조직 안에서 '나다움'과 '우리다움'의 조화와 공존이라는 이상적인 담론이, 이렇게 현실적이고 날카로운 방법론으로 다가올 줄은 몰랐다. 이 책은 가슴 깊숙이 파고들며, 지금 우리 시대의 조직과 세대의 통점을 정확히 꿰뚫는다. 이제 '나다움'과 '우리다움'의 시너지는 더 이상 이상이 아니다. 현실이다. **이상적인 현실, 그게 정말 가능하냐고? 의심이 든다면, 이 책을 읽어보라.** 작가가 직접 블렌딩한 '뜨거운 아이스 아메리카노'의 에너지를 직접 경험하게 될 것이다.

남충식, 낫노코컴퍼니(NOTNOKO) COO / 『기획은 2형식이다』 저자

이 책은 '개인적으로 자기답게 일하기'와 '함께 우리답게 일하기' 사이의 균형을 고민하는 모든 조직에 해결책을 제시하는 명쾌한 지침서입니다. 명료한 통찰과 생생한 조직 현실이 절묘하게 어우러져, **당신의 조직에 가장 필요한 질문과 해답이 담겨 있습니다.**

박광우, 주식회사 인하우 대표

'나답게' 존재하면서도 '함께'하기 위한 여정은 결코 쉽지 않지만, 일터에서 진정한 연결을 경험한다면 큰 변화가 가능하다고 믿습니다. 나이를 먹을수록 함께함의 의미를 더 깊이 느끼지만, 얼마나 쉽지 않은지도 알게 되는 것 같아요. **자기다움을 지키면서도 시너지를 위한 변화에 용기 내는 것, 그것이 진짜 일터를 만드는 길일지도 모릅니다.** 조직의 성장과 변화를 바라는 이들에게 꼭 필요한 책입니다.

박난주, 한국표준협회 미래교육본부 책임

이 책은 잘 알려진 고전 명언인 "너 자신을 알라"를 현대 사회와 조직의 맥락에서 재해석합니다. 작가는 단순히 개인의 성찰을 넘어, 타인과 공존하는 사회 속에서 자신을 이해하고 존중하는 것이야말로 진정한 공동체 협력의 출발점임을 강조합니다. 이 책이 제시하는 '자기다움'에서 시작하여 '우리다움'으로 나아가는 접근 방법은 우리 사회를 발전시킬 진정한 공동체의 협업 방안을 모색하는 데 중요한 이정표가 될 것입니다.

박병호, 외국계 자산 운용사 부장 / 부동산 금융시장 전문가

물리적 연결은 쉬워졌지만 정서적 연결은 점점 어려워지는 시대, 『더 시너지, 자기다움에서 우리다움으로』는 '나답게 일한다는 것'과 '함께 존재한다는 것' 사이의 균형을 다시 한번 생각하게 합니다. **시대의 변화 앞에서 여전히 "좋은 조직이란 무엇인가"를 고민하는 모든 사람들에게, 이 책은 용기와 위로가 되어줍니다.**

박종민, 국가과학기술인력개발원 부연구위원

자기다움을 주장하는 사람은 많지만 자기다움이 왜 중요한지, 우리다움으로 어떻게 연결되는지 명쾌하게 설명하는 책은 귀합니다. 조직문화 뿐만 아니라 **나와 너, 우리를 고민하는 모든 사람에게 추천합니다.**

박종훈, 카카오뱅크 컬처팀 팀장

지훈 작가님의 저서는 **나, 동료 그리고 내가 속한 조직을 진하게 애정함에도 한 치 앞도 보이지 않는 난관에 처한 이**에게 특히 위력을 보입니다. 허황된 무언가를 응원하거나 맥락없는 이상을 쫓으라 하기보다 현실의 문제적 상황으로 돌아가 아주 작은 부분이라도 처음과 다른 방향으로 전환하여 다시 해보라 조언하기 때문이죠. 그리고 그 끝엔 함께 어우러질 방법으로 도달하게 될 그곳에서의 우리를 그려보라 합니다. 지금 조직에 속해 있고 조직문화를 고민하고 있다면 시선이 자주 닿는 곳에 최지훈(이안)님의 저서는 무조건 두시길 추천드립니다. 함께 해왔음에도 혼자 남겨진듯한 위로와 응원이 필요한 순간에 다시 우리다움을 다져볼 힘이 끌어 올려지는 놀라운 경험을 하게 되실겁니다.

박희경, 전)하이브 아티스트 콘텐츠 스튜디오실 실장

'자기다움'과 '우리다움'의 조화를 탐구하는 이 책은, **개인의 고유함이 조직의 시너지가 될 수 있음**을 깊이 있게 보여준다. 현대위아 구성원의 일하는 방식인 '위아다움'을 실천하는 데에도 분명한 방향과 영감을 제시한다.

방성환, 현대위아 HR문화 실장

1장을 읽으며 어떤 동료로 기억되고 싶은가? '자기다움'이라는 질문을 던졌습니다. 그리고 2장을 읽으며 어떤 동료와 함께 일하고 싶은가? '우리다움'을 던지게 되더라고요. 마지막 장에서 이 두가지 질문에 대한 답을 찾을 수 있게 되었습니다. 내

가 하는 일의 목적, 내가 하는 일의 책임과 영향, 그리고 내가 스스로 할 수 있는 책임의 범위가 이 두가지 질문에 답이 되더라고요. 목적과 책임과 영향 그리고 책임의 범위를 연결해주는 것은 어쩌면 나와 우리들의 반복되는 행동들 일거라 생각합니다. 그리고 그 행동들이 모여 나와 우리다움을 기억하게 하겠죠. **책을 통해 얻은 깨달음이 큰 성장의 시간이 될 거라 생각합니다.**

백종화, 그로플 / 성장과 성공을 돕는 리더십 코치

'함께'가 멀게 느껴지고, 나답게 일하는 게 점점 지쳐갔던 이들에게, **이 책은 다시 어깨를 나란히 할 수 있는 방법을 건넨다.** 나를 잃지 않고 연결되고 싶은 사람에게, 이 책은 따뜻한 길잡이가 되어준다.

서인수, 리더십디자인랩 대표

반짝이는 구슬이 잘 꿰어지면 보배가 되듯, 홀로 빛날 줄 아는 사람이 함께도 빛날 수 있어야 진짜 성숙함이라는 걸, 이 책을 통해 다시 깨닫게 되었습니다. **나와 조직, 개인과 공동체, 자율과 연결 사이에서 고민하는 모든 직장인과 리더들에게 이 책을 추천합니다.** 마흔에 읽어야 할 책이 많은 요즘이지만 한권을 더 추천 합니다.

성호용, 우아한형제들 성장파트너실 실장

이 책은 '자기다움'과 '우리다움'이라는 키워드를 통해 개인의 정체성과 공동체의 연결을 통합적으로 탐색합니다. 특히 조직심리학 관점에서 개인의 주도성과 심리적 안전, 그리고 조직 내 신뢰 문화가 어떻게 성과와 지속 가능성으로 이어지는지를 섬세하게 풀어냅니다. 급변하는 환경 속에서 사람 중심의 조직문화를 고민하는 리더들에게 이 책은 방향을 제시하는 나침반이 되어줄 것입니다. 단지 이상을 말하는 데 그치지 않고, 현장에서 바로 시도해볼 수 있는 구체적 실험과 전략을 제안한다는 점에서 더욱 실용적입니다. 조직 안에서 사람과 사람이 건강하게 연결되는 길을 고민하는 이들에게 진심으로 추천합니다.

송민환, LG인화원 상무 / 한국산업교육학회장

'조직은 개인을 희생시켜야 돌아간다?' 오래된 믿음이다. 자기다움을 지키면서도 함께 일하는 즐거움을 만들 수 있는 방법이 있다. 자율성과 공동체의 균형을 고민하는 리더라면 반드시 읽어야 할 책이다.

신강현, 아주대학교 심리학과 교수 (산업 및 조직 심리전공) / 전 한국 산업 및 조직 심리학회장

"나답게 일하고, 우리답게 성장하라!" 『더 시너지, 자기다움에서 우리다움으로』는 MZ세대의 일터 고민에 던지는 시대적 대답이다. 브랜딩의 핵심이 '정체성'이라면, 조직문화의 핵심은 '공명'이다. 연결이 곧 경쟁력이 되는 조직의 변화 속에서 보

물지도를 찾은 기분이다.

안현진, 하이브 NEB본부 마케팅실

일을 하다 보면 당연해 보이지만 본질적인 질문을 마주하는 순간이 있습니다. 그럴 때면 지훈님의 책을 꺼내 읽습니다. **치열하게 사유하고 단정하게 기록된 문장들 덕분에 더 단단하게 일할 수 있기 때문입니다.** 일터에서 자기답게 존재하고, 우리답게 연결되기를 실험하는 HR 동료들과 리더들에게 『더 시너지, 자기다움에서 우리다움으로』를 추천하고 싶습니다.

양유정, LG디스플레이 조직문화기획팀 책임

사람들 사이에 섬이 있다.
그 섬에 가고 싶다.
<정현종, 섬>
그 섬에 갈 수 있는 쾌속선 같은 책. 조직문화를 이야기 하지만 책 속의 따뜻한 조언들은 문득 **직장에서 뿐만 아니라 내 스스로와 주변에게도 좋은 사람으로 되고 싶게 만든다.**

오황종, 메드트로닉 코리아 Sale Project Team 부장이 책은 우리 모두가 가슴속에 품고 있던 나침반을 꺼내 보이며, '자기다움'이 어떻게 건강한 '우리다움'으로 발전하는지 명쾌하게 제시합니다. '조직의 진정한 소명'이 무엇인지 묻는 새로운 관점은 결국 '자기다움과 우리다움, 존중을 통한 인간다움'의 회복에 있음을 깨닫게 합니다. 저자가 제안하는 '실험실'을 따라가다 보면, 개인과 조직이 함께 성장하는 '자유로움'과 '역동성'을 경험하게 될 것입니다. '더 나은 협업 방식'을 모색하는 우리에게, **이 책은 '지속가능한 미래지향적 조직 문화'를 위한 가장 현실적이면서도 영감을 주는 로드맵입니다.**

유미애, OIC월드 대표 / 진성리더십아카데미 교감

보이지 않는 것을 말하는 일은 언제나 조심스럽고 어렵다. 그래서 이 책은 특별하다. '자기다움'과 '우리다움'이 어우러질 수 있다는 가능성을 따뜻하게 그려낸다. **진심 어린 언어로, 조직이라는 공간 안에서 우리가 진짜 지켜야 할 가치를 묻는다.** 이 책은 나와 너, 그리고 우리를 다시 잇는 조용하지만 강한 연결의 제안이다.

윤명훈, 원티드랩 사업 총괄 / 중앙대학교 객원교수

저자의 전작 『그래서, 인터널 브랜딩』이 던졌던 신선한 충격을 지금도 잊을 수 없습니다. 마케팅 분야에서 많이 다루는 브랜딩을 저자의 탁월한 통찰력으로 조직문화에 접목시킨 부분이 대단히 인상 깊었습니다. 이번 신작인 『더 시너지, 자기다움에서 우리다움으로』 역시 그때 받았던 충격 그 이상이었습니다. 개인의 '자기다움'

과 조직의 '우리다움'이라는 양극단의 가치를 '연결'이라는 키워드로 엮어내는 저자의 혜안은, **초개인화와 AI로 대표되는 이 시대의 조직에 가장 필요한 메시지**라 확신합니다.

<u>윤용운</u>, 오프피스트 대표 / 건강한 HR 생태계를 만들어갑니다

요즈음 글로벌 기업의 CEO들은 새롭게 이입되는 Z 세대에게 조직의 가치에 충성하라는 말을 하지 않는다. 조직에 충성하기보다는 조직을 이용해 개인적으로 얼마나 성공할 수 있는지를 증명하라고 요구한다. CEO가 자신있게 이런 주장을 할 수 있는 이유는 회사만의 가치와 목적이 분명해 우리다움의 튼튼한 날줄을 가지고 있기 때문이다. 이런 튼튼한 날줄에 자기다움이라는 씨줄을 직조해서 자기다움이라는 고유한 태피스트리를 만들어보라는 요구다. **구성원들이 자기다움을 살려 이런 태피스트리를 만들었을 때 거두는 시너지 효과**는 다시 환류되어 회사의 우리다움의 지평을 한 차원 올려줄 것이다. 늦은 감이 있지만 개인주의가 만연해진 대한민국 HR에서도 이런 논의가 시작된 것은 천만다행이다. **HR과 문화설계를 담당하는 분이라면 반드시 읽어야 할 필독서이다.**

<u>윤정구</u>, 이화여자대학교 경영대학 교수

이 책은 경영의 본질을 누구나 쉽게 공감할 수 있도록 풀어주는 저자의 친절한 스토리텔링이다. 조직이 추구하는 것은 평범한 개인들이 모여서 비범한 성과를 내는

시너지다. 자기다움의 역동적인 결합은 우리다움이라는 시너지로 이어진다. 지속 가능하고 건강하게 성장하는 조직이 되고 싶은가? 그렇다면, 당신의 조직을 저자가 알려주는 '시너지'의 실험실로 만들어 보라.

이길상, 이퀄썸스퀘어 대표

일터를 견디는 곳이 아닌, 함께 살아가는 공간으로 다시 바라보게 되었습니다. 내가 누구인지, 무엇에 기뻐하고 상처받는지 알아가는 '자기 인식'이 결국 좋은 관계와 건강한 조직의 시작이라는 말에 깊이 공감했습니다. '자기다움'과 '우리다움'이라는 다소 추상적인 말들이 이 책 안에서는 아주 구체적이고 현실적인 실천으로 이어집니다. 이 책은 조직 안에서 나답게 존재함과 동시에 건강한 일터를 바라는 이들에게 든든한 안내서가 되어줄 것입니다.

이명규, 네이버 HR Leadership Experience 리더

최지훈 작가는 그가 속해 있던 공동체내에서 개인의 "자기다움"의 표출을 통해 조직의 "우리다움"에 다가가려 했던 수 많은 시도를 통해 우리를 **"더 시너지, 자기다움에서 우리다움으로"** 안내합니다. 회사를 개인/조직을 넘어 **"더 시너지"를 발산하는 공동체로 이끌고자 하는 리더분들께 강력하게 추천합니다.**

이민수, 맵스컨설팅(주) 대표

자기다움과 우리다움, 역설적이지만 꼭 필요한 공존을 위해.

어느덧 회사생활 만 15년차, 매일매일 고민과 선택의 연속입니다. 회사에서의 나는 또다른 가면을 쓰고 있죠. 성과와 평가를 위해, 어쩌면 당연하게 여겨지는 진짜 나를 버리고 살아야하는 이 시대, **이 책은 '나'와 '우리' 사이에서 길을 잃은 영혼들을 위한 따뜻한 안내서 같습니다.** 가장 소중한 '자기다움'을 잃지 않으면서도, 타인과의 깊은 연결 속에서 비로소 완성되는 '우리다움'의 가치를 알게 해줍니다.

이상아, 동아일보 미래전략연구소 팀장

'자기다움'과 '우리다움'은 이상주의자의 언어가 아니라, **기업의 경쟁력과 조직의 지속가능성을 위한 핵심 전략임**을 나는 10여 년간 MYSC에서 실전으로 경험해왔다. 최지훈 작가는 인사와 조직문화의 최전선에서 시대의 흐름을 기민하게 포착해온 실천가다. 이 책은 그런 저자의 통찰을 바탕으로, 개인과 조직이 '우리'라는 이름으로 함께 성장하는 길을 섬세하면서도 현실적으로 안내한다. 자기답게 일하며 함께 살아 움직이는 조직을 꿈꾸는 모두에게 이 책을 권한다.

이예지, MYSC 최고혁신책임자 / 『차별할 의도는 없었습니다만』 기획자

나름 오랫동안 직장생활을 하면서 나름대로 생긴 규칙이 있는데, 바로 '조직 안에 스며들려면 나를 조금은 내려놓고, 최대한 조직의 색을 흡수해야 한다'는 믿음이다. 그래서 최대한 '나'를 잊고, '조직에 맞추려 애쓰며' 살아왔다. 하지만 최지훈을 만나

고 생각이 달라졌다. 자기다움과 우리다움은 대립하지 않고 함께여야 조직 안에서 지속가능하게 일할 수 있다. 이번 책은 그가 오랜 시간 우리에게 건네온 메시지들의 총체다. 그리고 너무 친절하게도, '어떻게' 할 것인지에 대한 실천의 답까지 함께 놓여 있다. 그가 늘 그래왔듯, 사람과 조직에 대한 애정이 글 곳곳에 묻어난다. 이 책을 읽다 보면, **나와 우리 조직을 전혀 모르는 누군가가 정말 마음을 다해 던지는 따뜻한 충고와 다정한 따끔함이 함께 느껴진다.** 개인주의가 강해지고, 세대가 뒤섞이며 조직은 더 복잡해졌지만 결국 우리는, 여기서 함께 일하기 위해 공동체가 되어야 한다. 다 같이 잘 일하고 싶은 모두에게, 이 책은 꼭 필요한 실천서가 될 것이다.

이재은, 현대경제연구원 연구위원

"나도 모르는 나에 대해서 알려줘"

한때 챗GPT에 너도나도 물어봤던 질문으로 언론을 통해서 알려져 더욱 유명해졌던 일이다. 그동안 내가 입력한 명령어(프롬프트)와 자료를 통해서 인공지능은 나를 이해할 수 있는 여러 가지 분석과 거울을 제공해준다. 아주 오래 전 인간은 거울에 비친 내 모습을 보면서 처음으로 '내 얼굴'을 알게 되었고, 이후로 책을 통해서, 관계를 통해서 스스로를 점점 더 깊게 알 수 있게 되었다. 이처럼 나를 알려는 욕구는 오랫동안 지속되었고 그 방법도 끊임없이 진화해왔다. 그러나 자기다움을 가장 잘 알 수 있는 방법은 아마도 책을 읽으며 질문하고 답하는 과정이 가장 효과적일 것이란게 나의 믿음이다. 본 서는 더 나아가 자기다움이 우리다움으로 이어질 수 있는 의미 있는 질문과 방법을 제공한다. 특히 저자는 조직 경험뿐만 아니라 탄탄한 연구력을 바탕으로 늘 새로운 인사이트를 제공해주는 최지훈님이다. 인공지능이 아닌 인간지능, 그 중에서도 우리 시대에 좋은 질문을 던지는 책과 함께 대화하고 싶은 분께 본 서를 추천한다.

이중학, 가천대학교 경영학과 교수

가장 행복한 공동체, 가장 정의로운 공동체는 어떤 모습일까? 아마도 그런 공동체는 일체의 억압이 없이 개인의 자유가 무한으로 발현되고, 동시에 그 자유가 한 차원 높은 전체를 향해 다시 수렴되기를 그치지 않을 것이다. 저자는 우리 삶의 실존적 물음으로부터 개인과 공동체가 서로 어떻게 화해하는지, 그리고 어떻게 서로에 의한 창발이 일어나는지를 진지하게 펼쳐 보인다. **세심하고도 친절하며 통찰력 있는 사유가 가득한 책이다.**

이창준, ㈜아그막 구루피플스 대표이사 / (사)한국조직경영개발학회 회장

조직에서 개인이 '나로서 일하며' 팀과 함께 성장할 수 있을까? '대퇴사 시대'를 지나 '대잔류 시대'에 접어든 지금, 온전한 나로 존재하며 성장하고자 하는 목소리는 계속되고 있다. 저자는 그 답을 '자기다움'에서 출발해 '우리다움'을 만들어가는 데서 찾는다. 다름을 숨기지 않고 고유성을 지켜낼 때 비로소 신뢰와 협력의 '우리다움'이 시작된다는 것이다. 특히 이 책은 조직에 대한 깊은 통찰뿐만 아니라 실천 가능한 팁들까지 담고 있어, **구성원의 주체성을 살리며 공동체의 힘을 북돋우고자 하**

는 모든 이들에게 추천한다.

이채린, 클라썸 대표

자기다운 나무들이 모여 우리다운 숲을 이루는 길! 바로 이 책이 안내합니다.

진동철, 중앙대학교 GHRD대학원 겸임교수

이 책은 '좋은 말'이 아니라 '쓸 수 있는' 실천으로 가득합니다. 특히 "자기다움은 타인과 연결되기 위한 준비 상태" 라는 한 줄은 책의 핵심 메시지를 담고 있습니다. '자기다움'을 단순한 개성의 문제가 아니라 자기 경계와 주도성, 관계 속의 리듬 감각으로 확장하고, '우리다움'을 연대의 강요가 아닌 신뢰와 공존의 실험으로 풀어낸 것이 인상깊습니다. 개인주의를 오해하거나 경계했던 조직문화의 관성에 정면으로 질문을 던지는 책. 그래서 이 책을 읽고 나면 **조직이라는 공간이 단지 일하는 곳이 아니라, 어떻게 함께 살아갈 것인가를 실험하는 장으로** 새롭게 다가옵니다. 개인이 '나답게' 일할 수 있어야 조직도 '우리답게' 살아남을 수 있다는 진실을, 이 책은 과장 없이 그러면서도 매우 품위 있게 이야기합니다.

최두옥, 베타랩(Beta Lab) 대표 / 스마트워크 디렉터 자기 존중을 통해 타인의 존중의 길을 찾고, **명확한 자기 기준 위에 건강한 조직의 '우리다움'**을 찾을 수 있는 시간이었습니다.

최웅비, 네이버웹툰 HR Lead

가히 일터를 위한 바이블이다. 혼자는 버겁고, 함께는 힘들다. 그래서 '자기다움'과 '우리다움'이 절실하다. '자기다움과 우리다움'이 아닌 '자기다움에서 우리다움으로' 나아가는 연결의 언어가 섬세하다. 『더 시너지』라는 제목과 절묘하게 맞물린다. 자기와 우리를 잃지 않도록, 잊지 않도록 돕는 책이다. 따뜻하고 절제된 문장의 리듬이 참 좋다. 곁에 두었다가, 무언가 놓치고 있다는 생각이 들 때 꺼내 곱씹어보길 권한다.

최익성, 플랜비디자인 대표 / 경영학 박사, 조직개발 컨설턴트

『the SYNERGY, 자기다움에서 우리다움으로』는 단지 조직문화를 논하는 책이 아니라, 사람과 일, 공동체를 바라보는 우리의 인식을 근본부터 전환시키는 통찰의 안내서다. '자기다움'과 '우리다움'이라는 두 축을 통해, 이 책은 개인의 고유성과 주체성을 회복하면서도 공동체적 연결과 협업의 리듬을 살아 있게 만드는 방법을 탐색한다. 포용적 리더십, 심리적 안전감, 자율적 동기, 정서적 유대와 같은 HR의 본질적 주제를 조직의 현실 속에서 어떻게 실험하고 구현할 수 있는지를 저자는 구체적인 사례와 실천 전략으로 설득력 있게 제시한다. 나와 다름을 위협이 아닌 가능

성으로 받아들이는 감각, 구성원의 존재와 리듬이 존중받는 일터, 그 안에서 싹트는 건강한 시너지를 상상하는 이들에게 이 책은 실용적이면서도 정서적인 나침반이 되어줄 것이다. 지금 우리가 서 있는 조직의 현장을 넘어, **우리 삶 전체를 더 깊고 따뜻하게 바꾸고자 하는 모든 리더와 구성원들에게 이 책을 건네고 싶다.**

황정연, 현대자동차그룹 미래경영연구센터 책임 매니저 / 인사조직 연구자

더 시너지(the SYNERGY), 자기다움에서 우리다움으로

초판 1쇄 발행 2025년 8월 31일

지은이 최지훈
편 집 이유림
디자인 장혜수
마케팅 임동건
경영지원 이지원

펴낸곳 파지트
펴낸이 최익성
출판등록 제2021-000049호

주소 경기도 화성시 동탄원천로 354-28
전화 070-7672-1001
이메일 pazit.book@gmail.com
인스타 @pazit.book

ⓒ 최지훈, 2025
ISBN 979-11-7152-104-3 03320

* 이 책 내용의 일부 또는 전부를 재사용하려면 반드시 저작권자와 파지트 양측의 동의를 받아야 합니다.
* 책값은 뒤표지에 있습니다.